U0479736

杜亚泉文选

杜亚泉 著

图书在版编目（CIP）数据

杜亚泉文选 / 杜亚泉著. -- 济南：泰山出版社,
2025.6. -- (中国近现代思想文库). -- ISBN 978-7
-5519-0917-4

Ⅰ. C52

中国国家版本馆CIP数据核字第2025Y09E96号

DUYAQUAN WENXUAN

杜亚泉文选

责任编辑　徐甲第
装帧设计　路渊源

出版发行　泰山出版社
　　　　　社　　址　济南市泺源大街2号　邮编　250014
　　　　　电　　话　综 合 部（0531）82023579　82022566
　　　　　　　　　　出版业务部（0531）82025510　82020455
　　　　　网　　址　www.tscbs.com
　　　　　电子信箱　tscbs@sohu.com
印　　刷　山东通达印刷有限公司
成品尺寸　165 mm×240 mm　16开
印　　张　15.75
字　　数　208千字
版　　次　2025年6月第1版
印　　次　2025年6月第1次印刷
标准书号　ISBN 978-7-5519-0917-4
定　　价　39.00元

凡　例

一、本书收录了作者的经典文章或片段节选，主要展现了作者的学术造诣、思想追求和情感操守，以及当时的时代风貌等。

二、将所选文章改为简体横排，以符合现代阅读习惯。原文存在标点不明、段落不分、标题缺失等不便于阅读之处，编者酌情予以调整。

三、所选文章尽量依照原作，保持原作风格及其时代韵味，同时根据需要，对原文进行了适当的删减和订正。

四、对有些当时惯用的文字，如"的""地""得""作""做""哪""那""化钱""记帐"等，仍多遵照旧用。

目 录

《亚泉杂志》序 / 001

物质进化论 / 003

减政主义 / 007

《中国文字之将来》译者按 / 013

论今日之教育行政 / 015

生活困难之研究 / 024

论依赖外债之误国 / 028

论人民重视官吏之害 / 032

独立命令论 / 038

吾人将以何法治疗社会之疾病乎？ / 043

论中国之社会心理 / 050

现代文明之弱点 / 055

精神救国论 / 062

理性之势力 / 086

个人之改革 / 091

大战争与中国 / 096

论思想战 / 104

战争与文学 / 110

隐　逸 / 114

谈名利 /116

命运说 /117

读色纳嘉《幸福论》书后 /120

吾人今后之自觉 /128

家庭与国家 /134

再论新旧思想之冲突 /137

爱与争 /142

天意与民意 /146

静的文明与动的文明 /150

中国人果惰乎？ /157

男女及家庭 /160

妇女职业 /164

家庭之改革 /167

文明结婚 /171

说　俭 /175

未来之世局 /181

交　友 /187

国内调查 /189

矛盾之调和 /192

死之哲学 /197

金权与兵权 /201

中国之新生命 /206

对于未来世界之准备如何？ /210

侨居都市者对于乡里之责任 /220

大战终结后国人之觉悟如何？ /222

何谓新思想？ /230

关于情与理的辩论 /234

贡献给今日的青年 /239

《亚泉杂志》序

　　我国自与欧州交通以来，士大夫皆称道其术。甲午以后，国论一变，啧啧言政法者日众。即如南皮张氏所著《劝学篇》，亦云西政为上，西艺次之。氏固今之大政治家，所言必有见，且政重于艺，亦我国向来传述不刊之论也。但政治与艺术之关系，自其内部言之，则政治之发达，全根于理想，而理想之真际，非艺术不能发现。自其外部观之，则艺术者固握政治之枢纽矣。航海之术兴，而内治外交之政一变；军械之学兴，而兵政一变；蒸汽电力之机兴，而工商之政一变；铅字石印之法兴，士风日辟，而学政亦不得不变。且政治学中之所谓进步，皆借艺术以成之。例如电信通而后文报疾是也。德意志之兴，虽其君相之贤，而得赉赐创置新枪，中兴之功，未始非铜匠之力耳。

　　且吾更有说焉，设使吾国之士，皆热心于政治之为，在下则疾声狂呼，赤手无所展布，终老而成一不生产之人物，在朝则冲突竞争，至不可终日。果如是，亦毋宁降格以求，潜心实际，熟习技能，各服高等之职业，犹为不败之基础也。夫日本固以改革政治而兴者，今其教育社中之言曰：今日学生之趋向，欲当于应用之实务者甚少，可为国家忧（见社中所著《游学案》内），亦此意耳。抑吾岂谓政治学之不适于实用？但譬之人身，必以手足耳目口鼻组合而成，脑髓只需一个。又譬之船舰，水手要多，船长只需一人。则存活我社会中多数之生命者，必在农商工业之界可知矣。今世界之公言曰：二十世纪者，工艺时代。吾恐吾国之人，嚣嚣然争进于一国之中，而忽争存于万国之实也。苟使职业兴而社会富，此外皆

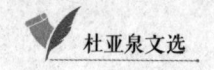

不足忧。文明福泽，乃富强后自然之趋势。天下无不可为之事，惟资本之缺乏为可虑耳。吾愿诸君之留意焉。亚泉学馆辑《亚泉杂志》，揭载格致算化农商工艺诸科学，其目的盖如此。然记者自料非能副此目的者，且区区杂志，讵足当此目的，惟冀为他日艺林中之一片败叶也。是为序。

物质进化论

　　宇宙间事事物物，为吾人所感所知者，纷纭万状，不可条理。吾于其间为类别之，为总括之。类别之为三：曰物质，曰生命，曰心灵。总括之则曰现象。

　　物质者，有重量，有立积，二者为其特别之现象。次如光色臭味之类，非普通所具。然宇宙内感于吾人之官体者，大率为物质现象，凡化学、物理学所讲论者皆是也。惟生长、生殖二者，为物质之所无，盖二者乃生命之现象，以具此现象者为有生命之证据，凡生物学中所讲论者皆是也。心灵之现象，曰智，曰情，曰意，凡心理学中所讲论者皆是也。

　　何谓现象？现象者，对于实体而言。常人往往以实体为可凭，而以现象为未确。如云物质，则人以为是有实体者；至云生命，云心灵，则觉此二者皆为虚无幽渺之名词，且觉心灵较生命更为幽渺，彼盖以二者为无实体也。然就学术言之，则意殊不同。学者之言曰：物质、生命、心灵三者，皆只有现象而已。非谓其无实体也，以吾人之可感可知者，乃皆现象也，非实体也。现象在觉性界中，实体不可觉，故在悟性界中。常人误以物质为可觉之实体，不过因目见其返光，耳闻其颤动，手足肤体能觉其重量与立积耳。兹数者，现象耶实体耶不待辨。以现象之直接于感官者为实体，非直接于感官者为虚境，此与以空气所在之处为空处无异。苟细心体会，则三者之在吾人觉性界中同为现象可知矣。

　　宇宙间种种现象，既不出此三者以外，则一切学术，虽科目甚繁，皆可以此统之。何则？学也者，自客观言，乃就宇宙间本有之定理定法研究而发明之，以应用于世之谓。自主观言，乃由所感所知者，进于演绎归纳之谓。宇宙间三者以外，别无现象，则所谓定理定法者，即在此现象之中；所感所知者，亦感知此现象而已。故此三象者，一切学术之根据。其直接研究之记载之者为物理学（包化学、博物学言）、生理学（包生物学言）、心理学。以此三科为根据地，应用其材料，而有种种工艺、航海、机械之学，医药、卫生、农林、畜牧之学，伦理、论理、宗教、教育、政法、经济之学，又统合三科，研究其具此现象之实体而有哲学。

以上所言，乃表明宇宙之内，觉性之中，无非三象。然此三象者，虽各具特别性能，而又不可分离。盖必有物质而后有生命，有生命而后有心灵。有无生命无心灵之物质，无无物质之生命；有无心灵之生命，无无生命无物质之心灵。无生命心灵之物质，矿物质及生物之遗骸是也；无心灵之生命，植物及动物之去其脑者是也。无物质之生命，则为佛为仙；无生命之心灵，则为妖为鬼。是皆初民之想像、宗教之寓言而已。

三象之不能分离，论证甚多，且其关系甚为切密。如生命之保存，必赖物质之营养；且同一物质，有生命时则不至酸化，生命一绝，即有腐败枯落之忧，此物质生命之关系也。吾人壮健时心思灵敏，老病则感觉记忆思悟之力俱退，喜乐则爽健，忧郁则病死，此生命心灵之关系也。心理学中，论心物关系之理甚多，且以为心物同元，而倡一元论或多元一体论。多元一体者，犹言多象一体也，今既以诸种现象别为三类，则曰三象一体可也。

三象一体固已，而其中又有可异者在。生命不能离物质而存，而可离此物以附于彼物。无论何种生物，均有新陈代谢之能，则今日之生命，附此物质而存者，明日则又附他物质而存，而与此物质相离矣，而此物质或为他生物所吸收，则另为他生命所附丽。心灵之于生命亦然，心灵之单位为一观念，盖心灵界中，虽包藏无数之观念，然不能同时并起于意识界，故仅有数观念联合，入意识界中而为念圜。此念圜之中，又有一念占主位，使他念服从而辅助之，此一念即为注意点，然又不免时时移换，以他念起而代之。一日之间，念之忽起忽落于吾意识中者，转变迁流，莫可踪迹，而我之所注意者，或不知不觉而入于他人意识中。如见人喜而亦喜，闻人忧而亦忧，此同情之事实，心理学中多证论之。由此以观，则同一生命，其心灵之注意点屡移，而此注意点转可附于他生命而存，如受高明之教育而成才智，积历代之知识而启文明，是皆他人之心灵附丽于他人之生命者，则其间若可分离若不可分离者，其现象不亦奇欤？

近之学者，论心灵之发达，皆推原于感觉，而感觉之能力，似与生命俱存。植物之中，有感觉者不少，由此而进化，即为心灵之起原，是生命与心灵为一体，可无异说。惟生命之起原，是否由物质之现象而进化者，近世学说，无以证之。据生物学中之所考，凡有细胞，必为细胞所分生，非细胞不能生细胞。故化学家能以无机物质造有机物质，而不能以无生物造有生物，是生命物质，截然两途。生命之起原，固学界中之一大疑问也。

推想地球太古之时，断不能为生物所居住。至于今日，被于全球之皮层者，几无非生物与生物之遗骸，则其间自无生物而为有生物之原因如何耶？其第一生物果如何出现耶？此种答案，虽达尔文犹难之，以为不可思议。彼之进化论所发明者，乃从有原始生物以后而论其递次变迁繁殖之情形。故原始生物之何自而来，学界中无能言之，只能以理论定其为由无机物化成，卒无可以实验，则生命之是否由物质而进化，尚难定论也。

但就已有生物之后而言，则无生命之物质，进化而为有生命之物质者，几无限量。据理以推，则再经悠久之时日，必将尽地球之物质而皆有生命，而皆有心灵。何以言之？试观生物繁殖之多，长成之速，充其量固必有尽全球而悉为生物之时。虽其间生存竞争，得遂其生者无几，然其或生或灭，可置不计，但计其可以为生物之资料者，固已年多一年。其营造此资料者，即绿色植物之同化作用是也。绿色植物借太阳之光线与叶绿质之功用，日变无机物质为有机物质，此有机物质之增多，即为生物繁殖之总因。虽其增多之率为数学级数，不能敌生物繁殖之几何级数，然生物增多之率，亦即以数学级数推之，则悠久无极之时间，苟不尽此地球而为生物不止，即地球之原质，有不为生物所含者，然皆少数之原质耳。尽地球之物质而皆有生命，此就学理推之，固无甚不合者。既有生命，则依心理发达之理，必将皆有心灵，其说亦无可议也。

吾尝疑此地球之各物质，终古营营扰扰，或体变，或化变，无一息之停，彼固抱如何之目的，将成如何之结果耶？若以为自然而然，在地球实为无意识之作用，此实非深于观察者之所言。且即为无意识之作用，既有作用，亦安得不有结果？彼之结果，殆将使现在之块然土石，一变而为灿烂美丽之花草，再变而为活泼灵敏之精神。综其所归，无非进化，然则进化者，固地球维一之特性也。或曰：地球之内，质与力终古不能增损，既无增损，安有所谓进化者？然质无所增，而质之能力日增；力无所增，而日以其不规则之力为有规则之力，此即进化之旨矣。

减政主义

　　减政云者，减并官厅，减少官吏，减省政务，即减缩政治范围之谓也。此主义在欧洲及日本各国间，颇倡导之。盖欲矫繁复政治之弊，节政费以养民力，减政权以顺民情，一方面去人民依赖政府之心，以破除政府万能主义之迷误，一方面消人民嫉视政府之念，以防止无政府主义之蔓延，是固政治学上重要之论题也。我国数年以来，施行宪政，摹拟他国之繁复政治，包举一切，而能力不足以副之，弊害已形，致反对之声，一时哄起。自此以往，又恐有因噎废食之举。与其事庞言杂，一切失坠于冥冥之中，复见阻于哓哓之口，不如采用减政主义，收束局面，以为持久之谋，专一精神，以赴目前之急。现在新官制将颁，大局方针，亟宜于此时考定，故揭此论题，愿与我国民共研究之。

　　欧洲及日本各国之倡导减政主义也，予得述其大意曰：政治者，社会上一种之事务也。政府者，社会上之政治机关，亦一种之机关也。今各国政府，组织繁复之官僚政治，视社会上一切事务，均可包含于政治之内，政府无不可为之，亦无不能为之。政权日重，政费日繁，政治机关之强大，实社会之忧也。社会之人，或习焉不察，讴歌于政府万能之下，至事事依赖政府而为之。营一业则请国库之补助，举一事则求官厅之保护。民间独立心之薄弱，实为当局者多年之干涉政略所养成，积之既久，遂不自觉其迷误。法国人收获葡萄之时节，向由政府告示，久之则以此告示为不可少。识者谓蒸饼之制造发卖，若向由官吏营之，则其人民亦必生一种迷误，以为此蒸饼苟为民间私业，则必有不足供给之忧矣。今之人谓无学部则教育必衰，无农工商部则实业不振，亦犹是焉。夫社会之事物，有自然之法则管理之，此为政者之所不可不知者也。社会之活力（才力、财力之结合作用），有一定之制限，政府决不能创造之。有研究学术之活力，则教育自兴；有生产之活力，则实业自盛矣。社会之发展，有一定之秩序，政府亦不能揠助之。知能之竞争烈，则发展于教育；物质之需要增，则发展于实业矣。一国政府之本分，在保全社会之安宁，维持社会之秩序，养其活力之泉源而勿涸竭之，顺其发展之进路而勿障碍之，即使社会可以自由发展其活力而已。教育也，殖产也，政府惟司其关于政务者，不必自为教育家，自营农工商之业也。夫国家教育之兴，非政府多颁学堂章程，多编教科书籍之谓；国民实业之盛，非政府多营官有事业，多定检查方法之谓。总言之，则国运之进步，非政府强大之谓。不察此理，贸贸焉扩张政权，增加政费，国民之受干涉也愈多，国民之增担负也愈速。干涉甚则碍社会之发展，担负重则竭社会之活力，社会衰而政府随之。试观法国政府，官吏之数，多至六十万人，政费占国民生产力十分之三，长此不变，其能久乎？欧美之无政府党，所以主张无政府主义，且欲以暴行达其目的者，亦以欧美之民，对于繁重之政权，浩大之政费，久抱不平，于是设理想之社会，以谓政府非社会所必须，且认无政府为社会之真态。此种主义，在今日观之，适足以扰乱社会而已。然此危险不平之党，甘为安宁秩序之敌者，实由好事喜功之政府，激之而成也。故欲图社会之进步，计政府之安全，非实行减政主义不可。

夫各国政府组织，繁复之官僚政治也，有统一之才能，有监督之方法。其官厅之治事也，敏捷而有调理，其官吏之服务也，精勤而有历练，其为国民谋福利也，盖无不周而且至。而有识之士，犹窃窃焉忧之，以谓于社会无益而有害，其势且不可久。若夫我国，人才未贮，财力未充，政府虽有改弦易辙之心，官僚犹仍泄沓偷安之习，乃不自量力，尤而效之。规模不可不备也，于是乎增设若干之官厅，添置多数之官吏，而又不可无所事事也，于是乎编订种种之条例，设立种种之名目。新政之规模略具矣，而旧日之习惯，不可尽废也，于是乎有重规叠矩者，有纷歧错杂者，且有无关于政治而为赘瘤者。群流并进，新旧杂陈，当局以张皇粉饰其因循，朝士以奔走荒弃其职务，问其名则百废具举，按其实则百举具废。孟子曰：以若所为，求若所欲，犹缘木而求鱼也。此之谓矣。持此以往，吾辈逆料其结果，殆不出两途：一曰迫于财政之困乏，仅仅维持现状而不得，则敷衍益甚，而几等于销灭；一曰不顾民力之竭蹶，益益进行现在之政策，则搜括愈力，而终至于溃决。其尤不堪设想者，则一方面行其敷衍之策，而政治销灭于上；一方面尽其搜括之实，而经济溃决于下，大局遂不堪问矣。此吾之所以欲持减政主义以挽目下之颓风，而纾将来之实祸也。

或曰："减政主义者，各国人民理想上之言论也，今各国政府不但无采用之倾向，且示反对之趋势，而乃欲采用之于吾国，其亦审察吾国社会上之情势，固适用乎？否乎？夫吾国之社会，非欧美社会之比也。欧美之社会，有组织之能力，有秩序之观念，崇尚公德，热心公益，故政府即不为之谋，社会亦能起而自谋之，减政主义，犹或可行也。若我国之社会，离如散沙，杂如丛莽，道德之堕落，有江河日下之观，经济之困难，有杼轴其空之感，今若实行减政主义，一切听其自然，吾恐永无进化之期，终有陆沉之祸耳。"然予以为此社会悲观论，非真相也。我国国民独立性质之强，自治基础之固，正有未可自蔑者。若谓社会之进步，必仰政府之提携，不如反而言之，谓政府之进步，仰社会之提携，较为确当。试以近事证之，则宪政之施行，虽出于先皇之英断，而亦未始非社会鼓吹之力。他如禁烟之渐著成绩，游学之日见增加，虽由政府惩治之严，奖励之厚，平心而论，亦社会之倾向也耳。非然者，以林文忠、曾文正、李文忠之政略，而效果不如今日者。何也？以此观之，则吾社会之精神，亦讵逊于欧美，但急起直追勿自菲薄也可耳。抑吾更有进者，则以吾国历史证之，知吾国社会之情势，实有不可不采用减政主义者。吾国古来，以恭己无为为至治，而以庸人自扰为至戒。观始皇一统以后，立强大之政府，行繁苛之政令，其中亦非无为人民永久之谋者，然卒遭人民之反抗，不旋踵而破灭。汉室继之，乃一反其所为，崇尚宽大，萧、曹相业，以清静宁一称，遂开四百年长久之基。一成一败之间，情势已昭然可见。又如王荆公之厉行新政，其意岂不欲便民，卒以干涉太繁，反为民病，此亦我国政治家之殷鉴也。纪文达有言：三代以下，以不扰民为治。盖减政主义之先觉者矣。

或曰："减政主义者，消极之主义也，退化者也，非进化者也。由简单而至于繁复，自然界之一大原则，不能逆其势而行。今者世界竞争，纷纭繁变，我国家惟有取进行之方略，决不能保退守之习惯。非然者，老成持重之政府，亦岂好为此铺张扬厉之举哉？诚以内忧外患，交起迭乘，鉴于大势之不可违，迫于时机之不可待，不得已而为之耳。今若采用减政主义，则衮衮诸公，适得遂其妇人醇酒之私，养其缓带轻裘之度，而守旧之师儒，偷安之疆吏，正得借法繁赋重为口实，以摧残宪政之萌芽，中国之亡，可立而待矣。"然此实误解减政主义之真意者也。孟子曰：人必有所不为而后可以有为。减政主义者，即有所不为以期有为之意，乃以消极之手段，达积极之目的，似退而实进者也。若今日之政府，则以积极之面目，行其消极之志趣，似进而实退者也。吾亦知吾政府非好为此铺张扬厉之举者，诚不得已而为之。然此不得已云者，即今日政治上之病根，而铺张扬厉者，乃今日政治上之病态。减政主义，即对于此病之特效药耳。才力不充也，则去其旁骛之精神，财力不济也，则汰其繁杂之费用，推陷廓清而后，乃就当先之急务，立一定之范围，刻意励行，坚持勿懈。减政主义，岂无政主义之谓哉？岂使政府伴食于朝堂，委蛇于寮署，而无所事事之谓哉？盖将以此揭宪政之外幕以显其光荣，抉官僚之假面以清其神气，一方面使政府有所资以措手，一方面使政府无所借以藏身。必涂泽之政治，既淘汰无遗，庶真正之政治，有发现之日，则减政主义之赐矣。

今姑持减政主义以观现在之政治，其不属于宪政范围以内者，可置勿论。就属于宪政范围以内而言，而使吾人感其事之无益，觉其费之可省者，亦所在有之。就其重要者，略述一二。邮传部之糜费，农工商部之虚设，论者啧啧，岂尽无因？若夫民政以警察之费为巨，然我国警察制度，摹拟他国，似未适合于我国之情势。盖各国人民，皆麇聚于都市，五方杂处，奸侩百出，又复车马喧阗，时虞危险，故有市街警察之制。我国一二大都会繁盛之区，固可仿而行之，乃各府县之城治市集，亦复于数十武之内，植立武装之巡士，甚至乡村之间，亦间有之，其费甚繁，其益殊少。若改革之，使任司法警察等事以稍适于用，则全国之内，所节必多。（予非谓巡警可废也，惟不可使其终日植立而无所事事耳。）至学部管理教育，事事必就绳墨，毕业奖励，综核尤严，各省学务公所及各县劝学所，以稽核名册，计算分数，费时殊甚。然此等繁密条例之结果，必碍学问之发达。兹不暇详说其理由，但思科举时代之学问所以不能发达者，非为功令所缚束乎？今学部之条例，仿之科举而更甚矣，为教育前途计，实不可不大加减削者也。类此事实，势不能一一枚举。今者新官制将颁行，新内阁将成立，减政之方针，当于此时握定。立法于简，其后可繁；立法于繁，后虽简之，而款已糜，弊已甚矣。

今更持减政主义以论将来之官制。旧日之六部，今增为十二部矣。就行政之统系观之，则吏部可裁，而归其一部分之事务于内阁；礼部可裁，而并其一部分之事务于内务府。已为世论所公认。其他各部，以他国之繁复政治之形式比较之，似亦不可减少，然国家政治，在精神而不在形式，况宪政初行之日，形式何必求备乎？日本之持减政主义者，主张废止文部省、农商务省、警视厅及枢密院。（参考日本《中央公论》二十二卷一号增田氏论文。）我中国今日，亦可酌采其说。凡属内务行政，殆可合为一部，或将交通行政，分设一部，而其余之教育行政、农工商行政，不必另设专部。盖教育、实业等事，全赖社会之自谋，国家仅任提倡检查之责，其直接自办之事本少也。如是，则国家行政，但分外交为一部，分军事为一部或二部，分财政为一部，分司法为一部，分内务为一部或二部，至藩属事务，今尚不得不设专部。以是计之，则设六部或八部足矣。其他中央官厅，除审计院、行政裁判所、大理院以外（内务府不在政治范围以内，故不列入），一切皆可裁撤。至地方官制，各省设一行政官厅，置长官一人，分设数科，其下设厅。州县一级，置行政官一人，书记一二人，足矣（除司法官外），一切司道府及同通佐杂，皆可裁撤。兵在精而不在多，官吏亦然。今日之政治，所以纷烦纠杂者，正因官吏太多，彼此以文牍往还以消日力，所谓"纸张天下"是也。此等事务，皆在官与官之间，与吾民无与。吾民之所须于国家者，除对外而求其捍卫国境，对内而求其缉除暴乱，此外则讼狱之事，不可不仰官厅裁判，赋税之款，不可不向官厅输纳而已，所谓刑名钱谷而已矣。吾望吾政府编订官制之时，勿仅存官多治事之见，而当虑及官多生事之害也。总之，减政主义者，各国社会上之新倾向也，我国政治上之旧经验也，实行宪政之前提也，救济财政之良法也。我邦人君子，勿以此为反对新政者之常谈，则幸甚矣。

《中国文字之将来》译者按

译者云：此论文所谓中国文字者，即中国最通行之汉文汉字是也。世之论者，常谓中国文字为象形文字，记忆殊艰，不及欧美标音文字之易于认识，且言文不能一致，故通文义尤难，国民中通识文字者之少，其原因实由于此。此说倡于欧美人之学习中国文字者，日本醉心欧美之人，乃附和之，遂有废止汉字节减汉字之论。至吾国之人，亦有主张用标音文字以期言文一致者。窃常闻而心非之，盖国民通文识字者之少，由于教育之制度未备，不能归咎于文字，否则吾国中若清文、若蒙文、若藏文，皆标音文字，何以吾国民之通识清文者亦不多觏，而蒙、藏之民通文识字者，亦不能多于行省之民也。至言文不能一致，虽不便于通俗，然因文字与语言离异之故，其文字不至随语言而改变，于学术上及社会上之便利殊多。欧洲各国，区域较小，而各国之文字不同。若我国亦用标音文字，使言文一致，则一国之中，将有数十百种文字出现。今全国之内，方音虽异，而文字可通，即日本、朝鲜、安南诸国，亦得通行同一之文字，使东亚各国，性情风俗，不至绝然悬异者，未始非同文之赐。此其便利一也。欧美现今之文字，与希腊、拉丁之文字不同，于是研究古代之文字为一种专门之学术。盖标音之文字，不能不随语言而变，而语言之传述，不能不因时代而殊。若我国亦用标音文字，则不但春秋战国之文将无从索解，即汉唐宋明之文，亦将不能卒读矣。四千年之中，至少有三四种专门之文学。承学之士，虽白首而不能尽通。今则历朝著述，藏之名山，传之后世，沧桑屡易，而文字则亘古如新。其便利二也。至称中国文字为象形文字，亦属一偏之论。中国文字，属于象形者不过千百分之一，其大多数则为形声之字，以两偏旁相合而成，一旁标音之所从，一旁示义之所属。其制作之方法，实兼有象形文字与标音文字之长。欧美文字，有标音之字母，而无偏旁部类，遇有同音异义之字，乃不得不变其联缀之方法以别之。因此而标音之规则，亦不能一律。平居私念，以谓理想上最完善之文字，不能不用形声之方法。一旁标音，宜有简单之规则；一旁表义，宜有明晰之部类。至于文字语言，不能强归一致。语言发于口而感于耳，文字作于手而触于目。器官既异，作用自殊，强令一致，则便于口者不便于手，利于耳者不利于目，无两全之道也。夫言语传以声音，过而不留，简短者易于忽略含浑，文字则有迹象可求，不虑其忽略含浑。惟冗长繁缛，则写作诵读，均为不便。故理想上之文字，必简略于语言，但能有一定之规则与语言相对照斯可矣。且欲使语言与文字，有对照之规则，亦惟有改变言语以就文字，使言语渐归于统一，不能改变文字以就语言，致文字日即于纷歧。数年以来，常怀抱此意见而不敢自信。去年日本《近畿评论》，揭载日人山木宪之论文，题曰《息邪》，其论文之纲领有三：（一）斥汉字废止论与汉字节减论之谬妄。（二）论中国文字之便利及欧美文字之不便不利。（三）言欧美各国当采用中国文字，将来中国文字必遍布于宇内。其持论未免过当，而理由充足之处颇多，与数年来怀抱之意见，殊多符合。爰改题辑译，以为当世文学家研究之资料。至其论文中极言欧美文字之不便不利，固自有所见，但读者不可因此而鄙夷欧美文字，以为不足学。今我国中学程度以上之学堂，多习欧美文字，将以通知各国之情事，研究各国之学术，非以其便利于吾国而学之也。至现今欧美文字，流行日广，乃其国家及社会势力之关系。此论仅就文字之便利与否而言，非就现在流行之势力而言。附志于此，以质读者。

论今日之教育行政

今日我国之教育行政上，所持以达普及教育之目的者，果有若何之政策耶？予得一言以蔽之曰：出身之奖励而已。然则此出身奖励之政策，果得收若何之效果耶？此即予今日所欲论究之问题也。

出身奖励之政策，不独今日之教育行政上所视为惟一之政策，亦我国千余年以来之教育史中，所认为不易之政策者也。科举也，学堂也，今日之教育制度，虽已异于曩日，而所谓出身奖励之政策，固自唐宋以来，因袭而未之或变者也。

科举时代之八股试帖所以较为普及者，不可谓非此政策之效果。今日既设学堂，废科举，而犹维持此政策而不变者，在当局者豫期之效果，岂不欲以普通之科学及外国语代科举时代之八股及试帖耶？夫使普通科学及外国语之普及与科举时代之八股及试帖相等，则以现今之教育状况比较之，诚不得不谓之进步矣。

然使今日之时势，果得以出身奖励之政策，收此豫期之效果也耶？则吾直以当日之设学堂、废科举为多事矣。向使当日者不废科举之制度，但稍稍改易其课士之程式，简稍通时事之儒臣典试各省，招一二研究科学及肄习外国语者入其幕中，依今日之教科门类，列为试题，以定弃取，则科举之奖励，决不难与学堂之奖励收同一之效果也。且以予意观之，不但收同一之效果而已，其效果且倍蓰焉，则亦何必投此巨额之教育经费以行此学堂奖励之政策也哉？

同一以出身奖励为政策之教育行政，则学堂奖励之效果，必不及科举奖励之效果，其理由予得而述焉。科举之奖励，但论其学力而已，无年龄学级之制限，人人得争自濯磨，以发展其自修之力，故普及较易。学堂之奖励，限于若干年龄以内，又必经一定之学级，则窒碍其自修力，而普及较难。一也。科举时代之学业，人自为谋，国家不支出教育经费，而得设无限之学校，其普及较易。学堂教育，困于经费，限于学额，而普及较难。二也。学堂教育，国家既支巨额之经费，而就学者仍必出相当之学费方得入学，中人之资，力有勿逮，其普及较难。若放任之听其自谋，则萤窗雪案之下，无特殊之学费，即有所需，亦得量力而为之，其普及较易。三也。更有一事，为学堂奖励之大弊害，而使吾辈转觉科举制度之犹为彼善于此者，则今日之学堂精神形式，多未具备，教授管理不尽合法，敷衍之习，腐败之象，每为世所指摘，入其中者，实足以刺戟其神经，使生愤懑不平之感；堕落其品性，使有薰莸同器之虞。惟以国家之奖励，必出于此途，于是教者以是为之招，学者以是为之的，相安于敷衍腐败而不复自知。在教育行政之当局者，固欲持此奖励之政策，尽驱全国青年，以入吾彀中也。而自予等之悲观论者言之，直犹驱无病之人入疫病收容之所也耳。父兄之稍有识见者，自不愿使其子弟以图此无谓之功名，而染此流行之病毒。此教育普及之所以大难，转不如科举时代之父诏兄勉，择善而师，犹得各自发挥其品性，矫正其弊害，为家庭计，为社会计，实较为安全之策也。

以上四端，虽不过理论上之比较，而证之事实，谅亦不至大诬。试回忆科举时代之应童子试者，大州县率数千人，其次亦数百人。今日之高等小学堂，在一州县以内者，合官公私立而总计之，其学生在千人以上者，殆寥寥无几。科举之废，学堂之兴，亦已十年于兹矣，而教育之普及，较之科举时代，乃反见其退步焉。则科举奖励与学堂奖励，其效果之孰多孰寡，亦不待智者而知矣。

学堂奖励之效果不及科举奖励之效果，予为此言，非欲废学堂而复科举也。第以出身奖励为政策，则与其设立学堂，予宁赞成科举，以其效果无大殊，而可以节省巨额之经费，且减少其弊害也耳。其实则处今日之时势，无论为学堂为科举，苟仅恃出身奖励以为教育行政上之政策，则其势必处于失败，而决不能收其豫期之效果者也。科举之奖励，得使八股及试帖收较为普及之效者，亦限于锁国时代及专制时代则然耳。世界交通以后，生存之竞争日烈，青年之国民亟亟于自立，不复能牺牲一切以求身分上之荣名。况立宪以后，国家岁计不能不宣示于国民，行政之经费势不能如前此之冒滥，于是官吏之生涯亦渐不如昔，有荣名而无厚利，遂不足以羁縻一世之人心，故开国与立宪二者，实奖励政策之前途所不可避之障害也。此惟一之政策失败以后，吾不知当局者将更置吾国之教育基础于何地也矣。

夫教育之基础，当立于国民生活之上，不当立于官吏进身之上者也。国民当以谋生活之故而求教育，不当以作官吏之故而受教育。二者之目的大异，故其效果亦迥乎不同。以谋生活之故而求教育者，当其在学校之时，所研究之学业，所怀抱之希望，无一不求其适于将来社会之生活，毕业以后，即为独立自营之国民。世界教育家之论普通教育也，于智育一方面，无不以教授生活上所必须之知识技能为本旨，盖以此也。若夫以作官吏之故而受教育，则其效果有适相反者矣。

以作官吏之故而受教育，则当其在学校焉，所期待者，年级之资格也；所预备者，问题之答案也；所注意者，考试之等第也；所摹拟者，官场之习气也。毕业以后，幸获一官，则日后之生涯，即依赖于国家之豢养。国家既悬是以招之，不得不月费俸钱，岁縻廪粟。而彼之得此，其心理上不认为职务之俸给，须以相当之劳力，谋其报称，直曰：是固予数年以来辛苦于课业之代价也耳，是固予身分资格上所应享有之权利也耳。故虽安坐徒食而不以为怍，养尊处优而不以为泰，其害国家之经济，耗社会之生产，坏官吏之风习也，无待言矣。此我国千余年以来之积弊，而尤于今为烈者也。

然此犹其显而易见者耳，而今后之隐忧，则更有甚焉。有限之行政经费，势不能安置多数之冗员，则国家之豢养，终不可恃，而若辈之学业与希望，又不适于普通之生活，则若之何？于是而失望、而无业。国民之中，失望与无业者众，则国家之大戚也。科举时代之士流，穷老一经，槁死于牖下者多矣。以其知识浅陋，能力薄弱，不足以为害于社会，而已隐为社会之患。其狡而黠者，若所谓讼棍，若所谓刁生劣监，皆为社会之蟊贼。其尤甚者，若唐之黄巢，若近代之洪秀全，遂为剧盗之魁，酿涂炭生灵之大祸焉。若夫今后之士流，有科学及外国语之知识，更非科举时代不第秀才之比，而顾令其咨嗟太息于失望与无业之中，恐其才图温饱则不足，扰社会则有余，遗患乃正长也。英国之大哲学家大法律家培根公之言曰：暴动之原因有二种，太贫与大不平是也。破产者多，则暴动之赞成者亦多。又曰：中流以上之破产与下层人民中之缺乏及困穷相合，其危险激烈而重大。（见《培根论说集》Bacon's Essays。）环顾吾国，行省之中，伏莽遍野，边陲之地，王灵不及，一般有膂力而无生计之人民，已时时现暴动之征候。若更与有知识而无生计之人民相合，则中国之忧，不在列强，而在四境以内也。日本之幸德秋水传布社会党之理想，运动劳动界之人民，致有赤旗事件及此次谋危日皇之举，全国大受刺戟。日本之论者，推究事变之原因，谓由毕业生就职困难所致。夫日本之教育，已非我国之奖励政策所可比拟，而犹不能免此等之危险，则我国今日出身奖励之政策，直谓之制造革命党及无政府党之政策，讵得为过欤？

然则学堂奖励之效果，可得而言矣。一方面产出少数虚糜俸给之官吏，以贻害于今日之政治；一方面养成多数失望无业之国民，以流毒于将来之社会。教育普及欤？果如是之教育而得普及于全国也，则予心乃滋戚矣。

学堂奖励出身为教育之害，前论已述其概略。今日吾国舆论，主张停止奖励者，既有举国一致之概。此次以各省教育总会联合会之陈请，中央教育会之决议，其结果自明年起将实官奖励停止。出身奖励虽依然存续，然此亦不过月攘一鸡以待来年之计，教育行政上奖励出身之政策，实已有不能维持之势矣。夫奖励学生，为向来教育官厅中重大之职务，一切颁定之法规，施行之手续，其精神之所环注，权力之所集中，固无不在于奖励也。今停止奖励，殆不能不见诸实行，则今后之教育行政有不可不翻然变计者。然则当取如何之方针，采如何之计画，此又今日所宜论究之问题也。

予对于此问题，请先以概括之语解答之曰：今后之教育行政，凡关于社会所经营之教育事业，宜力主放任，去其干涉之手段；关于政府所经营之教育事业，宜力求进步，尽其诱导之责任。盖数年来吾政府之教育行政方针，适与此相反对，惟以出身奖励为目标，置社会上一切教育事业于其权力之下，而提倡之，而制限之，试其种种之干涉手段。而其自身所经营之教育事业，亦惟以产出若干之进士举人为能事，曾无足为社会一扩其闻见，一新其思想者。是即今日教育上之病因，今而后当反其道而行之者也。

今日教育上最显著之弊害，在各地方多设立有名无实之学堂。此种学堂，其名义上无论为官公私立，实际则皆为一二私人，歆于创立学堂之名誉，且冀筹取地方之公款以恣其消费，凭借官厅之权力以张其声势，非实有教育上之见地与其志愿者也。故内容之陋劣，现象之骇怪，不但失社会之信用，且以增社会之恶感。试将此种学堂与从前之家馆义塾比较其教育上之价值，如以从前之教育为单位，则此种学堂，当为零以下之负数。夫优胜劣败，社会之公理，依此公理，则此种学堂，何由而发生？更何由而存立？夷考其故，则由十年以来，当局者之意旨，欲仅持此学堂奖励章程，尽变全国之家馆义塾为新式教育之学校。应时势而发生之学堂，遂直接间接，皆以举贡生员为其专利之制造品，教育事业遂变而为投机事业矣。故此种学堂，实非社会上自然所发生，乃万能之政府，尽力提倡之结果耳。自然界中，往往有受人为之干涉，而使劣者得以生存。盖受保护而生存者，其能力必较自然生存者为劣，今日之学堂，即其例也。

政府提倡之结果，社会上乃发生有名无实之学堂，教育之真价，日以堕落，政府不得不设法以限制之，亦势也。近来中央及地方官厅所颁布之教育法令，渐臻严密，其教科必如何分配，其学级必如何编制，其教师必具如何之资格，其教授必用何项之书籍，此其重且大者，其他若节日纪念必行如何之礼式，放假休学必在如何之期日，甚至服物细故亦或规定而取缔之。在政府之意，一方面以提倡之手段促其发生，一方面以制限之手段防其冒滥，其计画不可谓不良，其操纵亦不可谓不巧。虽然，徒法不能以自行，欲强令无教育思想及其学问与经验者，悉依成规以施教育，其必不能达其目的可知也。揆诸现势，仅求于学堂表册上收整齐画一之效而犹不可得，实际上之收效，殊觉大难。即曰能之，吾恐束缚之余，于教育前途，仍多窒碍。何则？政府以成规制限学堂，则其合于成规者，不可不与以特别之利益，但无论何种利益，其势皆处于必穷。况政府以特别之利益，保护依成规而设立之学堂，一方面使受其保护者日形退化，一方面又使不受其保护者不得存立，欲以是防止教育之堕落，容有济乎？

然则今日之教育行政，对于社会上所经营之教育事业，有不可不力持放任主义者，请更述其理由。夫教育之基础，当立于国民生活之上，前论已略及之。故教育之价值，即以其对于国民生活上之价值为标准。苟学堂之所教育，有益于国民之生活也，则自然臻于兴盛，无待政府之提倡也；其无益于国民之生活也，则自然至于消灭，更无待政府之限制也。人民之自求生活也，若水之赴壑，其势力常较政府为大，其期望亦必较政府为切。前日之家馆义塾，守其陈旧之教育方法，不足以扩张人民生活之能力，学堂教育代之而兴。苟其受教育之人，确有知识技能，为社会辟一新生活之途径，谁不趋之？生存竞争，自然淘汰，为生物进化之公例。社会一大生物，自必循此公例而行，政府对于社会，必不可逆此公例。但使社会之中，各保其均等之机会，遂其自由之发展，则成绩自彰。今日教育之成绩所以难言者，政府之提倡与限制，实有以致之。其提倡也，妨其机会之均等；其限制也，碍其发展之自由。非与进化之公例相背乎？夫人民以求生活之故而受教育，政府对于受教育者奖励之，与以生活上之便利，似亦促进教育之方法。然政府所与之生活，乃人为之生活，非自然之生活。以人为之生活代自然之生活，而自然之生活遂难矣。征之往事，则凡吾国之教育，其受政府之干涉者，皆失其自然生活之能力。读圣贤书，发明义理，为立身处世计，所以求高尚之生活也。政府干涉之，而帖括之文乃日流于污下，不足与于学艺之林，习为此文者，除向政府讨生活以外，无可以自立。他如农工商业与夫算术绘画之类，民间自相传习，不受政府之干涉，虽其学术不及近世欧美各邦之发达，而其中固有确实之经验、精当之理法，为近世专家所取资者，全国之生活机能，今犹惟此是赖，决不至无用如八股也。以是观之，教育之事，听诸社会之自谋，虽未必骤见进步，而其结果必较政府之干涉为良。吾非谓政府中必无明通教育之人才，不足为社会谋教育。第求之于理论，证之以事实，知政府之干涉，虽有如何之良法美意，往往未能收效，而庸暗者之尸位，顽固者之当权，则其蹂躏学界，辄流毒数十年而未能尽涤。故吾望政府，无为宋人揠苗之愚，而效郭驼养树之术焉。

　　社会上教育事业，政府宜力主放任，然则教育行政官厅，可以不设欤？近时言论，有主张废去学部，并入民政者。（《留美学生会年报》之《兴学刍言》颇主张此说，盖美国不设学部，教育行政隶于内部也。）然学部之存废，为官制上之问题，无论特设专部，或并入民政，在国家固不能无教育行政，况当此教育幼稚之时代，非力求进取，势必不能谋生活于列强竞争之场里。我政府于教育事业，决不宜抱消极主义，固无待言。惟进取之方，须从诱导入手，不可从干涉入手耳。诱导云者，以政府所经营之教育事业为社会之模范，听其自由效法之谓也。以法令相绳，不如以成绩相勉；以权力相统，不如以学识相师。欧美各国学校之兴起，非其政府之章程规则有以致之，皆由其国内著名之大学校提倡学术，研究师范，为一国学艺之中心，其规模为全国所景仰，其校风为全国所矜式。一国学校，靡然向风，由都会以及城镇，由城镇以及乡里，互相联络，其内容不必尽同，而大纲自无差异。盖一代之学术，提纲挈领者，常不在官吏而在师儒，此古今中外之所同也。我国旧时代之学术，若经史舆地、历象算术、道学性理、经济掌故、诗古文词、金石书画之类，皆由一二名流硕彦提揭宗风，使承学之士闻风兴起，全国响应，此岂风尘俗吏簿书期会之所能奏效哉？审乎此，而诱导之方，可以知矣。

盖予之以诱导望诸政府者，非欲以学部大臣领袖群英，以官吏而兼师儒之责也。今日之教育行政，正误在以官厅为学术之中心，以官吏为学者之表率，是与以海陆军大臣为军人模范，以法部大臣为法廷首领，其误会正复相同。夫国家之教育行政官厅经营国家之教育事业，犹地方自治团体经营地方教育事业，二者皆有经营教育之任务，而非实施教育之人。故予之所谓诱导云者，非欲以官厅自身任诱导之责，乃以其所经营之教育事业为诱导之资耳，二者似不过直接与间接之殊，而其用意乃大异。前者之诱导为空言，而后者之诱导为事实；前者之诱导为政治上之形式，而后者之诱导为学术上之精神。二者收效之殊，当有不可以道里计者，愿当局之一审也。

故今日教育行政之要，必须将政府之教育行政与政府所经营之教育事业分晰明白，不可混视，而其尤要者，则节减教育行政费以扩充教育事业费是也。社会上教育事业，政府苟力主放任，则政务自简。能仿美国之制，不立专部，仅于民政部内设一学务司以理之，则行政费之所节必多。即官制不能骤改，亦宜力加裁汰，行政费节减一分，即事业费扩充一分。若教育事业不兴盛，虽有完备之教育官厅，亦属无益，犹之军队窳败，将校缺乏，无人戮力行间，虽设立重大之海陆军部，岂能克敌致果欤？夫节减行政费以扩充事业费，实为我国今日整理行政清理财政之要道，兹特就教育行政，举其一斑耳。

至政府所经营之教育事业，就目下之形势，策进步之方法，谨举纲要二端，以备采择：

（一）京师大学堂为全国学艺之中枢，京师师范学堂为全国教育之根本，必尽力扩充，以求完备。宜遴选国内硕学通儒数十人组织议会，筹议其大纲，推学行冠时、才望盖世之人以为之总裁，网罗内外专门学士以为之教授，选高材生万余人肄业其中，必使内足以系全国士林之物望，外足以与欧美著名之大学并驾齐驱。风声既树，则全国学业，自受其影响矣。

（二）各省之高等学堂、专门学堂、优级师范学堂及各府厅州县之初级师范学堂、中学堂等，宜酌量裁并。与其多设规模狭小不完不备之学堂，不如裁并之，合数省或数府厅州县之力，设规模较备之学堂于交通较便之地。此等学堂本设寄宿舍，散布各处，与集合一处，除稍增学生旅费外，他无分别，而利益甚多。管理员及教师易于得人，一也；人才既聚，研究自盛，二也；学校不至自为风气，学生见识，亦不为乡土所囿，三也；都会之地，众目共瞻，学堂事权，不至为一二乡绅所据而日即腐败，四也；财力既厚，规模自宏，而教育经费，反可因合并而节省，五也。总之欲新社会之耳目，使无有因陋就简之观念，勿行改头换面之习惯，以远大之眼光求学术之进步，以整齐之秩序谋共同之发达，则必自裁并现在之学校始矣。以上二端，皆就政府所经营之教育事业而言，至小学教育及通俗教育，为挽救时局缔造国家之要务，政府固不能放弃责任，但须就通都大邑，设立规模较备者一二处，以为社会之取资，又必随时改良，与社会共其进步。若夫教育之普及，固赖社会之自谋，政府但顺其机以导之，前意已明，不复赘述。

生活困难之研究

数年以前，米价腾贵，各地方屡有暴动之事。予曾就物价腾贵之原因作一论文，载于某杂志。作此论文之意，则因世人对于此问题之见解，颇与予意不甚相合，故欲世人就此问题，加以研究也。盖世人对于此问题，其通常之持论，大约如下。

（一）生活困难之原因，由于物价之腾贵。

（二）物价腾贵之原因，由于下列之三项：

（甲）生齿日繁，生产不给。

（乙）世风奢侈，消费过多。

（丙）输入超过输出，银货外溢。

而予之意见，则大旨如下：

（一）生活困难之原因，不在于物价腾贵。

（二）物价腾贵之原因，由于货币之供给增加，若甲、乙、丙三项，可为生活困难之原因，而非物价腾贵之原因。

何以言生活困难之原因，不在于物价腾贵也。盖物价腾贵与生活困难，系属二事。目下生活困难与物价腾贵同时并起，遂误以物价腾贵为生活困难之原因，然其谬误可不烦言而解。美国之物价，倍蓰于东亚，而东亚之生活困难则甚于美国，故劳工之移住日多。都会之物价倍蓰于乡曲，而乡曲之生活困难，则甚于都会，故都会之户口日增。夫物之生产，以土地、资本、劳力为必需。物价既贵，则土地之收入必丰，资本之利润必厚，劳力之价值必增。倍出倍入，理所当然，亦势所必至也。其因物价腾贵而生生活困难之感者，必为不生产之人，或其生产事业已处于劣败之地位，不能与全体之进行相伴者，既不能得物价腾贵之利益，乃徒受其害。但此一部分之生活困难，决不因物价之腾贵而有所加损，盖彼等既不生产，或其生产不为时势所需要，则即物价低落如前，彼等亦决不能徒手坐食，或坐守其业已失败之事业以维持其生活可知也。

何以言物价腾贵之原因，由于货币供给之增加也。盖价物云者，乃物品与货币相准之价值。以货币为主位而言之，则谓之物价腾贵；若以物品为主位而言之，则当谓之币价低落。此易明之理也。或谓自海外通商以来，输入超过输出，银货外溢，不知凡几，货币且日益缺乏，安有增加之理？此实谬论，试略为研究。则外国之物品输入吾国，售出后变为吾国之货币，乃复以吾国之货币变为吾国之物品而输出，或吾国之物品输出外国，售出后变为外国之货币乃复以外国之货币变为外国之物品而输入。若输入溢于输出，其结果为吾国对于外国负货币若干，或外国对于吾国存货币若干。常人之意见，以为此时必将吾国之货币输出外国以抵之，不知货币之输出，其价值亦计在输出额以内。果其输出以相抵，则输入输出之额，必适相等矣。今既输入溢于输出，是吾国对于外国负若干之货币，即外国对于吾国，尚存若干之货币也。此所存货币，或出借于吾国之政府及人民而变为债权，或以之购置土地房屋及矿山铁道等而变为物权，或以之经营工商事业而变为资本，其货币仍流通于吾国，但此货币本为固有之货币，尚非增加之货币也。至增加之货币，则以由外国输入为主。世界各国，产银日多，各国又主用金币，金贵银贱之影响，银货之输入于吾国者遂日盛。墨西哥之银圆，英国之大条银，充斥于市场，无待言矣，即我国政府所铸之银圆及炉房所铸之马蹄银，亦复购入外国生银以为之。近年滥造铜币，其铜多自日本输入，有形之增加，已不可数计，而无形之增加则尤甚。公私各银行及外国银行所发行之钞票，凭空增出几亿万之货币，其明证也。况交通便利，金融活泼，一圆之货，胜于昔日二元之用。而数千年来乡曲人民所储蓄之金银，窖藏而柜蓄之者，又因风气之开通，咸出而为生产利息之用，是皆货币供给增加之原因。货币之供给既增，则其价值自必低落，世人不认为银价之低落而认为物价之腾贵者，是犹舟中之人，不知舟之前进，而认为岸之后退也。

生齿日繁，生产不给，可认为生活困难之原因，而不能认为物价腾贵之原因者。何也？则试举一事以证之。美国人口，不及吾国之稠密，而美国物价则贵于吾国，是可知物价之腾贵与人口之增加无相关矣。人或以为人口既多，则物之需要必增，求过于供，物价自贵。不知所谓求者，非仅仅欲望之谓，必备相当之价值以求之。饥非不欲食也，寒非不欲衣也，而无可以交换衣食之资产，则决不能问价于市，不得已而减衣缩食，多者易而为少，精者易而为粗，更不得已，则忍冻受饿以濒于死而已。故生活虽极困难，而物价终未腾贵。总之生活困难与否，由人口与产物之比较而定；物价腾贵与否，由物品与货币之比较而定，其原因不同。故货币不加，虽人口日多，物价亦无腾贵之理也。

世风奢侈，消费过多，可认为生活困难之原因，不能认为物价腾贵之原因者，何也？盖奢侈者，消耗多数之产物以供其肉欲，为现时生活宽裕之现象，为他日生活困难之原因；或为一部分生活宽裕之现象，为多数人生活困难之原因。其结果与人口之增加无异。盖以一人消耗多数人之生产，犹之以一人而食多数人之食，衣多数人之衣也。其略异者，则人口增加对于生产，尚有增加之效力，奢侈则有消耗而无生产。然于物价腾贵之原因，则无甚关系，与人口增加不能为物价腾贵之原因，其理同也。

输入超过输出，致银货外溢，此说之谬误，前已言之。至输入超过输出，为生活困难之原因，非物价腾贵之原因，则更有说。前言输入对于输出之溢额，变为债权物权及资本，积之既久，则吾之生产机关（即土地、资本）多入外人之手，所余之生产力，仅为劳动之一部。因而国内之生产，其大半为外人之所有。生活困难，遂日益加甚。然就物价论之，则输入之物品既较输出为多，则物品加增，价值必因而低减。惟其所输入者不仅为物品，即货币亦同时输入耳。

予此论之主旨，不外二端。（一）谓物价腾贵，由于货币增加之率大于产物增加之率之故。盖物产虽随时增加，而随时消费。金银货币产出以后，流通世界，与年俱积，消费甚少也。（二）谓生活困难，由于人口增加之率大于物产增加之率之故。盖人口之增加为几何比例，而物产之增加为数学比例也，二者虽原因不同，要皆为社会自然之趋势，世界通共之现象而已。

予为此论，不敢自信其无误，惟以当时米价大涨，各地暴民蜂起，抱悲观主义者，咸谓来日大难，窃窃然有地球末日之感，故予特揭物价腾贵与生活困难原因不同之理，以与当世商榷。近来美国大总统塔虎脱氏颁一教书，以生活费之腾贵为万国共同之现象，不可不为万国共同之研究，拟于华盛顿或他处，开万国会议讨论此事。经费十万美金，由美国议会承认支出。又谓："关于本问题，英、法、奥、意、比、加那大、丹麦、和兰、美国及其他数十国之公私研究，皆认为世界普通之现象，必须共同研究，今尚未得有通世界完全之标准，亦不闻有与他国据同一之标准同一之法则以维持物价之国，此予所以于各国各自研究之外而为此议也。"云云。近闻此会议之目的：一、关于工价与生活费之最近变动，集全世界之资料为万国之比较研究。二、证明关于此变动之主因。三、讨论其可以施行之救济策。将来我国对于此万国会议，当必遣派委员与会，予甚望我国之留意于民生问题者，先就自国为实地之研究，故更揭前论，以待当世之批评。

论依赖外债之误国

自垫款条件发布以来,一方面之舆论激昂反对,财政总长宣言辞职;一方面之舆论又深谅政府之苦衷而赞成之。参议院于条件大纲,已表示同意,垫款成而大宗借款之张本定矣。夫外债非必不可借,惟不善利用之,则其累殊甚,埃、摩前途,俱可借鉴。记者心以为危,故复揭此题,与读者一论究之。

夫吾人之处世焉,必谋自立。若其人不能维持自己之生活而依赖他人,则失其自由而为奴隶。国之存立于世界焉亦然。若其国不能维持自己之存立而依赖他国,则亦失其独立国之资格矣。吾民国建设伊始,而当局者之言,一则曰舍外债无他法,再则曰除借外债外尚有何术?三则曰舍大借款无以支持危局。呜呼!何其依赖外债之迫切至于如是也。

读者诸君亦将信当局之言,以为事实固如是耶?果其如是,则民国诚不国矣。记者以为此非事实,特当局之依赖心则然耳。试设一二问题以反证之,有如伦敦会议不谐,银行团解散,则吾民国将如何?又如欧美金融骤起恐慌,其他资本团,亦无有应民国之借款者,则吾民国将如何?岂从此不复建设国家,不复组织政府乎?是固必无之理。人贫则立志,依赖之途绝,则奋发之心生。吾知吾民国亦将有他法他术以支持危局者。当局之言,不过自表其依赖心,其不足取信,固无待辩。

吾闻之,用兵者必先可以守而后可以战,必先可以战而后可以和。借外债亦然。必先可以不借,而后可以借。是故为国者当以不借外债为根据,不可以必借外债为前提;当以不借外债为本职,不可以得借外债为能事。今之依赖外债者，未尝不曰磋商条件也，未尝不曰减轻流弊也，然绝不为可以不借之豫备。依赖之心不去，则其能磋商者几何？能减轻者几何？夫亦涂饰耳目，聊尽人事而已。舍此别无他法，除此尚有何术，当局者苟常存此心而习为此言，则虽至夷其宗社，奴其人民，亦未尝不可适用此数语以自解也。

依赖外债之结果，不但条件上之损失而已，其贻误于政治上之计画也尤甚。临时政府之成立，半年于兹，其行动之昭著于吾辈耳目者，除外债以外，他无可举。国务院云者，几成为承诺外债之债务院。军队之不裁撤如故也，内治之不统一如故也。羁縻政策，姑息政策，即所谓维持现状云者，乃不过无政无策之代名词。日复一日，以待外债之至。当局者方谓外债不成，则裁撤军队，统一内政，均无从著手。是彼固以此为依赖外债之原因也，而予则以为此乃依赖外债之结果耳。

夫国家当草创经营之日，自必有多少之难题以梗阻于前途，是在国民淬厉其精神以解决之。不诉之于国民之精神而诉之于金钱之能力，精神之斲丧日甚，金钱之欲望益张，则难题益无由解决矣。当夫广州首难，武汉兴师，革命精神震铄一世，专制共和之大问题赖是以决。迨大局既定，政府告成，铁血之光化为金钱之气，民国之精神遂亦随清帝之威权以俱去。斯时之当国者，当处以大公无我之心，持以坚忍不挠之气，乘方新之国运，振已堕之精神，大计所关，其当使人民担负其义务牺牲其权利者，即无容姑息以养奸，羁縻以示惠，其为共和前途之障害者，慨然喻之以国家之大义，毅然临之以国家之威力。人之欲善，谁不如我，初不以小人之腹度君子之心也。不此之务，而以羁縻政策姑息政策施于前，复欲以散金政策縻官政策盾于后，是实计之至左者矣。

在依赖外债者，固谓外债一成，则难题悉解，崛强者可以使之软化，怨望者可以使之满足，慰劳金也，退隐料也，买收运动之秘密费也。政府拥多金，当世曷敢有抗颜行者，此即所谓散金政策也。政费既充，政局自展，乃建设膨大之官僚政治，内立十部，外置七司，穷乏得我而党势张，英雄入彀而政争息，此即所谓縻官政策也。盖彼等心目中，灿烂之中华民国共和政府，固将尽以英镑、美弗、马克、佛郎为资料而建筑之，其依赖之迫切而不能自已，亦何足怪欤？

吾民国之难题，果能以此法解决之乎？借曰能之，则民国之忧患方长矣，不以义而以利，不以正而以谲；拜金之主义盛，而人道有歇绝之虞；猎官之风气开，而吏治无澄清之日。是即收效于一时，实足贻患于百世。况以若所为，求若所欲，犹抱薪以救火，缘木以求鱼，吾知其愈解而愈难焉。吾固不敢轻量当世士，谓其有攘夺权利之心，果或有之，则与之以权利，其攘夺必将益甚。授盗以金，则盗群至；投犬以骨，则犬益争。非事理之显而易见者乎？

依赖外债之误国，就目前之时局论之，既如上所述。若就将来之国势论之，则吾尤滋惧。非惧夫偿还外债之将重吾民担负也，非惧夫监督财政之有损吾主权也，乃惧依赖之久而益甚，终至不复可离，而舍此别无他法，外此尚有何术之言，将成为吾国政治上之金科玉律也。生物通例，凡动植物营寄生生活者，其器官必退化，卒至不能再营独立生活。牛马鸡犬之饲养于人者，本能衰退，非饲养不能生存，国家依赖外债之结果，亦如是矣。当其初输入外债之时，国家之政治，社会之事业，非不骤现宽舒活泼之景象，于是政费增加，世风奢侈，物价腾贵，外货输入，其后已习为固然。至此而欲其偿还，犹割其已经愈合之肉，必痛苦不可言状。且其时政府已设之机关，不可无维持之费焉；社会已起之事业，不可无继续之费焉。不再借外债，则不但已借之债无可偿还，而前此以外债所举之机关事业，且将中道废止，前功尽弃，损害益巨，于是此金科玉律之言，不得不再为引用。此非记者过作此不祥之论，读者苟取埃及近世史而覆按之，则其经历之程途固如是也。

盖外债如醇酒，如雅片，饮之吸之，非不足以助人血气增人神志，然其后则不复可离，乃沉湎憔悴以终其身焉。今之人曰，国民捐无成效也，不换纸币有流弊也，是固然矣，乃并内国公债、土地登记税，以为急切不易举办，为求速效计，至便至利，诚无有过于外债者，是犹米麦鱼肉之滋养吾身，其收效必不及醇酒雅片之迅速，吾特惧其既饮既吸之后，虽欲不饮不吸，而其苦痛且倍于未饮未吸之时也。

依赖之不可复离焉，前就内政之关系论之，而其关系于外交者，尤不可不注意。政府之对外也，固宜尽其亲交之谊，然亲交与依赖，不可混也。若以依赖为亲交，在一时非不得外交上之助力，然其日后之待遇如何，即视其依赖心之如何以为进退。墨西哥大总统狄爱士依赖美国，输入其资本以经营墨西哥，借以扶植其势力，占大总统之位者二十有八年。迨狄爱士之亲美政策渐变，美人不复援手，而反对之梅特洛乃阳借排美之潮流阴持亲美之政策，得美人之援助，崛起而覆狄爱士之位，革命战争，至今未息。埃及王威斯明流信欧人之说，谓欧洲之资本输入埃及，合于经济学上之正理，增加国债，以振兴工商事业，物产繁殖，国力发达，是决无足忧，国之富强文明，必于其国债之多少卜之。（按：今日主张外债者皆利用此说。）其后为外债所厄，又为监督之欧人所扰，国民苦痛奋怒，集议员于海兰而反对之。外交官乃迫埃王曰，国民党与欧人反对者，即与内阁反对者也，与内阁反对者，即与殿下反对者也，宜速下严令解散。威斯明流不用其言，外人乃废其位而立通必苦。可知依赖外人之结果，一旦有脱离其依赖之心，则变故立至。唐总理假比款而银行团即有责言，遂非难唐总理而欢迎熊总长。近日国民捐之时论起，外人谓我国民将有排外之举动。此皆履霜坚冰之象也。政体初更，国民之运用未熟，舆论幼稚，易为外人所眩惑，将来选举总统，更迭内阁，势必与财政有关系，稍一不慎，则为埃及、墨西哥之续，我国民可不加之意乎？

论人民重视官吏之害

法国社会学者爱特蒙特摩兰氏著书，痛论法人争夺政权之弊害。其书曰《掌握政权者有利乎？》（*A-t-on intérêt ă s'emparer du Pouvoir?*）首章所揭曰："吾人苦于政治界轧轹之弊也久矣，得意之徒，意气扬扬，纷扰无所不至，欲壑难满，私利是营；失意之辈，懊恼烦闷，谓我党不有天下，祸根不能遂绝。更迭相寻，当局之人一旦而为在野之士，在野之士一跃而当大政之局。而所谓新政府者，亦固陋顽迷，专弄威福，从事于中央集权，纵容本党，压抑他党，能虐者变而为被虐者，被虐者变而为能虐者。新政府之人物，处闲散之时日已久，贪婪不绝，至此时惟行使其战胜之权利。于是变革之要求再起，而国民乃随之而益益陷于否境。吾人前后若干次支办其变革之经费，自鲁意十四之大王国，而革命时代，而第一帝国，而复古王国，而第二帝国。前日之苦难不复论，至于今日，或为保守的共和政，或为急进的共和政，吾人皆不可不担负其用费。政局虽屡改，其不改者惟有一事，即吾人之常常纳税是也。政局虽屡改，其所改者实亦惟有一事，即吾人之纳税益益增加而不知其所底止也。"吾闻特摩兰氏之言，吾不禁对于民国前途而涔涔汗下矣。（特摩兰氏书，日本应庆义塾有译本，改名《大国民》。）

法国近七八年来，内阁更迭凡三十余次，其陷于争夺政权之旋涡中而不能自拔者，原因果何在乎？则由于其人民重视官吏之故。法国在欧洲，以官吏国称，其官吏最多，据一八九一年之调查，奉职官厅者，二十四万零二百六十九人，其使用人三万二千五百二十六人，家族四十二万六千八百十六人，共六十九万九千六百十一人，约为其人口百分之二。加以陆军五十六万一千八百七十五人，海军一万二千一百三十八人，宪兵及警察官十四万一千六百十一人，总数为一百四十一万四千二百三十五人，约为人口百分之四。官吏之多如此，而志望为官吏者之多，犹数倍于是。一官吏缺额，则候补者蚁集；若值登庸试验，则受验者常数千人。其学校之毕业生，四分之三皆志愿为官吏者。青年之热望，非陆军武官，则高等文官，或奉公于官立学校及其他官设之局所中。若自营独立之职业，不过为此等竞争场里之失败落后者退隐之地而已。特摩兰氏书中谓："'官吏'二字在法兰西有特种之魔力。"此法兰西政治之所以不安，而社会之所以受病也。

然则法国人民，何以有重视官吏之习乎？此以法国人民与英、美人民相比较，可得其故矣。一、法国为中央集权政治之故乡，自废州改郡县以后，其地方自治之权极隘，虽乡村自治表面上有乡董、乡会，而按其实际，亦不过为传达中央之命令而设置。乡村内行政事务之大部分，常由国家直接管理之。故国民之倾向，无不注目于政府，入政府者为支配国民、左右社会惟一之阶级，其他方面，欲显其头角甚难。法之青年，遂觉政治以外无事功，官吏以外无荣誉。二、法国为官僚政治之发源地，其仪文之繁缛，态度之倨傲，皆为官僚政治之特征。官吏之尊严，既足动庸俗之欣羡，而机械的行动与豫定的俸给尤觉身安而利固。普通人民之心理，遂以为依赖国家，生活于国库之支给，较之依赖自力，生活于独立之职业者，其生计较为安全，而身心亦较为暇逸。英、美为自治最发达之国，其官吏之数亦少。一八九一年统计，大不列颠国之官吏公吏等从事于公务者，不过其人口千分之五。又一八九二年统计，美国之官吏及陆海军官，并计八万二千五百九十人，不过其人口万分之十三，在世界中特为非官僚政治之国家。其人民喜自由，不肯受他人之制驭，亦不希望制驭他人。人民之心理，不信人间职业有贵贱之殊别，惟知其人对于其职业，有能否及勤惰之区分而已。是以优秀之民，为农为工为商，毫不损其高尚之品位，转视官吏为较劣之职业，以其不能得相当之酬报，且夺人间之独立故也。两国之官吏，既不如他国之多，在英国常使爱尔兰、苏格兰或威尔斯人当之，美国则委之于爱尔兰人及德意志人之手。盖英、美人民重自立，故主于实利；法国人民重政权，故骛于虚荣。两国之社会，遂生依赖与自营之差别。欧洲人常谓东洋社会为依赖之社会，西洋社会为自营之社会，若就西洋论之，则法国社会犹为依赖之社会，英、美社会乃真自营之社会也。

人民重视官吏，其危害之及于国家甚大。直接之影响，使国家之政治不安；间接之影响，使社会之实业不振。其关系可得而言焉。盖人民既视官吏为最优之职业，则必努力以造成官吏之人才，教育乃首承其弊。其教育方法，常不出准备试验之范围，务为目录表解之学，重于记忆而忽于实用。盖受教育者之志愿如斯，虽有良教育家，亦无能为力。而一般人民，且以登第学生之多寡定学校之价值。试验之成绩如何，为学校之死活问题，于此而欲施正当之教育，殆无可望。风气所趋，年年岁岁，制出多数之官吏候补者，供过于求，无待言矣。此等多余之官吏，其学问志愿，除政治生涯以外，不适于他种之职业，即或为学校教师，或为新闻记者，亦无非鼓吹政治主义，挑拨政治感情，使政治风潮波及于学校，政治新闻弥蔓于城市而已。其不得职业之高等游民，贫困无聊，对于现政治负怨望，对于现社会抱不平，改革之声，一倡百和，虽以俾士麦之雄，对于大学卒业生之贫民窟，犹惴惴焉。此即直接贻害于国家之政治者也。夫社会积个人而成，个人各自独立，则社会之基础亦固。若多数个人皆依赖社会以为生活，则其少数之独立者必受其牵掣而困难日甚，欧人所谓"依赖之结果必共倒"是也。官吏虽亦为社会上所不可缺之分子，然治人者食于人，其生活之所须，皆依赖于农工商之手，官吏多，官吏之候补者多，则农工商受其累矣。况当此竞争剧烈之时，农工商各方面皆须有杰出之才，抱坚苦之志，以开辟富源，改良组织。今国民之优秀者，相率趋于官吏之一途，营寄生之生活，而社会上所赖以资生之实业转付诸等闲，社会之生产有不日就衰弱者乎？特摩兰氏书中曾言："新教徒与犹太教徒之在法国者，其人数远不及旧教徒，而其势力则甚大。因是等教徒，向被驱逐于政治社会之外，无文武官职之希望，故刻苦勉励以讲生活之道，遂成强健富裕之民，于是政治上之地位，亦不能复拒其勿入。多年不许触手之果实，至此遂得尝其滋味，不知此果实含有毒性，不知不觉之间，遂遗弃其培养之能力。"吾辈更从吾国中得一反证之实例，则满洲人入关以后，于政治上独占优势，其取得官吏之资格较他族为便易，故其人多以官吏为生涯，卒致实业不兴，生计日窘，今后之旗人生计问题，殊可焦虑。官吏之毒，酷烈如是，此又间接贻害于社会之实业者也。

我国数千年来伏屈于专制政体之下，官吏之威权特重，且安富尊荣，独占社会上优厚之权利，故人民之重视官吏，几成根性。秦汉以后，经长久之时期，而政治不改良，实业不进化者，实为此根性之所累。今者政体虽更，根性未变，竞争益剧，运动益多，而当局者复持縻官政策以牢笼一世，将借此以实行中央集权之主义，回复官僚政治之盛况。吾知流风所播，将有倍蓰于法兰西者。况来日大难，已无复容争夺政权之余地，瓜分豆剖，虽欲为法兰西而不可得焉。吾辈欲谋民国政治之安宁，望民国实业之发达，则其首要之条件，即在拔除人民重视官吏之根性。拔除方法，有当为国家之任务者，有当为社会之任务者，有当为学者之任务者，各方面均宜为种种之改革，固不能以简单之条件遽期奏效。兹就关系较重者，列举数事于下，以备论世者之取资焉。

一、减少官吏。官多为害，世界各国之通病。欧洲学者尝谓："官僚政治为社会重大之疾患，蔓延于机体之全部，破坏其康健，危害其生命，殊为可恐。"去此毒害，首在减官，而减官之要，尤在减政。减政主义，久为世界学者所倡导，本志已论及之，共和立宪政府，尤宜注重于此。奥国法学名家海尔勃斯德曰："凡以立宪的精神为基础之政府，于可以减轻之事务，当努力减轻之，苟非政府本来之事务，悉当省略。"可为至言。至减政方法，兹篇不暇备举，当另论之。

二、划除官威。立宪国之官吏，当以人民之奴仆自居，常自卑下，言语之间，宜为平民态度。若骄慢无礼，徒表自己之无教育，不合共和立宪之程度而已。专制时代之官吏，常有任意责斥人民以张其威力者。立宪国之官吏，同受治于法律之下，若责斥人民，则殴打訾骂之罪，亦不能以官吏而幸免，不可不憬焉。至文书告示，亦宜尽改专制时代之旧习，若"本官言出法随"、"本县爱民如子"等语，尤为国法所不容。外国地方官告示，其辞气与寻常广告无异。大致文告体裁，宜简洁明了。若个人之政见，推想之断语，含浑之指令，以及威吓噢咻感情上之文字，皆当力避之。

三、厘定官俸。前清官俸殊薄，且有名无实，闲曹散吏，衣食不给，而优差美缺，则岁获百十万，政治腐败，此为最著。民国定制，自宜大加洗刷，然官俸厚薄，标准如何，亦为政治上之一问题。论者谓俸给薄则不足以招致人才，且启贪欲之患，然俸厚则贪欲者竞进，亦非招致人才之道。且人之贪欲无厌，有收入愈多而贪欲愈甚者，则厚俸亦非所以养廉也。窃谓国家与官吏以俸禄，一方面宜使官吏对于身家无金钱上之顾虑，一方面勿使人民之图得金钱者视官吏为最便利之途径。故俸给虽不宜过薄，然当较从事于实业者之收入稍逊。现在实业上法律既未完备，组织亦未改良，未易得其标准。为目前计，当就人民生活程度上酌定。八口之家，中人之产，岁费若干，随地方情形调查，不难得其中数，定其等差，取为标准，则自好者既足为生活之资，贪婪者不视为利禄之薮矣。

以上三事，自以减少官吏为根本之救济法，而划除官威，厘订官俸，亦目前切实救济之法也。盖今日人民之所以重视官吏者，无非震其威权与羡其利禄耳。若去官吏之威权，与人民平等，而其利禄亦仅足以支持中人之生计，则人民之于官吏，将视为较劣之地位，其具有奢望与能力者，必将从事于独立自营之事业。而身入政界者，上者必具有贡献于国家之诚意，其次亦不失为谨身修己之士，国家社会必交有裨益，而共和政体亦将赖是以实见也矣。

独立命令论

　　记者曩闻人言，前清资政院将开院，学部大臣拟提出关于教育事务之法律案，属所司起草。所司乃取日本法规大全检之，则日本法规中关于教育事务者，多为敕令或文部省令，其为法律者，仅《地方学事通则》《国库补助实业教育费法》等一二通而已。以白部臣，部臣大喜，以为教育法规，皆可以命令制定之。嗣后学部屡改章程，中学小学制度纷更数次，皆由于此。民国设教育部后，首开临时教育会议，会议中提出之议案，如《小学教育令》《中学校令》《师范教育令》《实业学校令》《专门学校令》《大学校令》等，率称为令。其他议案，或不称为令，然决议后悉以教育部令发布之，是援日本法规为先例，犹是前清学部之故智也。不知此等法规，在日本固可以命令定之，而在民国则无此命令权。贸然仿效，其能不负违反《约法》之责任乎？《约法》第三十一条曰："临时大总统为执行法律或基于法律之委任得发布命令并得使发布之。"故吾民国之命令权载于《约法》者，仅有执行命令与委任命令而已。执行命令者，因执行法律而规定其施行之细则，限于行政事项，不能侵及立法事项，且必随附于法律。必既有其法律，而后有执行其法律之命令，不能离法律而别有所规定也。委任命令者，法律中以属于立法事项，用明文委任于命令以规定之，故必根据于法律。法律所未尝委任者，不能以命令定之也。（本志九卷二号论文已述及。）若夫日本之君主，有独立命令权，载于其国之宪法。独立命令者，不根据于法律或随附于法律，凡法律所未曾规定之事件，皆可以独立命令补充之。世界各国宪法，未有认君主或大总统有独立命令权者，惟日本宪法第九条下半所载"为保持公共之安宁秩序，增进臣民之幸福，发必要之命令或使发之"云云，即独立命令权之明载于宪法者。教育事务为增进臣民之幸福，故在日本得依宪法发独立命令，固非吾民国所能仿效也。且以日本论，其《官制通则》中云：凡阁令以下所规定者，以保持安宁秩序者为限。即以保安警察及行政警察之命令为限。故关于增进幸福之独立命令，必为敕令。试检日本法规，则凡《小学校令》《中学校令》《师范教育令》《实业学校令》《大学令》等，皆敕令而非省令。其属于省令者，皆执行命令，无独立命令也。夫以有独立命令权之日本君主国，关于此等教育令，犹限于天皇亲发，而我民主国之教育部乃悉以部令发之，亦至可骇怪者矣。

吾民国临时政府发布独立命令，固以教育部为最多，然若《勋章令》《勋位令》，亦未经参议院议决者。《约法》载大总统得给勋章及其他荣典，但给与勋章荣典与制定关于勋章荣典之法规，其权限固截然而不能相混。故此等命令，不能视为《约法》上所委任也。又若禁售排满及诋毁前清各项书籍，亦为独立命令。其他禁令，介乎补充法律与申明法律之间，类似独立命令者亦不少。（参考本志九卷二号论文。）在欧洲诸国中，宪法上不设独立命令之正条，而实际上仍发独立命令者，仅有普鲁士而已。学者对于普国之独立命令权，颇有为之解说者。一说谓普鲁士在专制国家之时，国王之命令即为法律。宪法发布以后，凡宪法法律所不制限之范围内，君主专制之权，尚完全存续。一说谓普鲁士宪法第六十二条载法律须国王与两院一致之文，然宪法中别有条文，概括当为法律性质之事项，列记当以法律制定之事件。故六十二条所为法律，仅指此列记事件而言，其他事件，宪法上不指明当以法律规定者，其独立规定之权仍属于国王。凡此诸说，均非正当，第以事实上既与宪法之明条相背，不得不为此曲说以救济之。而在吾民国《约法》上，则更不能以此等勉强之词为之附会，吾未知吾政府将为何说以

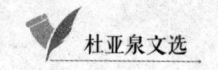

自解焉。

世界立宪国，宪法上明认独立命令权者，只有日本；宪法上无明条，而实际上仍发独立命令者，只有普国。此外如英国，本无成文宪法，求诸往事，有基于王家大权之布告，似未尝无独立命令之权，然因法制之进步，大权命令之范围，益益减缩，近时惯例，只有枢议令属于王家之大权，乃紧急命令，非独立命令。比利时国王关于警察事件，事实上尚有用独立命令者。奥地利皇帝关于奥匈协同事件，亦有发独立命令者。盖独立命令本为君主专制之权，欧洲各国立宪以后，此权已芟夷殆尽，一切制规悉以法律定之，间有一二君主立宪国于实际上犹用其不完全之独立命令权于甚狭隘之范围以内，乃专制时代之遗物也。惟日本之君主立宪与欧洲各国根本不同，其独立命令权之范围广大与效力完全，他立宪国绝无其类例。日本国法学者之解说谓："行政部所以使其得有独立命令之权者，以法律不能应于国家行政之活动而无所遗漏。当法律未定之前，国家应发动之事件已起，或其事件不适于经由立法之手续，则实际上不得不发独立命令。若宪法无明条，而迫于实际上之必要，始推类衍义以认此权，其效力殊不完全。日本于宪法中特设正条，虽他国无此成例，而我宪法（日本人自谓）之所以称为斟酌尽善者，亦在于此。"德国学者，间亦是认政府之独立命令权而作类似之说者，大旨谓："行政部所以发独立命令之权者，无他，以政府对于国家事业之全体，在活动之地位，当可依之法律未定而其活动难止之时，其自己之意志，虽偏于一方，不足代表国家全部之意志，亦得以之补充法律。且因不得不补充之故也，若其命令不适于立法部之意志，则立法部可自著手于立法之作用，使大臣提出可换此命令之法律案，或自行起草，而独立命令之权可属于政府，则无庸疑难也。"云云。此等解说，从事实上之必要及便利立论，予辈亦视为不能自圆之曲说。盖以必要言，则事实上无独立命令之民主立宪国，及德、奥、意等君主国，何以不感其必要乎？以便利言，则便利之中，实有大不便利者在。盖立法之手续繁，则将来更变之手续亦繁，故无朝令夕改之虑。若独立命令，则可以独立命令更变之，其势力极不巩固。为政府计，自由活动，诚极便利；为人民计，则法令纷更，固大不便利之事也。

抑命令者，有强制之性质者也。而强制性质之所不可缺者，则处罚是也。然非依法律不得处罚，为立宪国家之原则。（民国《约法》第六条载："人民之身体，非依法律不得逮捕、监禁、审问、处罚。"此"身体"二字，殆为各国宪法所无，若依《约法》文义，则此条"处罚"二字，限于体罚，而名誉罚及罚金不包在内，将来订立宪法时，不可不注意。）执行命令及委任命令，各有所根据之法律，处罚之规程。于其本法定之，或以法律委任于命令。至独立命令，既无根据之法律，则无处罚之方法，因而失其强制之性质。日本宪法，既有独立命令之条文，又有非法律不受处罚之规定，两条兀立，不免支悟，故特以法律定反违命令之罚则，世称《命令罚则法》。其法文为："违犯命令之条项者，各从其命令之所规定，处以二百圆以内之罚金，或一年以下之禁锢。"复基此法律而以命令定其细则，为："各省大臣所发省令，得附以二十五圆以内之罚金或二十五日以下之禁锢之罚则；地方长官及警视总监所发命令，得附以十圆以内之罚金或拘留之罚则。"此命令罚则法，即专为执行独立命令而设。他国法律，虽亦规定违背官厅命令之罚则，然大旨皆于违警罪中规定之。法国刑法之违警罪内，于各项违警罪之外特设概括之一条，大旨：凡违背行政官厅依法律而设之规则者，不从邑之官厅依法律而公布之规则及命令者，处以一佛郎以上五佛郎以下之罚金。普国法律，中央官署之大臣，得于法律所委任可发警察命令之事件内，向全国或一地方发警察规则，对于不服从者，得设百马克以下之罚金。州长得依法令于全州或数县数郡内发警察规则，对于不服从者，得设六十马克以下之罚金。县知事对于全县或数郡，有与前项同一之职权。又地方警察官，得于乡镇内发警察规则，对于不服从者，得设三太尔以下（一太尔合三马克）之罚金。但州长、县知事所发警察规则，须州会县会之同意；地方警察官所发警察规则，须问乡镇董事之意见。大致各国通例，法律上以关于警察事务之一小部委任于命令，得以命令发布规则，而法律中规定对于不服从此命令者加以一定之罚金。此违反官厅命令之罚，本指法律上所委任之命令而言。日本以独立命令，根据宪法，即可视为宪法所委任，故依各国于法律上规定违反委任命令之罚则，而制定"命令罚则法"。我民国现行刑律及违警律无概括的违犯命令之罚则，故除根据于法律外，绝无以命令处罚之方法。况独立命令本为《约法》所不载，安有强制之权力乎？

夫民国政府在临时期内，各项法律，均未完备，则迫于事实上之必要，而以独立命令补充法律，殆亦有所不得已。以普国法律之完密，而宪法发布以后，事实上尚有独立命令，况吾初创之民国乎？惟吾民国政体既定，将来民国宪法，自不能违世界立宪国之通例，载独立命令之条文。民国政府，亦不宜效德国之尤，于事实上发独立命令以违反宪法。若恐法律未备，事实上不能以已定之法律概括者必多，则不妨以法律之委任，于警察事务内暂扩其委任命令之范围，并以法律定概括的违犯警察命令之罚则，使政府得宽展其活动之地位，巩固其执行之势力。至临时期内之独立命令，或由政府提出于议院要求追认，或由议院另订相当之法律以代之，是则不能不属望于将来之国会与将来之政府者也。

吾人将以何法治疗社会之疾病乎？

世界一切有机物，常有感受疾病，以阻碍其生存发达者。其疾病之来，或为外部之侵害，或为内部之衰弱。然外部侵害之加，苟内部有健全之生活力足以抵抗，则亦不足为患。必内部既陷于衰弱，外部之侵害乃得而乘之，此其理为人身生理及动植物生理上所经验者。社会为有机体，亦不能外此公理也。

吾侪之社会，自与欧美人之社会交通以后，外围事物，多所改变，权利朘削，势力失坠，此为外部侵害之疾病。然外部之侵害，常乘内部之衰弱而起，则吾侪对于社会内部之疾病，不可不研究其疾因，考察其病态，以定治疗之方法。然其状态与原因，均极复杂，吾侪苦不能为简单之说明，兹略示其内部之组织，以为研究病因考察病态之资料。

吾侪社会中，大都不生产之分子多，生产之分子少。而此不生产之分子中，其小部分之侥幸者，常横领社会之生产物，席丰履厚，恣为淫侈，以酿社会之腐败。其大部分则以不得受生产物之分配故，贫乏痛苦，一方面沦于疾病死亡，演成社会之悲惨；一方面流为盗贼无赖，迫为社会之扰乱。此种状况，自周秦以来，已蓄积数千百年之久，日甚一日，深入膏肓，即无外部之侵害，其生存发达之机能，已停滞而衰弱，特今者以外害之侵入而愈形危殆耳。其组织之概要，表示如下：

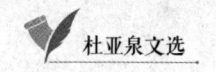

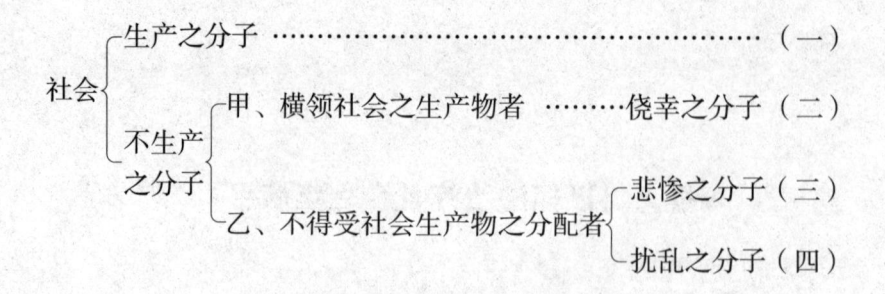

```
       ┌ 生产之分子 ……………………………………（一）
社会 ┤      ┌ 甲、横领社会之生产物者 ………侥幸之分子（二）
       │不生产│                                  ┌ 悲惨之分子（三）
       └之分子└ 乙、不得受社会生产物之分配者┤
                                            └ 扰乱之分子（四）
```

吾侪社会之组织，既如前表所列，则病因所在，略可研究。夫社会之所以生存而强健者，赖有生产之分子。今吾侪之社会，何以多不生产之分子乎？经济学中，以土地、资本、劳力为生产之三大要素。将谓土地限之，则吾侪之土地，固拥有莫大之面积，无穷之富源，其不能利用土地以资生产者何也？将谓资本限之，则资本者，劳力之结果，贮蓄之而得，吾侪固富有贮蓄性质，乃不能获得资本以事生产者何也？然则推论之结果，夫亦曰劳力之勿施而已。吾侪之社会，何以多不劳力之分子，是即吾侪对于社会之组织而欲研究其原因者也。

夫不施劳力不能生产，既为经济学中之原则，则社会中不劳力之分子，不能获得社会生产物之分配，当亦为社会中之公理。而今日社会之组织，尝有与此公理相背者，即不劳力之分子，得横领社会之生产物是也。夫吾侪之欲减少劳力，且欲多得生产物也，固为人类之通性，惟为经济学之原则所范围，故劳力有所不敢靳耳。今既有不施劳力以获得生产物者，则吾侪必群起而趋之，此亦自然之势矣。

社会之中，既有不施劳力而获得生产物之分子，于是人争趋之，不劳力之分子，遂因而日众。此众多之分子，既各挟其势力与希望，日求达其横领之目的，扩其横领之范围。然社会之生产有限，不足供多数之取求，故其竞争之结果，除少数侥幸者以外，不能不产出多数之失败者。此等失败之徒，即不得受社会生产物之分配者也。夫社会中不劳力之分子所以日众者，本为少数之侥幸者所诱起，今既产出多数之失败者，则亦可以改弦易辙，别求生存之道矣。然而社会中侥幸之途一开，往往使人心之倾向，陷于迷误而不知返。前车虽覆，来轸仍遒。例如起家科第致身通显者，不过几人，而困蹶名场沉沦宦海者，乃不计其数。又如设富签者得标不过千百分之一，而投资者之耗蚀，何啻亿万。故吾侪之社会，乃多数不生产者互相竞争互相攘夺之社会，其状况几与赌博无异，而其率大多数之人，以投身于赌场里者，实自少数之侥幸者始也。

此少数侥幸之分子，不但引诱多数，使变为不劳力之分子已也，一方面又对于劳力之分子，加以迫压，使其不能从事于生产。盖彼等所横领之生产物，既足减少劳力者之所得，致其生计日就艰难，而彼等产出之悲惨与扰乱之分子，复遍布于社会，使少数生产者日受凌侮，不能遂其生产之机能。当其甚时，全社会之生产，几乎歇绝。吾侪略一回忆，觉哀鸿遍地，伏莽丛生，农不安耕，工失其业，其景况固犹在目前，而推原祸始，要不过多数悲惨扰乱之分子与少数侥幸之分子，互角逐此横领之生产物，以酿成此巨劫而已。

不但此也，不生产而又不得受生产物之分配，遂流为社会之悲惨与扰乱者，特就常因言之耳。若论其变，则生产之分子，为侥幸悲惨扰乱诸分子所迫侮，至失其生计，如上文所述时，亦或沦为悲惨。而人心之欲望无穷，社会之生产有限，即侥幸之分子中，未尝无一部分，或以分配不公，或以贪欲未餍，由侥幸而转为扰乱，平时潜伏不动，一遇变乱，嚣然思逞，此征诸近事而可信者。夫至生产者而亦沦于悲惨，受生产物分配者而亦思为扰乱，是吾侪社会全体，除横领生产物之自为满足者及其谨愿者之极少数外，其大多数，无论生产不生产，受分配不受分配，固无不具有悲惨扰乱之性质及可悲惨可扰乱之资格也。而究厥病因，夫孰非社会组织之不善，不以生产物为劳力报酬之所致耶？

此外更有一特因，为吾社会所独具者，则数千年来对于此种病理，视为当然而不知纠正是也。夫不欲以劳力易生产，乃人类普通之天性，吾社会所有之现象，世界各国，亦曾有之。特以内部组织之不同，人民心理之各异，遇有此种事实，即群相牵制，以剂其平，故流弊不甚。独吾社会生产不生产之区别，素不分明，惟以劳力者食人、劳心者食于人，为生产物分配之标准。夫劳心而获食于人之报，于理原非背驰，特劳心之界说不明，而所谓食于人者，其范围又漫无限制，于是智取豪夺，凡不劳力而攫得社会之生产物者，均得托于劳心之一途以自庇，安然处于法律保护之中。积数千年之习惯，一般人民，遂承认此为天然公例，安之若素。不独利用此攫夺行为希图侥幸者，莫肯显揭其非也，即生产之分子，受不生产之迫压陵侮时，亦以为分所应尔，惟自叹其所遭之不幸，而不知此例之不当者。法律保护之，人民公认之，而吾人社会之病机，遂深入而骤难救拔矣。

综上所述，则病因略可明晰，彼少数侥幸之分子，实为社会致病之霉菌。此霉菌之能力，始则诱起他分子，使其一部分自趋于悲惨扰乱之途，继又迫压他分子，使其全体陷于悲惨扰乱之境，而吾社会之组织，又适合于此霉菌之生存发达，故其病状乃变化百出而不可究诘焉。病因既明，请进而述社会之病状。

吾侪读四千年来之历史，觉一治一乱，反复循环，历历不爽者，此何故耶？论者谓社会承平日久，生齿过繁，生产物不足以赡养之，生活既艰，则酿成干戈疾疠，以减杀其人口。迨过剩之人口，既即于死亡，生活稍豫，乃渐致太平。此等论者，固以一治一乱，为社会上必至之趋势，乃社会自然之生理。然社会自然之生理，苟必至于如斯，则吾侪之社会，将永沦于悲观而莫能救济。吾侪以为生产之增加，虽不敌人口增加之速，而此等危险，尚远在若干世纪以后，在近世纪内，尚不能成为问题。吾侪之土地，利源未辟，地力未尽，所需于劳力者正亟，生齿之繁，劳力之所自出也，吾侪苟勿靳劳力者，亦讵有人满之忧欤？故生活之艰，非人口过多之患，乃不劳力者过多之患。一治一乱之循环，决非社会自然之生理，正社会疾病之状态也耳。

吾侪社会之病态，时进时退，与间歇之疟疾无异。疟之发也，由于霉菌之作用，此霉菌入于人体至充分发育时，病者即寒热陡作。迨汗出热退，霉菌由排泄以去，病体乃稍即于乂安。然霉菌虽去，其芽胞仍留存于病体之中，故届一定之时期而疟又作。吾侪社会之一治一乱，状态正复相同。当少数侥幸分子，势力充分横施迫压时，社会全体即陷于悲惨扰乱之状态，而生产几乎歇绝。生产既绝，则少数之横领者亦穷，是犹土膏涸竭，寄主之植物枯，而寄生之植物亦枯，草木凋零，食草之动物死，而食肉之动物亦死也。病源之霉菌，既经一度之变乱而失其势力，于是社会生产，不虞迫压，而秩序渐即于安宁。然是等病菌之芽胞，未尝绝灭，一遇社会生机，稍复常态，必将潜滋暗长，以逞其引诱迫压之作用。迨至势力充分时，则又陷全社会于悲惨扰乱之境矣。故一治一乱，成为吾侪社会之惯例者，皆社会之病态，而非自然之生理也。

吾侪之社会，既具斯病因，现斯病态，故当闭关自守之日，其势力已不足抵抗北方游牧之社会，而屡为所乘，其与欧美之工商业社会相遇，而情见势绌者，亦固其所。彼等之社会，务开发天然之富源，而吾侪之社会，乃奔逐于人为之利薮。彼等之社会，以多数之劳动者与少数之资本家相竞争，而吾侪之社会，乃为多数之不劳力者互相竞争。外部侵害之加，适中吾内部之弱点。吾东方病夫，欲维持其生命于此危难之时期，非对于内部之疾病为根本之治疗不可。

然则吾人将以何法治疗社会之疾病乎？夫病菌既遍布于全社会，则当从全社会以奏刀圭；病菌既深入于各个人，则当从各个人以施针灸。吾人曩日倡言变法，希望立宪，赞成革命，欲借政治以挽回痼疾，施治者三次。而社会之病势，乃有增而无退，侥幸之分子，益发生不绝，悲惨扰乱之分子更蔓延靡既者，则以病在社会全体之各个人，非政治界一二人手术所能愈。且政治界中，本为少数侥幸分子所占据，乃霉菌之制造场，传染病之生产地，而欲其祛除社会之疾病，势必不能。而今而后，治疗之任务，不能望之政府，而当责之于社会之个人；不能委诸政治之机关，而当属诸于社会之全体。请进言治疗之方法。

吾侪治疗社会疾病之方法，有广狭二义。狭义维何？即保守自己之一分子，不受疾病之传染是也。吾侪纵不能使社会中不发生侥幸之分子，而自己之一分子，则不可希图侥幸。吾侪纵不能使社会中不产出悲惨与扰乱之分子，而自己之一分子，则不可以希图侥幸之故，陷于悲惨与扰乱之境。质言之，即勿靳其劳力而已。许行之捆屦织席，虽不可以率天下；陶侃之运甓，托尔斯泰之装书，则未始不可以自励。使社会各个人，多能遵循斯旨，以己身为本位，力行不怠，虽侥幸之分子与希图侥幸而陷于悲惨扰乱者，未必遽能绝迹，然社会之疾病，固未尝不可杀其大半也。

虽然，治疗多数不劳力所生之疾病，固宜先从各个人自身劳力始，亦犹吾人生理上扑灭病菌，全恃各个白血轮之作用也。然使病者口体所接触及病室中之空气，均不免有病菌之留存，或足以促成病菌之发育，则白血轮之能力几何，其功效终无由而显。夫吾社会不以劳力为生产物之代价，相争相夺，酿成一治一乱者，数千年于兹矣。侥幸之见深入人心，横领之习衍为根性，是非正本清源，从社会习染上，施以扫除，如治病者之洁清四围所接触及病室中之空气，则病菌仍难绝灭。此广义之说也。广义治疗，以改变社会心理转移社会积习为要旨。宜揭明经济学之原则暨吾社会之病状，普示于社会全体，俾人人观念中，晓然于自食其力为天然之公例，而希图侥幸乃致乱之大原。浸润既深，心理自变。多数之心理既变，则沉痼之积习亦将潜移默化于无形，而又得持狭义之独行家为之先导，其收效也应更速。当斯时也，即有一二侥幸之分子，依然横领其生产物，然心理积习，既已改移，则社会之观念，亦将易歆羡而为鄙弃，虽有诱起迫压之作用，终亦无能为害矣。

广狭二义，互相为用。盖个人虽保守自己一分子，不受疾病传染，而不能保各个分子之均不受传染，是仅能治疗自己之疾病，未能治疗社会之疾病也。且吾社会中，特立独行，洁身自爱，如上列狭义治疗云云者，古今不乏其人，而当时之社会，终不受何等之影响。是非参用广义治疗，不足以济狭义之穷。然社会为各个分子所积而成，必分子中有一部分，自具却病之能力，不受疾病之传染，而后全体之疾，乃有转机。故狭义之治疗，亦为广义之基础。正如治病者不清洁病室及其空气，则霉菌固难绝灭。然病室之霉菌，每由病体中排泄而来，故必体内白血轮，各效其扑灭霉菌之作用，而后病室中之霉菌，乃能次第消除也。

　　要之，吾社会之疾病，乃吾社会所自酿而成，故当由吾社会自为治疗，而不当望之于政治机关；亦当由吾各分子各自治疗，而不当委之于社会全体。曩者闭关自守，无他种社会接于吾前，故病虽深而未殆。今则寰海交通，相形见绌矣。曩者政体专制，一切制度，均悬禄利以为招，故人心咸趋于侥幸之途，而治疗不易于从事。今则政体变更，事半功倍矣。势之不容缓也如彼，时之不可失也如此，吾社会数千年之痼疾，其以此为治疗最好之机会乎？吾国民盍起而图之。

论中国之社会心理

　　社会心理者，社会各个人心理所积而成，即社会之精神也。社会不能离个人而独立，故社会精神，亦不能离个人精神而存在。特社会精神，为集合的，为组织的，乃个人精神之互动，而个人精神，则为单独之行动。又社会精神，以各方面观念之不同，故不免同时出于反对之地位；个人精神，则无同时自居于绝端反对之理。此其所以区别耳。

　　个人心理，分为智、情、意三大端。社会心理，亦分为智、情、意三大端，即社会智识、社会感情、社会意思是也。三者为一浑圆体，复杂混合，不能为显然之区画，亦如个人心理，参互错综，不能为判然之界限。略言之，则智识者，所以开浚社会之精神；感情者，所以推动社会之精神；意思者，所以表示社会之精神。而社会之智、情、意，既由个人之智、情、意集合而成，则必个人之智、情、意，先立于精确正当稳健之地，然后社会之智、情、意，乃得臻于精确正当稳健之域。此则社会心理之纲要也。

　　社会之智识，分常识与科学智识、哲学智识之三种。常识者，社会各个人共有之普通智识，系社会各个人，经过长年月，营共同生活所产出之结果。科学智识、哲学智识者，乃促成社会发达之要素，社会进化必需之智识也。然科学哲学之智识，未必尽人能具，且二者均以常识为基础。故相当之常识，尤为社会心理所必要。社会感情，复如个人感情之有种种，其影响之及于社会，以愤怒、恐怖二者为尤著。又社会生活感情，为社会形成之根本动力，实居社会感情最要之部分。社会意思者，社会精神之所发动，假社会各团体以为表示，团体有大小，故意思之表示有广狭。凡此乃社会智、情、意三方面之概要也。

社会智、情、意，又有互相关系之处。如社会感情无适当之社会智识为之指导，则感情易流于偏倚；反之，社会智识无适当之社会感情为之调和，则智识必归于枯寂。又社会意思之发动，亦赖社会智识之指示，否则为妄动，为育从，均足贻社会发达之障害。他如社会的意思能制止社会不正之感情，社会的感情能发动社会潜伏之意思，三者互为补救，互为调剂，而社会精神乃完全发达而无过不及之弊焉，此又智、情、意三方面互相关系之作用也。

由智、情、意三方面结合而为一浑圆态，是为社会精神，即为社会心理。而此社会心理，有因时代而异者，如草昧时代之社会心理与文明时代之社会心理显有区别是也。有因人种而异者，如欧美人种之社会心理与野蛮人种之社会心理，迥分优劣是也。即就欧美人之社会心理而论，亦各因其国民性而有特殊之点。如法国国民，具有营造国家之思想；英国国民，则倾于个人活动之方向；德国国民，每先决事物之利害而后实行；英国国民，每先实行而后判断得失。他如意、德等国民，长于美术的情操；英、德、法、美诸国民，富于勤务之性质。皆由国民之特性而形成社会之心理。此外如社会所在之土地、之天时，与夫社会外界之遭际，内容之组织，及其所守之法律，所奉之宗教，皆与社会心理有息息相关者。

社会心理之要旨，暨欧美各国社会心理之概略，已叙述之如上矣。夫欧美各国，既各因其国民性而形成社会心理，则吾中国，岂遂无国民性形成之社会心理乎？吾今者欲因此而推论吾中国之社会心理。

吾中国之社会心理，从历史上观之，虽递有改变，难为简括之论定。然就大体而言，则中国之社会心理，乃幼稚而又静默者也。夫中国开化在数千年前，哲学肇兴先于希腊，而《书》《史》所纪，《风》《雅》可歌，凡所以表示情意者，尤难仆数，以云幼稚，似非定评。且其间学术思想之变迁，人情风俗之嬗蜕，升降隆污，代为转移。而一治一乱之动机，往复循环，曾无数百年之宁静，尤为显著之事实。则静默云云，恐亦未为确论。抑知中国之社会心理，虽具体于数千年前，而此数千年间，则绝少可言之进步。例如孔、孟、庄、老诸学说，所以牖启社会智识者，在当日非不昌明，然自秦汉以迄今兹，学派纷纭，终不出旧有范围之外，未闻有因时变通，引伸而光大之者。而独辟径途，发挥新理，更无论已。若夫情、意两方面，亦复若有若无，或隐或现，且以群学未明，社会行动惯以个人为本位，故情意之所表示，亦以关于个人者为多，而关于社会者少。虽箕风毕雨，怨暑咨寒，社会情意，未尝绝无表示，而政治之扰乱不绝，实为情意积极发见之时。然此种表示与发见，乃外界一时之刺戟，所酿而成，不久仍归静寂，无永久持续之性。夫世事进行，一日千里，而中国之社会心理，乃犹是数千年之故态，守此退婴主义，一无变动之可言，方之欧美社会心理之与时俱进，极煊耀发皇之致者，诚不能不谓之比较的幼稚比较的静默也。

且也，政体专制，禁令繁苛，人民无评议时政之权，政府有诛求文字之狱，而集会结社，又复悬为禁条。以故民间英俊，具有启迪社会智识之才力者，每因多所拘忌，而偏重于哲学玄理之中，无敢就政治民生，为事实上之阐发。卢骚、孟德斯鸠，中国社会固未尝无其人也。而感情意思，复以言论不能自由，行动又多牵制故，相与隐默。加之土地广漠，交通不灵，言语不通，风俗各异，无团体无报章以为交换智识沟通感情传输意思之枢纽，于是社会精神之传播性、流行性、模仿性遂无所借以发达。此又中国社会心理幼稚静默之原因也。

虽然，此特就曩时之中国社会心理言之耳，若近十余年来之况状，则大异矣。欧风东渐，哲学智识既增无数新理，弥吾旧有之缺陷，而科学智识与夫世界之眼光、政治之观念，亦因而俱进，足补前此心理所未备。试就近年来学者之著述及教育界所设施、言论界所倡导者观之，皆曩时社会所得未曾有者。是吾人社会智识之增进，诚不可以道里计。而若感情、若意思，复以历受外国之侵迫，政府之压制，郁极思发，静极思动，几有儳然不可终日之势。如铁道矿产之收回，干路国有之争执，提前国会之请愿，其尤著者，即此次革命成功之迅速，亦全属社会心理之作用，为中国数千年来所未见，诚不得谓非社会心理发达之确证也。

社会进化，以社会心理之发达与否为标准。中国社会心理，既若是其发达，则中国社会之进化，其庶几乎？虽然，发达之内容及事实上之程度如何，不可不一为研究也。夫心理所表示者，谓之意思，而欲得稳健之意思，必赖有正当之感情；欲得正当之感情，尤赖有精确之智识。此自然之顺序，心理发达所必具之程度也。今中国社会心理之发达，其果依此顺序，具此程度否耶？朝驰一电，夕布一书，甲主和平，乙持激烈，意思所表示，其洞中肯綮，熟悉利害者固多，而凭虚憍客气，发为无责任之言者，亦在所不免。而感情所流露，又大都以好恶为爱憎，以恩怨为喜怒，鲜有能为正当之使用者。若夫智识一方面，比之曩时，虽形增进，然社会上具此完全智识者，实居少数，其大多数，则犹是颛蒙愚陋，一如十余年前之故态。且此大多数，曩时犹能自安于静默，无所主张，今则嚣然并起，竞欲有所表见，为盲从，为妄动，而意思感情所以发见种种不正当不稳健之状态，酿成社会之纷扰者，实由于此。凡此皆中国社会心理近今之缺点，固有不能为讳者。

中国社会心理，因此缺点而酿成社会上之纷扰者，其故何在耶？一言以蔽之，则社会的意思、社会的感情，极端发达，而社会的智识，不能与之同时而发达是也。夫中国社会智识，就事实而论，固不能谓之不增进，然智识虽增，而其发达之分量，终不逮感情意思之速而骤，故其程度仍不能相等。且也，社会进化，以常识为基础，与其有少数特殊之智识，无宁有多数相当之常识。而近今中国之社会智识则反是，上焉者固日进于高明，下焉者仍不改其浅陋，求其不亢不卑、备具相当之常识者，迄不多见。此所以感情杂出，意思纷歧，即彼具有特殊智识之少数，亦且为大势所牵制而无可补救也。

然则中国社会心理之发达，其果为利乎？抑害乎？将何术以善其后乎？此亦不可不研究者也。夫社会进化，在乎社会心理之进行。曩者幼稚静默，实进化之障碍，长此终古，中国社会将永永沦陷而无振拔之期。今既一反曩时之状态矣，虽以程度不齐，分量不等，酿成社会之纷扰，然此种现象，乃进化必经之阶级，假以时日，容有改正之时，较诸幼稚静默，固自远胜。吾国人固富于自觉力者，前此既自觉其幼稚静默之不可久，而促成今日之发达，安见后此不自觉其纷扰之不可久，力惩其不齐不等者，而驯至相齐相等耶？特待其创巨痛深，而始谋改变，何如先事导引之为愈？则改善之说尚已。社会心理学家所称改善社会精神者，有伦理的改善、宗教的改善、审美的改善、政治的改善、经济的改善、教育的改善之种种，且必须诸法互用，乃能收美满之效果，此固根本上改善之方法。然就中国目前现状而为治标之策，则必以开通智识为前提，而尤以普浚常识为急务。是则诸方法中，其以教育的改善，为最适当最切合之方法乎？夫教育云者，非限于学校教育已也，宜兼及于社会教育；且非指高等教育而言也，宜注重于普通教育。务使社会的个人，咸受教育的影响，备具相当之常识，庶感情意思，得所指导，不至为盲从为妄动，则中国社会心理，其或有精确正当稳健之一日。而目前之发达，乃真足为中国之利而不为害乎！虽然，道德之堕落，风俗之污下，生活之困难，亦为中国社会近今之缺点，则伦理、宗教、审美、政治、经济改善诸方法，亦宜随机应用，不得以教育为当务之急，而概弃其余也。

现代文明之弱点

今之谈时事者，辄咨嗟太息曰：民国成立，倏已岁余，而内治之纷乱如是，财政之竭蹶如是，外交之危迫如是，长此终古，吾国将不足以自存，非速求挽救之方，无以济燃眉之急。是说也，惩于现象之诡觚，而为急则治标之计画，诚目今切要之图，吾固无辞以易之。虽然，吾国之弱点，果仅此数者而已乎？数者解决以后，吾国遂足以自存，且得跻于富强矣乎？此记者所欲一为研究者也。

世界一切事理，有现在，有未来。现在之事理，固宜应付也；未来之事理，亦不容漠视。《语》曰："人无远虑，必有近忧。"又曰："犹七年之病，求三年之艾，苟为不蓄，终身不得。"此未来之说也。人事然，国是亦何独不然？夫所谓内治纷乱、财政竭蹶、外交危迫者，现在之困难也。现在之困难，既已横亘于吾前，为众目所共睹，故人咸知为当务之急。且其事实逼处此，无可解免，则合群策群力以赴之，终必有解决之一日。所差者，解决之迟速，解决方法之优绌，与夫解决后之留遗后患否耳。若夫未来之困难，则事未显露，人咸忽视。然不筹之于预，迨一旦显露，固无从咄嗟挽救也。且也，现在之困难，属于政府之责任，事已形而应付之。而未来之困难，属于社会之责任，事未形而预防之。立国大计，固不宜但见已然，而忘其将然。且不宜事事诿诸政府，而人民遂可自弛其责也。此又记者欲起而商榷之要点也。

所谓未来之困难，吾人当预为筹备者，果何事乎？则吾国文明程度是也。夫目前急务，诚无逾于内治、财政、外交三事。然使此三事者果一一解决，纷乱者不纷乱而统一，竭蹶者不竭蹶而充裕，

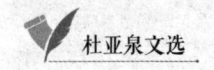

其危迫者亦以内政统一财政充裕故而次第销除，而以吾现在文明之程度，其果可靦颜出而与列强抗衡乎？不惟对外之相形见绌也，即对内亦恐无以自立。则就吾现在之弱点，而急谋补救之策，固目前所应有之事矣。

今试就吾国文明之弱点，分为精神上、物质上两方面观之。夫吾国今日，非力求物质文明之进步者乎？铁路之修筑也，汽船之驶行也，机厂之创设也，他如家屋工场之建筑，声光热电之使用，与夫日用起居饮食衣服之琐细，无不仿效欧西，一变曩日淳朴简陋之旧习。方之文明诸先进，虽有未逮，然循此进行，似亦不至久落人后者。然返观吾社会程度，则绝少利用此物质文明以裨益己国之能力。微特无匠心独运，阐明一二新理，以发挥己有之文明，即对于输入之文明，依样葫芦，犹多缺陷。其欢迎文明也，不过如儿童之欢迎玩物，但求纵其欲望，他无所知。是吾社会乃物质文明之消耗场，而非物质文明之生产地也。吾社会人民，乃使用物质文明之人类，而非制造物质文明之人类也。长此不变，金钱日益输出，社会日益奢华，而亦日就穷蹙，岂非未来之困难耶？

若夫精神一方面，吾社会之进步，亦有绝景而驰之势。以数千年慑伏专制之民族，不数年而民权立宪之说遍布海内，且因而见诸事实，改建共和。此外如伦理、论理、教育诸问题，亦莫不有新思想之输入，甚至社会主义，文明各国尚未能实行者，吾社会亦起而唱导之，似亦足与欧美争胜矣。然细为推究，吾社会程度究足当此精神文明之名称否耶？新思潮之灌注虽弥漫全国，然知其当然而不知其所以然者，仍居多数。其影响于事实如此其速者，乃缘时势之要求，非全出于精神上之作用也。且近今所谓精神文明者，类由摹仿袭取而来，非己身所产出，而又无推测抉择之力，贯通融会之方，调剂之以求其体合。假邻人之冠服，不审其修短广狭，贸然被之于吾身，故貌合神离、削足适履之诮，常所不免。其尤可虑者，一国有一国之特性，则一国亦自有一国之文明，取他人所长，以补吾之所短，可也；乞他人所余，而弃吾之所有，不可也。而吾社会输入之文明，则与旧时之国性，居于冲突之地位，绝不融合，乃欲持此摹仿袭取而来，无国性以系乎其后者，以与世界相见，是犹披假贷之冠服，以傲其所借之物主，其不贻笑者几何？不徒贻笑已也，恐将被引而与之同化，此亦当预为顾虑者也。

吾社会物质上、精神上之文明，其弱点既如此矣。夫二者，立国之大原，富强之要素也。民群所以进化，国际所以争存，咸视此二者为消长，而一切内治、财政、外交诸要政，悉包举乎其中。目前之纷乱、竭蹶、危迫者，特其标耳。不从本原上预为救正，则现在之困难虽除，而他日之困难将有什伯于是者。救正之法奈何？亦惟就物质上、精神上之文明，裁除其弱点，养助其优点，使不长此为消耗为袭取，而利用此输入之文明，以形成吾国独立之文明而已。

论者谓吾国现势，尚非适用物质文明时代。除关乎国防之战备及铁道、航业、矿产诸要项，与世界竞争有关系者，当与世界物质文明同一进行，其余各事，悉可暂仍其旧，既足养国民淳朴之风，且免巨额金钱之输出。是说也，未尝非斟酌利害切中现状之计画，而无如势有不行，无论与世界竞争之有无关系，不易区别。且社会大势，既已日趋于文明，断难强之复安于简陋。即令关系可以区别，社风可以革除，然既不能拒此物质文明之侵入，徒就一二事以为之限制，节流而不开源，则所谓有关系各项所需之文明，终不能不取材异地，其为销耗，永无穷期。夫吾社会不与世界交通则已，既交通矣，物质文明之灌输，实应乎时势之必要，断非一二限制政策所能挽回。计惟有顺其潮流，施以救正，使销耗者转而为生产，使用者转而为制造，或则销用产造，各得其平，则文明何害？文明乃愈跻吾国于富强耳。

虽然，救正之法，亦有亟宜商榷者。就大要而言，固不外振兴实业。然振兴之策，亦有本末之不同。近数年来，吾国亦既从事于振兴矣。其究也，农工两业，除创设一二具体之试验场工艺厂外，别无良果；铁道矿产，则以风气未开，资本未裕，更无成绩之可言，于物质文明上，均无何等之影响也。然则实业之所以不振者，当舍其末而求其本矣。其本维何？一、吾人无从事实业之根性；二、社会无崇尚实业之风俗；三、政府无提倡实业之实心。何为无从事实业之根性？吾国人之心理，夙以仕宦为惟一荣幸之途，自胜衣就傅以至成人，父诏兄勉，咸以此为目的，故人民之优秀者，大都致身于仕宦之中。习染既深，衍为种性，其干求禄位之智能，日益发达，日益增高，则其对于实业之观念，必自然薄弱，自然退化。观于近数年所经营之实业，形式虽步武欧西，而其部勒、其精神，终有不逮者，则以性质尚未能适合故也。又如游学实业生之毕业归国，每于政治界谋一枝栖，绝鲜用其所长，一偿负笈之初志。虽迫于无缘自见，毋亦根性留遗之影响乎？光复以来，法政学校报名者，倍蓰于其额，而投考实业学校者，寥寥无几，亦足证此理之不谬也。何为无崇尚实业之风俗？吾社会心理，每以工商二者为无关国计安危。先哲箴言，复以玩物丧志、毋或作为、奇技淫巧等词垂之简册。于是社会对于工商，除日用所需取给外，别无他望，即有发明新理创制新器者，亦不能受社会之欢迎，甚或以机事机心横加排斥。海禁未开之前，有以物品输出外洋者，且以奸商目之。其视工人也，几同佣役。诟詈商贾，动曰狙侩。入仕途者既有营业之禁，抱负高洁之士，亦每以工商贱业，鄙不屑为。积此诸因，实业自末由而振，而物质文明，遂无所丽以发生。今虽时势变迁，渐改曩日之风习。然社会心理，尚未潜移默化于无形也。至政府提倡之力，在三者中为效最微。苟根性风俗，果能改变，自无依赖政府之必要，而政府亦自不能不出以提倡之实心。且其事属诸政府一方面，非本论所注重，故不赘述。为今之计，当先就吾人根性，痛加铲除。虽其事绝非易易，然不绝其途于彼，必不能专其力于此，况改帝制为共和，实一铲除官僚根性之绝好机会。吾人当思世界物质之竞争，已周绕吾之四围而日加逼压，不自辟其物质之势力，其受煅削，胡有尽期？亟宜趁此时机，革除其重视官僚之心，引起其劳力赴功之念，使人人心理，不以分利为职志，而以生利为前提。个人之心理既移，社会之风俗，亦必因之而丕变。吾国地大物博，物质文明之原素，蕴藏至富，但有能适用此蕴藏之人民之风俗，自不难次第发达以趋于优胜也。不然者，舍本逐末，徒为形式之踵效，虽竭力经营，日求所以辟利源塞漏卮之计，其奈人民根性社会风俗之障碍何？

抑更有进者，物质文明之影响于人类，利弊亦复互见。就增进国家之富强及人民之幸福一方面观之，利益固难殚述。然其弊之所至，往往能导人心于惰逸，陷社会于奢华。巴黎、纽约为欧美两洲物质文明之中点，而持以相较，则有华实之不同，论国本者，且于此分优绌焉。吾国物质文明，尚在耗用时代，而其所需求者，乃以奢侈品为多数，人民程度，可见一斑。循此现象，本此倾向，他日纵能由耗用而进为产造，其裨益于国计者几何？此不可不预防者也。故今日而欲铲除根性改变风俗，当并此现象倾向而亦铲除改变之。又田野生活者，富国之源泉，物质文明之生产地也。近今欧美各国，每以人民群集都会引为文明过盛之隐忧。吾国文明，尚在幼稚，而都市生活之趋势，已露端倪，亦宜杜渐防微，力为禁遏，夫然后受物质文明之利而不承其弊也。

至若精神文明之不能适合乎国性，亦吾人目前亟应研究之事。持保守之说者，每谓吾国开化，远在希腊罗马以前，文物典章，粲焉明备。今虽时势变更，不能笃守闭关之故态，然所宜改革以蕲合于世界之大同者，不过国体政体之间而已。若道德，若文学，若宗教，以及社会之风习，家族之制度，凡在国家民族范围以内者，固无所用其变革也。此其说诚不免胶执，然一观近今输入之文明，其影响于吾国之利害若何？亦有不能踌躇满志者。夫精神文明之于人国也，非无因而产出，亦非虚悬一物而尽人皆可适用也，必经其国若干年之历史政教习惯经验，与夫地利以及外界之关系，相劘相荡，相酝相酿，始形成一特种之文明。虽其大要为人类之所同，然必有一二端为某种人类之所独，宜于甲者，未必宜于乙也。吾国易闭关为开放，改专制为共和，形势骤变，旧时文化既不敷今日之需用，而欲由历史等种种关系，自酿一特种之文明，又迫不及待，则取他人已行之成绩，以补吾所未备，亦过渡时代所不能免者。特不可不絜量短长以定去取，融合新旧以期适合耳。乃吾目前所输入者，往往不审情势，刻意效颦，苟有先例之可援，便尔步趋之恐后，而与吾国之历史政教风习经验不无凿枘。比来政治之扰攘，社会之不宁，半由于此。循此以往，文明日见增进，则冲突日见激烈，而国性亦日见梏亡，后患之长，夫岂细故？故吾人现今所宜致力者，当采世界文明之所同，而去其一二端之所独，复以吾国性之所独，融合乎世界之所同，毋徒持此摹仿袭取者，慊然自足，夸耀其文明之进步也。

今试举一二事言之。如宪法者，国脉之所系，而政治精神之所借以发展者也。吾国无共和立宪之前例，自不能不取法于先进各国。顾各国宪法，无与吾国地位历史毫发悉合者，自非采择众长，就其相似之点斟酌损益，不能适合吾用。近今谈宪法者，亦未尝不注意于是，他日成绩如何，尚不可知。然或观察未确，比拟不伦，以一二少数相似之点，而强其多数之不相似者以徇之，则流弊胡可胜道？此不可不虑者也。又如政党之组织，其所以保持政治之均平，助成国家之发达者，为效至广。吾乃滥用其形式，日相标榜，以为无意识之竞争，亦可为买椟而还其珠者矣。此犹仅就政治上言之也。若从社会一方面而论，则道德新旧之殊异，理论事实之差违，两不相容，时生冲突。而言论自由、出版自由，他人用以促进文明者，吾取法焉，转成为意气之纷争，书物之滥印。凡此种种，夫孰非但求形似而不求实际之所致也？故吾国现象，非无文明之为患，乃不能适用文明之为患；亦非输入新文明之为患，乃不能调和旧文明之为患。则夫所以适用之，调和之，去其畛畦，祛其扞格，以陶铸一自有之文明，谓非今日之要务耶？

　　要之，吾国现在文明之不足恃，已为不可逃避之事实。目前所以无文明缺乏之感，不见有显著之困难者，盖以创痛未巨，弊害未深，故尔玩忽优游，相忘于不觉。且国基初定，扰乱频仍，对内补苴之不暇，尚无以文明与列强颉颃之余力，亦未达以文明与世界接触之时期也。然中国岂长此受人陵侮而偷安视息已乎？三五年后，内治稍宁，势不能不力求进行。出而为国际间之争竞，相形见绌，会有其时。与其见绌于将来，何如预筹于此日？则夫所以发展物质之势力，促进精神之作用，以为文明竞争之准备者，诚切要而不容稍缓者矣。谚曰：见兔而顾犬，犹未为晚。愿吾人知吾国文明弱点之所在，急起而为顾犬之计也。

精神救国论

本论题自表面上骤观之，似不过提倡军国民主义，警告吾国民，使发挥其战斗之精神，以赴国家之患难而已。然如此见解，实与本论之旨趣大相刺谬，故记者特于本论之开端，亟亟表明之曰：不然，否否。精神救国论者，乃从物质救国论转变而来，而其针对之反面，则为物质亡国论。盖近数十年中，吾国民所倡导之物质救国论，将酿成物质亡国之事实，反其道而药之，则精神救国论之本旨也。军国民主义，乃一种危险而褊狭之主义，与精神救国论绝不相容。彼主战争，以杀敌致果为目的；此主和平，以胜残去杀为目的。其相去固不可以道里计焉。

甚矣！学说之杀人，烈于枪炮而惨于疫厉也。当十九世纪后半期，风靡欧美流行世界者，为一种危险至极之唯物主义。此主义航渡东亚，输入我国，我国民受之，其初则为富强论，其继则为天演论，一时传播于上中流人士之间，眩耀耳目，渗入脏腑，而我国民之思想，乃陷于危笃之病态，卒至抛掷若干之生命，损失若干之财产，投入于生存竞争之旋涡中而不能自拔，祸乱之兴，正未有艾。而此十数年来欧美社会之思潮，乃急转直下，全然改变其面目，唯物论破碎，唯心论复兴，物质主义一转而为精神主义。而我国民乃犹彷徨于唯物论之魔障中，述达尔文、斯宾塞之绪余，踢踏于此惨酷无情之宇宙中，认物质势力为万能，以弱肉强食为天则，日演日剧，不亦可为长太息者乎？

欧洲自中世纪以后，古学复兴，讴歌古代之文明，剿袭古代之形式，所谓拟古主义之时代。当时人间之一举一动，悉范以模型，无发展性灵之地，社会之间，寂寂然无复生气，惟受人为之迫压与文明之桎梏而已。物极必反，乃发生一种空疏之思想，突破藩篱，以脱去拘束之苦痛，回复自然之状态，为真正之幸福。卢骚《民约论》，即由此空想而生，以原始社会之自由状态为立论之基础，一人唱之，百夫和之，声震全欧，遂引起法兰西之大革命。自是以后，尊自由，重性法，一切道德法律，皆以是为根柢，唯心论之哲学，至此时而大昌。康德所谓"事物之真理，当求之于人间之心"，又曰"人间之心支配万事万物"，又曰"宇宙者，即吾人理想的产出物也"云云，实为唯心论之骨髓。若黑智尔之精神现象论，柏克雷（Berkeley）之经验论，谦谟（Hume）之怀疑论，孟德斯鸠之理性论，皆大同小异之唯心论也。唯心论日益隆盛，全欧之制度文物，为之一新。然至十九世纪后半，物质科学日益昌明，以空想为基础之唯心论，遂不能不服屈于以实验为基础之唯物论之下。于是以孔德之实验论启其绪，以达尔文之动物进化论植其基，以斯宾塞之哲学论总其成，唯物论哲学，昌明于世，物质主义之潮流，乃弥漫于全欧，而浸润于世界矣。

孔德之实验论，为由唯心论转入唯物论之始。其论人类心意进化之顺序，分为三段，即最初之神学时代，过渡期之哲学时代，最后之实理时代是也。神学时代之社会，为军队组织。实理时代之社会，为产业组织。其初实理隶属于神学，犹生产阶级之隶属于军队。其后实理渐明，神学之势力范围渐狭，犹之生产阶级发达，则军队从属于实业之下。而军队组织与产业组织中间之过渡期，为现时之哲学时代。盖孔德著论，在一八三零年，故犹为过渡时代也。

达尔文之研究，本以生物学上之事实及法则为主，惟其学说之影响所及甚为广泛，社会思想，遂为之开一新纪元。其学说本由马尔桑斯之人口论推演而来，一转而适用于生物学上，乃益觉精密。其主要之论旨，不外乎以生存竞争为原因，以自然淘汰为作用，以进化为结果。而其证明人类在自然界中之位置，使向来之人类观全然破坏，另建设一人类观，则尤其影响之大者。人类既为生物之一，故生物学之真理得应用于人类社会，人类社会之事实，得以生物学之法则说明之。

至斯宾塞之哲学论，应用生物学之原理，尤为广泛。一切宇宙现象，皆以进化之根本法则一以贯之，唯物哲学之大系，至是而完成。其进化论之法式，不外乎物质之集合及运动，且由单简之状态变复杂之状态。详言之，则其物质由不定形不调和之等质状态，变为有定形而调和之异质状态。此法式于生物体之进化，固得确证，即生物之生长，由物质之增加，及新陈代谢之不绝运动而成。自个体之发生及系统之发达观之，则自组织单简之卵或单细胞生物，进而为机官复杂之高等生物体，尤为自等质推移至异质之实例。高等生物体之机官，各具机能，互相依傍，即定形与调和之进步也。斯宾塞氏复以此法式说明天体之进化，由星雾之集合及运动而来，以各部分皆相类似之星雾，变为异点甚多之各星体，以形态朦胧内部互相冲突之星雾，变为周围明了彼此互相维系之各星体，皆为由等质而异质，由不定形不调和而进于定形及调和之证。人类社会之进化，亦为同一法式。由家族而部落，由部落而国家，即物质之集合也。原始社会，人人从事于同一之职业，各自制作其所须之物以自营生活，为单简等质之状态；进步社会，职业之分化甚著，为复杂异质之状态。故斯宾塞与达尔文之学说，虽皆应用生物学之原理，而一则以生存竞争自然淘汰之事实就人类社会观察，一则以生物体之组织与人类社会之组织比较以明社会之性质与其生长发达之法则，一属于动的方面，一属于静的方面，此二氏学说之概略也。

抑二氏之学说，流传于庸俗之间者，每多谬解。

其谬解达氏之说者，往往视进化论为弱肉强食主义之异名，乃主张强者之权利，怂恿弱者之死灭，于人类社会之道德，置之不顾。实则达氏之说，决非蔑视道德者。彼谓："道德之起源，发生于亲子之爱情，扩张而为同族同类间之社会的生活，称为动物之社会的本能，与动物之自然的本能（即自己保存之欲望）并存。因自然淘汰之故，此性质益益尊重保存而增进之。盖单独生活易于消灭，故社会的本能之发达与否，亦为适者资格中之一大条件。就同一社会中之个人言，则慈悲忠实者之子孙，较之徇私纵欲及奸黠者之子孙，于个人之生存竞争上，是否得占胜利，虽未可必；而以团体竞争言，则多数慈悲忠实之个人所构成之社会，必较诸多数徇私纵欲及奸黠之个人所构成之社会，为繁荣而强固，则无可疑之事实也。彼等既知道德为成功之要素，则因同类之毁誉及教育宗教之提倡，使道德之标准渐高，善良之个人益多，亦自然之理。"是达氏之道德观念与竞争观念，实相成而不相悖。

至斯氏之学说，世或以为主张社会为有机体，专以生活的有机体之状态与社会之状态相比较，为达氏进化论之后劲，其重视生存竞争自然淘汰之理，与达氏大同小异。实则斯氏之进化说，以协力互助为人类进步之特征，已与生存竞争之说隐相对抗。斯氏谓："吾人因自己生活之欲望而有竞争，因与他人共生活与他人之要求相调和而有协力。协力也者，组织社会之行为，而社会之维持，实为此社会中各个人生命维持之手段。其初社会与社会之间，互相抗争，故常牺牲个人之福利以保社会之生命。其时之道德法，以社会之要求为重，而视个人之要求为轻，是为强制的协力。其后渐进于平和时代，个人为社会而牺牲之程度，次第渐少，社会全体之生活，以个人生活之完成为目的，强制的协力，变而为自动的协力。于是个人之要求与社会之要求，根本调和，道德法始明白而恒久。"是斯氏固以协力互助与生存竞争根本调和，为绝对之道德法，其说较达氏为精。乃世俗流传，仅窥二氏学说之半面，专以生存竞争为二氏学说之标帜，互相推演，而社会进化之学理，转为社会堕落之原因。此非二氏之过，而学二氏者之过耳。

现代社会之堕落，不能不以受唯物论哲学之影响为重大之原因。盖物质主义深入人心以来，宇宙无神，人间无灵，惟物质力之万能是认。复以惨酷无情之竞争淘汰说,鼓吹其间,觉自然之迫压,生活之难关,既临于吾人之头上而无可抵抗,地狱相之人生,修罗场之世界,复横于吾人之眼前而不能幸免。于是社会之各方面,悉现凄怆之色。悲观主义之下,一切人生之目的如何,宇宙之美观如何,均无暇问及,惟以如何而得保其生存,如何而得免于淘汰,为处世之紧急问题。质言之,即如何而使我为优者胜者,使人为劣者败者而已。如此世界,有优劣而无善恶,有胜败而无是非。道德云者,竞争之假面具也;教育云者,竞争之练习场也。其为和平之竞争,则为拜金主义焉;其为激烈之竞争,则为杀人主义焉。以物质欲之愈纵而愈烈焉,几若聚一世之物力,尽资其挥霍,而犹不足以快其豪举;以竞争心之愈演而愈剧也,几若驱多数之人民,尽投诸炮火,而犹不足以畅其野心。其抱极端之厌世主义者,以为死后之名,不如生前之酒,则有醇酒妇人以自弃其身者;其抱极端之奋斗主义者,以为我不杀人,毋宁自杀,则有行险侥幸以自戕其生者。此固不独我国之现社会为然,彼欧美劳动党与资本家之竞争,无政府党与政府之竞争,于十九世纪之末期而尤烈者,亦未始不由此。今彼国学者方亟亟焉提倡新唯心论以救济之,而唯物论之颓波,乃犹盛扬于吾国。继此以往,社会将因之而涣散,国家即随之而灭亡,此吾所以戚戚焉有物质亡国之惧也。

抑唯物论与唯心论之转变,实为社会上压制主义与自由主义转变之先声,此可考之近世史而得其确证者。欧洲大革命之蜂起,专制政体之倾覆,以唯心论为导线,前已述及。然自唯物论盛行以后,政治上之压制,变而经济上之压制,大资本家之跋扈,殆不减于贵族,人类自由之实现,平等自动之协力,犹不可期。

就日本近数十年中之历史观之,王政复古时代之拟古主义,为旧唯心论所打破;法国派之民主说,在明治初代,颇耸动一时之人心;自由党之勃兴,民选议院之建议,皆唯心论思想之所激荡而成。当时学者之间,以较含保守性质之英国派宪政论与过激之民主论相抗持，日本国君主立宪之方针，以是而定。其时国民思想，以旧唯心论为基础，具多大之希望，向前发展。因欧美各国之治外法权不能撤去之故，政治上受一大压迫，唯心论之气焰，为之一挫。至与清俄开战以后，对外之势力稍强，治外法权撤去，遂为完全独立之国。然自维新以来输入之唯物论，至此时乃代唯心论而兴，大占优势于社会。上流人士，为虚荣心所驱策，醉心于物质文明，而以旧唯心论为空想梦幻。说人权自由者，人且匿笑之。一方面以形式的法律与官僚的手段复行独断政治，一方面假国粹主义以诱致顽固之徒，鼓吹拟古时代之道德，扑灭唯心论之余烬。一般之人民，以经济困难之故，乞食于官僚政治之下，无论为学者，为政治家，为实业家，为地方绅士，为毕业学生，熙熙攘攘，群集于政府之门，以种种之名义，丐生活资料。即豪侠之武士崛强之书生，亦不能不为金钱所软化。形式上为法治国，实际上变为私惠治国。如斯政治下之人民，除依自暴自弃之肉欲的刺戟以外，无以求精神之慰安，风俗愈趋于颓坏，则人心愈向于压制。日本江木博士近著之《国家道德论》，已慨乎言之。

返观我国，则自通海以来，所输入者大都为唯物主义之学说，以唯心主义之学说，与我国之拟古主义及专制政体不相容故也。甲午战役以前，李鸿章等所提倡之富国强兵论，其结果则造成一种洋务人员，在当时既目为奢侈与腐败之代表，甲午之辱，实彼等尸之。自是以后，变法之议兴，维新守旧，争持不下，而其时所输入于我国者，以唯物主义之天演论最占势力于社会，而由唯物主义产出之形式的法律学，亦同时由日本输出。民间之有志者复取唯心主义之民权自由说，以鼓吹于国民之间。此唯物、唯心之二大思潮，磅礴郁结，而成我前年之革命。但此伟大革命事业，果为唯心论所产出乎？抑为唯物论所产出乎？以记者之所见言之，则唯心论的革命，仅主动者之少数而已，大多数之赞成革命，实由唯物主义而来。盖自生存竞争之说浸润人心，邻厚君薄之言，已为社会上不可动摇之定律。故当时各地方各团体各阶级各个人之间，几无所在而不用其竞争。革命之兴，其表面之标帜，为汉人与满族之竞争；其潜伏之势力，为官僚与亲贵之竞争；而一般之现象，则为攘夺权利者与占有权利者之竞争。故饭碗革命之新名词，在当时已哄传于道路。革命成功以后，一切外交、军事、政治、法律，殆无不可以金钱关系概之。物质势力之昂进，已达于极点。种瓜得瓜，种豆得豆，物质主义之革命，其结果正当如是。今日者，我中华民国之共和国民，以多数之生命，强供暴乱派之牺牲；以有限之金钱，代负官僚派之债务。双方压迫，殆无解免之方。彼唯心派所谓人权自由者，吾侪几不复能梦见矣。物质竞争之社会中，而欲构成真正之共和国家，发生真正之立宪政治，吾知其决无是理也。（未完）

　　此论文篇幅颇长，以上仅言物质主义之贻害社会，系精神救国论之反证，尚未入本论范围，容俟次号陆续揭载。

记者附志

　　唯物主义之贻害社会，已如前文所述，约言之则为三端：一激进人类之竞争心，二使人类之物质欲昂进，三使人类陷于悲观主义。我国今日之社会，道德堕落之声，喧腾于众口者，推其主因，实承唯物主义之弊。国人之筹救济之策者，或欲复兴拟古主义，尊孔子为教主，规定国教以维系人心；或则仍持唯物主义以救济之，欲输入外资，振兴实业，舒展社会之经济，以弛缓目前之竞争。记者对于前策，以为昌明国学，与世界之文明，融洽调剂，诚为吾国民之天职。若欲取历圣相传之道义学术，视为宗教，以与耶、佛、回相对峙，就政策言之，或足以取悦于闭关时代所留遗少数老朽顽固者之心，而于满、蒙、回、藏之信仰，已不无关系；若就国家社会之进步发展言之，则仅能于现在之动机上，稍与以障碍，俾发生一种之反动，以酿成将来抉破樊篱时之大冲突而已。至对于次策，则振兴实业，诚不失为救国之要图，但以水济水，于社会之道德上未必有若何之影响。孔子曰："不患寡而患不均，不患贫而患不安。"国富虽增，富者自富，贫者自贫，不均不安，犹是今日，况生活程度日高，贫者益难存立，竞争或且更甚。盖吾人精神上无形之道德，殆非物质上有形之金钱所能购致也。系铃解铃，欲救济今日之社会，不可不揭示唯物论之破绽，打破唯物论之根据，使知吾侪向来所认为万能，奉为天则者，在现世纪中，已确知其为一种谬误之学说，而吾侪社会之所以日益堕落者，实因此谬误之学说，潜滋暗长于社会之里面，使社会向上之动机，陷于迷惘之故。今者唯物论之势力，在欧美之社会间，已不能保其桑榆之末光；精神主义之新唯心论，已如旭日东升，为社会间扫除翳障。记者不敏，谨就所知，介绍一二，若求其详，则在专门家之研究与有志者之提倡已。

夫达尔文、斯宾塞之学说，虽非蔑视伦理，毁弃道德，而其根底则为唯物论，已为学者所夙稔。当时与达氏并世，鼓吹达氏之进化论，对于宗教家之攻击达氏，辩护最为有力者，莫如赫胥黎。然赫氏对于达氏所主张"道德的本能亦不过生存欲"之谬见，则极反对之，主张限制竞争说，力纠达氏之谬点。大致谓自然界生存竞争之现象，初不可以人间道德之见地观之。狼之逐鹿也，自吾人观之，狼之狠也可恶，鹿之苦也可怜，人若助鹿而免其死亡之厄，则谓之勇敢，谓之慈爱；若助狼而遂其流血之惨，则谓之野蛮，谓之残酷。若夫自然，则右手助狼，左手助鹿，善行恶行，同时并行。自然之地位，完全中立，无善亦无恶，无所谓道德，亦无所谓不道德，只可谓非道德而已。人类之初，弱肉强食，犹与禽兽无异，全然营非道德的生活。人类社会之进化云者，即自此境遇中脱出，由非道德的人类，变而为道德的人类之谓也。脱离非道德的进化律自由发展之动物世界，建设一道德的进化律所支配之人间世界，以共同之和平，代相互之争斗，使生存竞争，受若干之制限。文明愈进，制限愈严，个人之自由，以不害他人之自由为限。此即赫氏限制竞争说之大意。对于达氏进化论，以生物界之生存竞争，适用于人间社会，已表否认之意。同时更有乌尔土氏，亦生物进化论之骁将，然已证明自然淘汰说不能为一切进化现象之总解释。乌氏划有机界之进化为三大时期：第一，自无机界入有机界。此赋与于原生体之生命力，其起源如何，全然在自然淘汰说所得说明之范围以外。第二，自植物界进于动物界。发生感觉及意识，此亦决非物质或物质之法则所能说明。第三，则人类高贵诸机能之显现。是亦非有机界进化之法则及人类肉体进化之法则所能说明。以上三端，属于不可见之精神世界，而物质世界从属之，若重力、分子力、原子力、发光力、电气力等，亦存在于此精神世界中；若此无形世界中之势力，偶有缺失，则物质世界，即不能保其存在。吾辈考赫氏及乌氏之说，一则以人间世界脱离动物世界而进行，一则以精神世界超越物质世界而存在，其根底上实为心物二元论，与达氏、斯氏之说，已异其趣矣。

赫氏既知生存竞争说之不能泛用于人间世界，乌氏更言自然淘汰说之不足以说明精神世界，于是英人特兰门德（Drumont Henry）氏著《人类向上论》（Ascent of man），其名称与达氏之动物进化论相对照，其内容提倡爱之进化，与达氏之竞争进化相对峙。特氏谓生物为生存而努力者有二：一为维持己之生存，一为维持他之生存。生活之网，乃以此二种之丝结成之。为己之生命而努力，乃有竞争，而其为他之生命而努力者，即伦理学中之所谓爱也。爱之云者，非近世所发见，非后天之观念，非宗教伦理文学美术之所产出，其根源于地球上原形质现出时相时并生，其发生及进步，自有独特之系统。从来言进化者，以进化之主要素为竞争，而不知以爱为一大原理，是仅注意于为己之生命而努力者，而于其为他之生命而努力者，则忽而忘之也。夫生物与无生物之区别有二，即营养与生殖而已。营养者,自外部吸收物质于体内而同化之,是为己之生命而努力也;生殖者,区体内之一部分而养育之,使分离于体外,另成一生活体,是为他之生命而努力也。故原形质中,利己主义与利他主义,同时并存。下等原生细胞之个体分裂,即牺牲自己以成多数之生体,即爱之原始的作用。至高等植物,则生殖机官与营养机官,同一完备。吾人若观察花、果实及种子之一切机能,则知其为他之生命而努力者,其进步已著。入动物界则生殖机能,益益进步,爱情已显露其端倪。至人类而保抱提携,鞠育教诲,亲子间之爱情,发达已极,推之而家庭也、国家也、社会也,皆爱之所创造者也;同情也、协助也,皆爱之所产出者也。盖爱之意义,非仅父母对于其子女而存,子女者,只爱之精神最显著之发表机关而已。爱之真意义,即牺牲自己以保他之生存,并无所向之物。父母之生育子女,其初为生理的活动,其继为伦理的活动。方其生也,生理作用也,然生理作用方毕,而伦理作用即起,伦理的爱,所以继生理的爱而完成之者也。以生理学中未终了之爱,入伦理学之范围而继续之,其爱乃臻于完成。而人类之生存,不能不依赖此伦理的活动,此则所谓爱之进化也。自特氏之说出,而生物学与伦理学乃连络矣。

　　特氏发明爱之进化说,既于竞争进化以外,立进化之新原则,俄人克罗帕得肯(Kropotkin Peter Alexeivich)氏,更著《协助论》以引申之。克氏曾在东部西比利亚及北满洲地方,观察动物之生态,见动物之间,因食物缺乏之故,生相互之争斗,其结果则不但不能使其种族进于优等,且其体力与健康,皆渐至于衰弱,因知竞争剧烈之生物种族,决无进步之事。到处目睹动物社会,则协力互助,实为持续生存之要素,自然界中竞争之法则,与协助之法则并行,而种族之进步,实以后者为主。克氏以此见解为基础,叙述动物界中互相协助之事实,进而至于野蛮人种、未开人种、中世之都市、现代之生活,精细论述。而以协助之起源,为基于亲子之感情，其思想与特氏同一系统。惟克氏之说，较为探源立论，而材料亦更为丰富矣。

达氏进化论发明以后，应用生存竞争之理，而别抒新机轴以贡献于思想界者，为英人颉德（Benjamin Kidd）氏，所著《社会进化论》颇耸动一时。其说之大要，以为生存竞争及自然淘汰者，实十九世纪之一大发见，不变不易之原则也。人类以前之生物历史，即无间断之进步记录，同时即峻烈的生存竞争之画图；竞争与淘汰，实生进步，苟不退步之生物，皆与竞争淘汰相随伴。至生物中最高种族之人类，始有二大新势力作用于其间，一曰理性，一曰社会的感情。此二大势力互相作用，人类生活之状态，顿为一变，现种种复杂之进化形式。盖进化论所谓适者生存，同时即含不适者灭亡之意，是固进化之必要条件。而自理性之见地言之，则此状态决不能满足。理性者，以个人之利福满足为主。人类各自之理性，皆欲其生存之安固，则希望自然淘汰之废止，实理性当然之要求。易言之，则理性之要求，为阻止人类之进步者。人类社会之实际的状态，是能容如是之理性作用乎？现今欧洲最高之文明社会，尚有多数之人类，飘荡于竞争之涡中，理性之制裁，终无何等之效力。方今所谓劳动问题，如何而起乎？大多数之民众，饥饿困苦，而少数之阶级，安逸骄奢，不平之声，遍于社会，理性之制裁，对之亦不知所措。以赫胥黎之健实思想家，乃不过学失意者之口吻，以为大多数之困苦，无救济之法，则不如彗星自天外飞来冲破地球之为幸。是言也，亦可以证明进步之条件如何严峻，理性之效力如何薄弱矣。理性之所主张，在使强弱贤愚，悉遂其生存之欲，故理性之极致，即白克尼一流之无政府主义也。（记者按：观颉氏此言，可知欧人所谓无政府主义，与我国人之见解全别。我国人所谓无政府云者，即弱肉强食无复有机关以制裁之，正与颉氏所言相反也。）进化之条件，实与理性相反，而社会的感情者，则又与理性相反者也。社会的感情，即牺牲各个人之福利，以谋全社会福利。人类之进化史，实理性与社会的感情不绝冲突之历史。二者既互不相容，于是宗教出现，对于理性之要求，加以超理性的制裁力，抑制各个人之主我心，以完全社会进化之活动。故宗教者，实与自然界生存竞争之理法相提携。泰西文明之发生，在基督纪元之初代，此时罗马帝国之伦理组织渐坏，失制裁人心之活力，基督教代之而兴。此宗教如何而起，如何而弘，决非理性之所产，决非智力之所得。信仰而传宣之者，多不学之平民，在学者视之，反以为浅薄。当时基督教与理性派，既不免有不相容之观。十二三世纪时，理性之活动，几全然停止，苟理性之与教会相反者，无论何事，皆不能为，是所谓黑暗时代也。然以是谓欧洲近世文明，与宗教无关系者，实皮相之见。近代文明，不过以当时潜在之势力，变为显著之势力而已。十三四世纪间之长年月，为宗教组织生长发达之期，犹种子之埋于土中，随时而发。文艺复兴以后，理性渐露头角，起思想界之大革命，近世文明，焕然出现，人多归之于理性之胜利，是果合于事实乎？泰西文明发达之第一势力，即基督教之爱他的精神。精神之所横溢，特权阶级等社会上之障壁，次第撤除，人民悉为平等，以平等而自由生，以自由而竞争盛，以竞争而进步显。近代文明之激进，此为根本的动机，理性不过第二之势力而已。颉氏之说，以宗教与竞争进化相提携，实为创见，而于泰西文明发达之关系，则确有见地。向来视进化论与宗教相抵触而不能容者，至是而思想为之一变。至其以理性为利己心，而此利己心之要求，在竞争废止；社会感情为利他心，而此利他心之活动，使竞争进行。皆与寻常之见解相异，批评非难之者颇多。

　　以上所述诸氏之进化论，大都以伦理学的观念，补足生物学的原理，其根底皆为心物二元论。至美人巴特文（James Mark Baldwin）氏，始从心理学的原理上，建设社会进化论，于进化论之历史上开一新纪元。同时德、法诸国提倡此说者，名家辈出，均与巴氏相颉颃。至近年而学者之研究，倾向于此方面者，益复隆盛。

于是人类社会进化之观念，自生物学之基础上，移置于心理学之基础上。此研究虽非由巴氏开宗，而巴氏实可为其代表。巴氏所著《儿童及民族之心理进化》，以儿童与民族之发达为比较，与生物学中，以个体发生为系统发生之缩图，互相对照。其学说未尝不从生物学中得其暗示，且其学说中以生物学之理法为比照者颇多。然其比照生物学理法之处，决非适用生物学之理法，而别立心理学之理法。其社会进化论之要旨，开宗明义，亦比较生物学之理法以说明之。生物之进步，有二种作用：一、生物间两性相交所生之新个体，具父母中间之性质。其父母所具优良之性质，虽遗传于子孙，然不能使之较为进步，宁以两性平均之故而反见退步，是为减退作用。然生物学上变种之现象，往往两亲所不有之性质，突然现出于子孙，是为变异作用，其具优良性质之变异，因自然淘汰之法则而保存。故前者之作用，使各个体之性质，达于平均，谓之普遍化之作用；后者之作用，使超凡个体之性质，影响于种属全体之将来，谓之特殊化之作用。人类社会，亦行此生物学之二大法则以进步。思想家生新思想，以变更社会之信仰、意见、制度、仪式。发明家改革劳力之器关，于贸易、交通及其他之方面开新纪元。他如解放奴隶，改进妇人地位，扩张人民自由，皆由个人之反感，生全体之改革，法律政治，无不皆然。故与社会以活气而生进步之效果者，不得不赖个人之力，是即特殊化之社会力也。此特殊化之社会力，常作用于社会中既普遍化的基础之上，故个人之发明发见，必先学得现社会上所既有之智识而后可，思想感情之改进，亦必就现社会之思想感情参照而判断之。特殊化者，非创造之谓，各个人以自己之心力，受社会的暗示，或同化，或排除，本自己之选择，以行特殊化，供给社会，社会乃以个人所特殊化者为普遍化。如一法律也，一个人作成之，依众个人之同意而成立，是即普遍化之一例。有时其成立之法律，或制度、仪式、风俗、习惯等，既为众人所是认，而其创始者为何人，发起者为谁氏，杳不可知，几如社会之共同生产物者，是又普遍化之一例也。且第一普遍化之作用方完，第二之特殊化又起，则其结果再起第二之普遍化，既普遍化以后，成为永久确保之性。社会真实之进步，不能依个人之特殊化而量度之，当就其社会所普遍化者而量度之。至特殊化与普遍化，其倾向略殊，因社会生活，有二种显著之倾向，一为智的，一为伦理的，二者常不一致。普遍化之作用，当智与伦理冲突时，常使前者屈服于后者，甚至加压迫于其个人之身体，又加于其产物。若因智力之反抗，使其伦理观念，较高于现代普通之标准，则此特殊化之作用，大助社会之进步。

以上为巴氏论心的进化之概略。其立论之大略，以社会之进步为心理学的而非生物学的。其显著之差异：一、生物界之变异为个体，而社会之变异，非个人之体质而为内容之思想；二、生物之遗传，使各个体向平均常态而为普遍化，社会的遗传，常向新思想新发明新感情之高水准。故社会有机体之语，缺点甚多，不足示社会之真相。自然淘汰，虽为生物进化之法则，然有智性之生物，能依思考与意思之力，营适合作用，使自然淘汰生一大障碍，智性既生长，感情亦共同发达。动物之结合社会，即使其所属之个体，免于自然淘汰之直接作用也。至于人类，此感情与智性结合，协力互助以减杀自然淘汰。或谓自然淘汰，既为生物进化之法则，则减杀其作用，是不能进化也。不知就物质遗传而言，则此智性与感情，固为进化之阻碍，然吾人之进步，不在物质的遗传，而在精神的遗传，依教育之结果，使后世之人，皆得前时代之造诣，且将个人之造诣，依普遍化之作用，使社会全体，得同一程度之造诣。盖人类社会之进化，既自生物学的进化，变而为心理学的进化矣。

近年以来研究社会学贡献最富者为胡德（Lester F. Ward）氏，其所著《社会动学》《文明之心的要素》及《纯正社会学》《应用社会学》等，于研究斯学者之裨益良多。其社会动学之所考究者，即社会体制之变化。变化之结果，或为进步，或为退步，而发明其原理者，即社会动学也。社会动学中有三大原理：一为内在力之差异，二为新生命，三为行意力。内在力之差异者，谓社会之间，各具内在力，以行生长繁殖。因人口增加，突出国境以外，与信仰习惯言语倾向相异之他人种接触，而战斗，而调和，遂使文化相混淆和合，或统制之。进步云者，即相异的要素混交之结果也。新生命者，与生物学中变异之现象同。通常有机体，仅于遗传之范围内，就已得之体制，反覆增殖。而生命之力，破此范围，是为新生命。社会之新生命，如思想之改革、事物之发明皆是，此现象全为心意之活动。盖社会亦与有机体相似，往往有余剩之精力，不分布于全体之社会。大多数之社会，除体制之反覆增殖以外，不为何等之活动，而此精力常集中于或场所或民族，集中而后，再分布之。新生命即由精力之集中点发生，社会之进步，毕竟由此新生命之连锁而成。行意力者，人类发生行为之动机，得约之为三种：一为欲满足其欲望，二为欲保续其生命，三则使外围变化是也。欲望不满足则感苦痛，满足则感快乐与幸福，然既满足以后，别无所余，其结果与动学无关系。保续生命，亦于进步无效果。盖此二者，不外生物的营养、生殖之二作用。社会之进步，实以第三动机为主，即使外围变化之行意力是也，是不但于经济产业之方面如是，即美术、智识、伦理各方面亦然。夫文明者，人间所成就功绩之总称，而心的功绩，比物的功绩，尤为可贵。不朽之业，属于后者，然此精神的贡献之本质，不外更变物的外围，使适于人间之利益，而社会之进步，即自此行意力而发生。然此行意力之本质如何，则努力而已矣。欲变化外围，其障碍大者，努力之量亦不得不大；其目的远者，努力亦当耐久。结果之量，殆与努力之量成正比者也。生物学上亦有可名为行意力者，即拉迈克（Jean Lamarck）所谓使用（生物体之诸机官，用之则发达，不用则退化，此说称为拉迈克使用说），亦不外努力而已。此固生物学之原理，与偶然变异，同为种之变化之起因。在生物学，则外围使有机体变化；而在社会学，则人类使外围变化。斯则原理同而活动之样式不同者也。

此胡氏社会动学三原理，亦与生物学之原理相比照。生存竞争者，即差异之内在力相对抗也。惟达氏之说，注重于竞争，而胡氏之说，则注重于调和而生新样之体制，用意稍殊。至生物之偶然变异，即社会新生命之理，使用说又与努力之观念相同。然其社会进化之观念，为心的进化，非物的进化，则与巴氏之学说，同为唯心论，即现时所称为新唯心论者。胡氏之努力主义，尤代表新唯心论之真谛者也。

本论介绍达氏、斯氏以后诸家之进化论，可与本志九卷第八号之《新唯心论》及前号《现今两大哲学家学说概略》参看，以见欧美进化论之发达，由唯物论转变为心物二元论及唯心论之次第。而进化之原理，于生存竞争以外，尚有种种学说，亦可概见。惟所介绍诸说，多从日本译书中采辑，辗转迻译，不免谬误，且摘要举示，于诸氏学说，亦不免有得粗遗精之处。我国关于此等学说之译著甚少，或者借此一脔，得引起我国人之兴味，而提倡之而研究之，则精致完全之著作，当不难出现。以后当就诸家学说，以记者之见地，妄为取舍，以明精神救国论之本旨。

记者附志

《大学》之首章，揭示心理学进化论之要旨者也。明明德者，个人各以其心之所得，发明理法，显现于社会，即特殊化之作用也。在新民者，以个人之所得者为普遍化，而社会乃显著进步，成日新又新之新社会，即所谓心理学之进化也。在止于至善者，言社会之普遍化，常倾向于伦理，以至善为进化之目的也。故新唯心论者，《大学》首章之注解也。

达氏、斯氏以后，欧美学者之进化论，既自生物学的基础上移置于心理学的基础上，吾辈涉略诸家之学说，觉进化之理法，固大有研究之余地，决非生存竞争自然淘汰之一种理法所得包举无遗。语云：学然后知不足。或反言之曰：知不足然后学。吾辈既觉竞争淘汰说之不足于吾心，则必更求其可以餍足吾心者而学焉。诸家学说中，若胡氏以变化外围为人类之行意力，是以意的能力，为社会进化之本质。特氏则提倡爱之进化说，颉氏更言爱他的感情为泰西文明之特色，皆以情的能力，为社会进化之本质。巴氏以特殊化为倾向于智性，更以智的能力为社会进化之本质。大都就心理之三方面中，各捉其一方面之要素。吾辈今日将奉一家言以为圭臬乎？抑将综合诸家之说而求其汇通乎？唯心论之真谛果何在？唯物论之破绽果何在？是皆吾人所亟宜研究者。记者不揣谫陋，欲以管窥蠡测之见，妄为钻坚仰高之举，非敢谓集诸家之大成，亦惟望吾国民发展其自由之思想，勿为竞争淘汰说所锢蔽，至生心害事，生事害政，以陷其国于灭亡之惨而已。

吾辈研究诸家之进化论，而知宇宙进化之顺序，可分为三阶段：一为无机界之进化。盖宇宙之最初，各电子分离而独立，电子集合而为原子，原子集合而为分子，分子集合而为物体，是即无机界之进化也。二为有机界之进化。即由单细胞之原始生物，进而为机关复杂机能活泼之高等生物是也。三为人类社会之进化。即由蒙昧未开之原始人类，进而为智德高尚连带切密之人类社会，即斯宾塞氏所谓超有机界之进化是也。此进化之三阶段，分而言之，则有各别之理法焉。无机界之进化，属于物理学（或理化学）的理法，如电子之涡动力、原子之化合力、分子之凝集力，皆可以力之作用说明之。有机界之进化，属于生理学（或生物学）的理法，如拉迈克氏之使用说、斯宾塞氏之外围影响说、克利加氏之偶然变异说，皆说明生命力之作用者也。超有机界之进化，属于心理学的理法，如巴氏所谓特殊化普遍化之作用，与胡氏之努力说，皆说明心力之作用者也。又将此三阶段合而观之，则为宇宙之进化，有普遍之理法焉。此普遍之理法，属于哲学的理法，哲学中所谓"分化与统整"（Differentiation and Integration），即说明造化力之作用者也。

宇宙进化之理法，为分化与统整，欲详述之，固非本论所能尽，兹略述其大意。无机界中，以均等之电子，涡动而成八十余种之原子，化合而成数千百种之分子，凝集而成种种之物体。分子之内部，有基核伊洪之分化，而以涡动力化合力统整之。各分子之间，又以重量性质之不同而分化，而以凝集力及粘著力统整之。至入有机界，则结合单简之细胞，构成繁复之个体，个体之内部，以机官之构造而分化，而以生命之连锁统整之。各个体之间，以个体之变异而分化，而以杂婚之关系统整之。至于超有机界，则积单简之感应作用，构成繁复之心理作用，个人心理之内部，以智情意之复杂而分化，而以意识之主宰统整之。各个人心理之间，以特殊化之作用而分化，以普遍化之作用统整之。故三阶段之进化，皆一方面向分化进行，一方面向统整进行，其理法甚显。若联络三阶段而为宇宙的大进化，其理法亦不外乎此。由物理的进化，而弥漫之星雾，变为各别之星体，其分化之端倪已露；进而为生理的进化，则块然之无机体，现出种种之动植矿物，其分化之现象益明；更进而为心理的进化，对于自然之构造，佐之以心意之经营，天演与人治，互相对待，而分化益无究极矣。然物理的进化，对于宇宙间之万有，仅仅以物体的摄引力互相摄引，使其集合于摄引力之中心，不至离散而已。至生理的进化，而万有之间，乃以生命力为同化之中心，从事于生命之繁孳，生物体与万有之间，乃现种种之关系。至心理的进化，则以人间之意识为中心，对于自然界为意识的统整，宇宙间种种现象，一一吸收于吾心，吾心中种种之现象，亦

——影响于自然界。统整无止境，即进化之无止境也，此宇宙进化之大意也。

分化与统整，为宇宙进化之理法。理法云者，从进化之形式上考量而得，然形式附丽于本质，故研究进化论者，不可不从本质上考量之。本质上之考量云者，换言之，即考察进化之目的也。向来生物学中，常以生物进化之形式，从关系于生物体之利益不利益上加以观察，而以生活上之利益，为生物进化之目的。至斯宾塞氏，则专就形式立论，而置目的于不顾。斯氏曾言："世人普通思想，以财富之蓄积、智识之增加、自由范围之扩张，为社会进化之目的。欲知正当之进化，不可不离人类之利益而别有所考察，盖社会之进化，即存于此社会有机体之不绝变化而已。"云云。后之学者，汲斯氏之流，故专重进化之形式，而蔑视进化之目的。至胡德氏始反对斯氏之说，谓体制之进步，不过为对于目的上之一方法。胡氏又谓社会之进化，与人类之幸福相关联，而所谓幸福者，即在人类内有的自然能力之自由活动。

吾辈就胡氏之说而引申之，以为宇宙进化之终极目的，殆非吾辈所能知，吾辈之所可知者，仅各阶段中之目的而已。无机界进化之目的，为质力之保存，简其词则曰存在。盖电子因涡动而不散失，物体因摄引而不涣散，无非保持其存在而已。理化学中所谓物质不灭能力不灭之定则，即此存在之目的所显现者也。至有机界进化之目的，为生命之繁孳，简其词则曰生存。盖生物体制及机能之进步，皆本于生存之利益也。若夫超有机界进化之目的，则为心意之遂达，胡氏所谓内在力之活动自由，即属此义。世人往往以吾人人类之目的，亦在生存，与有机界之目的相同，实不免于谬误。予非谓超有机界中，全无生存之目的，然生存以外，固尚有心意遂达之目的焉，犹之有机界中，亦不能谓其无存在之目的，然存在以外，固尚有生存之目的焉。不有质力，安有生命？不有生命，安有心意？故生存之目的中，自然兼有存在之目的；心意遂达之目的中，亦自然兼有生存之目的。顾谓超有机界中，兼含有生存之目的则可；谓超有机界中，仅以生存为目的则不可。彼义烈之士，或审于理，或迫于情，或动于意，以心意之不得遂达，而掷其生命者甚多，可知吾侪人类，固于躯体之生存以外，别有高尚之目的存乎其间。语曰：不自由，毋宁死。自由云者，即心意遂达之谓耳。夫心意之遂达，不能不与生存相关联，故二者常若合而为一。然当欲生欲义，二者不可兼得之时，则取义舍生，超有机界之目的，遂全然脱离有机界之目的而独显矣。或又谓有机界中，亦有心意遂达之目的。胡德氏曾谓增进适意状态为生物进化之目的，其于有机界之进化，亦注重于心理可知。然生物之适意目的，可以生存之目的概之。盖心意之原始作用，本包在生理范围以内也。至于人类，则生理作用中之一部，即心意作用，乃特别发达，与他之生理作用，绝靷而驰，遂于生理的进化以外，别开心理的进化之一阶段，而心意遂达之目的，乃不能为生存目的之附属物，转使生存目的，附属于心意遂达目的之下矣。

　　有机界之进化与超有机界之进化，理法不同，目的不同。世之操生存竞争说者，欲以生物界之现象，说明人类社会之现象，至使人类社会堕落于禽兽之域，其谬误既不待言。即就生物界而言，欲以此生存竞争之说，说明生物界之一切现象，亦殊多谬误。生物进化之目的，既在生命之繁孳。繁孳不已，不能不受外围之制限，而为其目的之障碍，于是生物以欲达其目的之故，不能不与外围之障碍力相抗争。不幸而外围之障碍力强固，致无数生物中之抗争力稍弱者，不能排除此障碍物而丧失其目的，仅仅留遗此抗争力较强之少数生物，犹得继续其目的而与之抗争。譬之军队，向敌军进击，因敌军之强悍，致多数军士陷于死亡，仅留少数精壮之军士，与敌军继续战斗。而吾侪之观战者，乃谓此队军士，实互相竞争，其多数之战斗力较弱者，自然为少数之战斗力较强者所杀灭。如此评论，固合于事实否乎？夫动物食植物而生，食肉动物又食他动物而生，生物界中，非无自相残杀之事实。但此特一部分之现象，非生物界全体之现象。研究生物者，决不宜略去其对于外围抗争之现象，而尽以生物间互相竞争之现象说明之。至以竞争为进化之原因，则尤不足取信。生物之体制，由不优良而变为优良，是果竞争之效果耶？使生物之内部，无变异之本能，具有自不优良而变为优良之能力，则虽日事竞争，其不优良也亦将如故。则进化之原因，不当归之于相互之竞争，而当归之于个体之变异也明矣。惟个体有变异之本能，故或为偶然变异，或于受外围刺戟时，以使用而发生变异，皆为生物进化之内的原因，而对于外围之抗争，则生物进化之外的原因也。

以生存为目的，以在内的变异与对外的抗争为原因，遂演成分化与统整之形式。盖单细胞独立，变异不著，即抗争不强，各细胞间乃为生理的联合，成复细胞之个体。个体以内，各机官分工互养，一部分之枯荣苦快，悉与全体相关，此等现象，有协助而无冲突。惟生理的联合，其范围不能过广，否则因其周围营养物之不给，转有碍于生存，故各个体之间，不可不另有联合之方法。但个体间联合之方法，其纯属于生理者，只有杂婚之调和，以互换其优良之性质而已。于是于生理的联合以外，别为心理的联合。心理的联合者，甲之知能传于乙而与之共知，甲之情能感于乙而与之同情，甲之意能达于乙而与之同意，生命虽各具，而心意则相通，于是各个体乃联合而构成社会。此心理的联合，在有机界中，已具雏形，故动物亦有群居之族类，至其发达显露，乃入超有机界进化之阶段矣。夫心理的联合，本继生理的联合而起，将以扩生理联合之范围，使各个体之间，互相协助而无冲突也。今日之人类社会，固以互相协助而成立，而其间尚不能无互相冲突之迹者，则以进化程度之未臻，致心理联合，尚不能如生理联合之切密，是实人类社会之缺憾也。弥补此缺憾，使社会之内，有协助而无冲突，心理的联合，一如生理的联合，则唯心的进化论应用之旨趣已。

论者谓吾人心理中，常具有互相反对之二方面：一为自利的，一为利他的；一为自己之生存，一为与他人共生存。从社会上之事实观察之，则自利者不可不利他，利他者未尝不自利；欲自己之生存，不能不与他人共生存。二者本互相融合。而在吾人之心理上，则二者尝不绝冲突。吾国往古之思想家，有以理与情为互相冲突者，有以理与欲为互相冲突者，又有以性之善恶相辩难者。欧美哲学家，亦为类似之思想，如颉德氏谓理性与社会的感情相反，巴特文谓智与伦理不一致，皆即此义。大抵吾国普通思想，以理本于天，故称天理；欲起于人，故称人欲，又以其为生物所共有，故称物欲。理为中正，欲为偏私，二者常相反对。吾人之性，本于天，合于理，故曰性善。情则为性之所表见，若性为人欲所蔽，则发而为情，即偏私而失其中正，亦与理为反对矣。夫理得于知，欲现于意，同为心理之一方面，何以互相冲突乎？予谓理者，存于宇宙间，吾人以知性推考而得之，以知率情，以情发意，此高尚之心理，纯乎心理作用者也。欲者，存于吾身，冲动吾意，以意率情，以情掣知，此卑劣之心理作用，根于生理作用而起者也。古圣贤之所谓克己无我，及宗教家之所谓解脱等，皆使心理作用，超脱于生理作用以外，而不为生理作用所牵掣而已。故吾人之心，当超然离立于宇宙之间，如太阳之丽于天空，照察万有，而吾人之身，当使其为宇宙间忠勤之仆役，受心之命令，为世界作工。至饮食衣服居处等一切卫生之事，乃此仆役作工所得，应给与之赡养费，非主人自养之资料也。苟人类社会之中，各个人之心灵，皆超然离立于宇宙之间，以察万有之理，互相通达，互相联合，督率仆役，为世界作工，则社会自臻于完成之域。若竞争之说，乃唆使主人，各率奴仆，弃其工作，以互相争斗者也。吾虚灵不昧之主人，勿可再受此蛇鬼之诱惑矣。

今日吾国之社会中，亟亟焉为生存欲所迫，皇皇焉为竞争心所驱，几有不可终日之势。物欲昌炽，理性牿亡，中华民国之国家，行将变为动物之薮泽矣。旧道德之强制的协力，与宗教之超理的制裁，既不能复施于今日之社会，吾侪今日，惟有唤起吾侪之精神，以自挽救而已。新唯心论者，即唤起吾侪精神之福音也。吾侪今日之生存，既大受外围之障碍，吾侪欲拔除此障碍，以保持其生存，是亦吾侪当然之目的，即前所谓超有机界中，非全然无生存之目的是也。但吾侪若仅仅持此生存之目的以进行，且以竞争为达其目的之手段，是实大背乎理化之理法，将永无达其目的之时矣。

夫生物之生理的联合，本为达其生存之目的而起，以生理联合之范围不能过广，乃进而为心理的联合，于是生存目的以外，更发生高尚之目的。此目的虽与生存之目的并存，而实较生存之目的为重，若失此目的，则生存之目的亦将不能幸保。即或幸保焉，而为牛马奴隶之生存，为地狱火坑之生存，亦大失其生存之旨趣。故吾侪今日，不可以生存之迫而役役于此卑近之目的，当开发进取，以赴心意遂达之目的。心意遂达云者，非纵恣其心意之谓。吾人心理中知情意之各方面，皆有自卑登高之倾向。未开之人种，知识卑陋，情意薄弱，因心理之进化而达于高明强毅。故遂达云者，即使其心之能力，自由向上发展之谓，即孔子之所谓君子上达是也。又吾人之心力，常欲变化外围，使勿为吾人生理上及心理上之障碍。遂达云者，即遂达此变更外围之心力，即胡德氏所谓行意力是也。

遂达心意之法则：一、在使其心理勿受生理之牵掣，是为心理向上之总则。二、各自发展其心力，于社会中既普遍化之智识、感情、意志上，更求进境，或为学理上之发见，或为艺术上之发明，各专一门，各精一事，是为心理上分化之法则。三、社会上各个人所发明发见之新思想新法则，当以吾之心理，精切推考而选择之，且当设法以便利社会间心理之交通（如学会、讲演会、宣讲社、书籍、报章、杂志等，皆为心理交通之机会），促进社会之普遍化，使社会中各个人之心理，渐渐融洽，是为心理上统整之法则。四、常坚持其心力，勿使弛懈，并督率其身体，为世工作。五、各个人之间，当力谋心理的联合，厚集心力，以变化外围之境遇，勿为相互之冲突，以减杀其心力。以上二端，为努力之法则。此诸法则，不过就巴氏、胡氏诸家之新唯心论，引申其义，而皆为今日救国之良谟。吾国人诚能推阐新唯心论之妙义，实行新唯心论之训示，则物质竞争之流毒，当可渐次扫除，文明进化之社会，亦将从此出现矣。

理性之势力

理性者，吾人所持以应付事物、范律身心者也。本乎生理之自然，与夫心理之契合，又益之以外围时地之经验，遂形成一种意识。平时寂处，则蕴之为良知；出与物接，则发之为意志。凡人类之各遂其生活，社会之获保其安宁，非仅恃乎军队之保障，政治之设施，法令之诏示，刑赏之劝惩已也，赖有理性焉，为之主宰是而纲维是。小之如民生细故，大之如国政邦交，无不本此以策进行而定趋向，无所令而莫之或叛，无所强而莫敢或违焉。其目的所在，虽以畅达个人之生机，希求小己之利益为基础，然充义至尽，且或呈反是之现象。例如乐生恶死，恒情所同，而理有不可，则虽牺其生命而不敢辞；饮食男女，人之大欲，而性有未安，则或自为抑制而不敢肆。孟子所谓由是得生而有不用，由是可以辟患而有不为者，此物此志也。且非独个人为然也，即扩之而为群众，苟其所在之社会及其所遭之境遇，无特别差异之点，则其理性亦必相同。古今来风俗之变迁，战争之起灭，治乱之更迭，家国之兴亡，殆莫不视乎群众理性之向背。我国前年革命，其总因亦在于是。然则理性之势力，其亦伟大矣哉！

虽然，理性之势力，果能长保其伟大而不为他种势力所克制乎？亦疑问也。哲学家海格尔氏谓：理性为宇宙之本体，有统一宇宙之功能，且具有无限之实现活动力。凡自然界心灵界一切事象，悉备于理性之中。而人类历史，国家目的，皆理性之发展及其本质之显现者也。其推崇理性，可谓至矣。而颉德氏则谓：理性目的，与进化原则相背。盖理性所要求者，在于个人各得其福利，而社会进化自然淘汰之作用，决不能使生物全体悉偿其福利之要求，必有一部分之理性，屈伏于此淘汰作用之下。二说立论互异，然固各具确切之理由。海氏之说，专从大体着想，统观社会全局，而察其过去之进程，不能不归功于理性。虽其间不无抵牾之事实，然要必以调和统合，形成合理之组织为断，故理性实有统一之机能。颉氏则仅从一部分立论，故其说相反。实则理性虽具有伟大之势力，而究不能无杀减之时，亦虽有杀减之时，而仍不失其伟大之势力者也。今先就其所以杀减之点，分别论之。

夫理性有广狭二义焉。自狭义言之，其所蕲向者，仅以得遂生活为限，属诸生理及简单心理之表示，与欲望同一性质。然社会进化后应用之理性，决不容如是之简单，必有几许裁制惩遏之力寓乎其中，而其用乃广。故推私利为公利，由爱己以爱他，均为理性中应有之事。此广义之说也。前之说，理性与欲望为同源；后之说，理性与欲望为对待。然人类之生，实与欲望相终始，其能牺牲欲望以徇理性，如前所谓得生不用、辟患不为者，仅少数耳。其余则嗜欲动于中，利害驱于外，不胜其惩克，因而汩没一己之理性，且侵害他人之理性者，比比皆是。人世扰攘，半由此理性欲望不绝之冲动而来，固征之历史而可信者。此理性势力杀减之一因也。

抑理性又与武力不相容者也。夫理性为物，属诸想念，而凭虚之想念，每易为实力之威武所慑伏。虽战争之事，半由理性蕴酿而成，而当武力膨胀之时，则理性必退处于无权，而反遭其蹂躏。如法国革命，其初起也，固为全国人民理性所表现，迨至恐怖时代，则一切举动，悉违民意。而当时理性，竟全失制驭之能力。凡中外古今，当军队专制之时，殆无不呈此现象者。是又理性势力薄弱之一证也。

且非独武力为然也，即经济势力，亦能消灭理性而有余。彼无数贫民，尝低首下心，听命于金钱支配之下者，岂其理性所愿哉？产业集中，有限之资财，既为豪强所占领，而其余民众为维持生命故，遂不得不捐弃理性所求之福利，沉沦于困苦劳力之中。观欧美托竦斯营业之专横，大工厂待遇工人之苛虐，纵违反多数工商之理性，悍然不顾，不平之声达于四境，而劳动问题、社会主义，经学者多方之研究，累年之倡导，而终无何等之效果者，亦理性势力不敌经济势力之显据也。

更推而论之，则理性又易陷于迷误，且因时而屡有变迁者也。盖理性虽本生理为基础，然必赖心理以判抉真伪，审择从违。而人类心理，常缘外界为迁移，故吾人理性，或被动，或自觉，均不能不受外界之影响。如宗教科条，本非天然之法则，而崇拜既久，方寸转失其灵明。个人意志，自有一定之轨途，而利害所惑，趋步或易其常态。凡群众之行为动作，有因一时之刺激，不正之感情，叫嚣愤烈，贻后日之悔而不顾；又或受一二野心家所煽惑，为所左右，虽损及身命而不悟者，皆属此类。是之为理性迷误。其不迷误而为正当者，则谓之理性变迁。如欧陆人民之理性，自《民约论》出，而旧时之态度为之一变，迨唯物论兴，而曩日之精神又为之一变。我国前此之拥戴君主，近今之醉心共和，先后数十年，而倾向乃绝端反对者，虽事实为理性所要求，而实则理性为时势所推变故也。

由是言之，则理性者，常受裁制于事物，而无制裁事物之权；亦每为时世所转移，而乏转移时世之用。海氏称其有统一之功能，谓为宇宙之本体，恐非定评。虽然，此特暂时之现象耳。若论其常，则理性势力，实永久伸张而不替。夫欲望理性，初为同源，继为对待，前已论之矣。故文化之浅深，恒视二者方向距离之远近，及其冲突之激烈与否以为准。方向近而冲突少者，文化必浅；方向远而冲突多者，文化必深。虽有时不免为欲望所遏抑，然必理性战胜，社会乃进于文明。吾人所以高出庶物，脱除蛮野，成为今日之社会者，皆历代理性战胜之成绩也。若夫武力专制，固为事实所不能免，第从历史观之，则此种现象，究居少数，且不久即回复其常态。自古一治一乱，即二者势力互为消长之时，而治日常多，乱日常少，则理性仍占长时间之胜利。

至如经济势力，在欧美数十年间，诚强横专擅矣。顾罢工风潮，屡见不鲜，即为理性力求恢复之朕兆。其政府百端补救，如英之励行社会政策，与夫养老年金、劳动时间之各项规定，何莫非迫于理性之要挟而为此和缓之谋。美国去年选举，民主党得握政权，亦为人民理性不慊于财力专制之见端。目前经济势力，尚未铲除，然理性已露峥嵘之头角。近今资本家亟亟焉讲求调剂，从事于噢咻者，即其示弱于理性，知其势力终必不敌，而甘为退让也。

且精而核之，欲望实为理性中之一部分，惟性质有公私，目的有广狭，此其所以异耳。故二者之间，无论欲望常为理性所克制，就令欲望战胜，亦仍在理性势力范围之中，仅能谓之内部之争持，不能谓其对于外界而有所挠屈也。军队蹂躏，亦未尝非理性自身所招致。盖武力初无意识，必赖理性为之主持，而理性失之过激，往往有一发而不可复收，既动而不能遽静，轶出轨范，反乎原动之主的，而为其障碍者。人但见理性为武力所妨害，而不知此武力乃为理性所胚胎，虽征之事实，不能谓其尽出是因，而由此因缘，什常八九。且武力横暴，虽足妨害理性之发越，然仍有一他种之理性，为其中坚。凡枭雄之拥众横行，必其所拥之众理性被其眩惑，甘为所用，而后得行其志。武力若无理性，必无势力之可言。前徒倒戈，攻后以北，有旅若林，而终不免血流漂杵者，则理性具有操纵武力之权，而亦武力不能不借重理性之明验也。至财力问题之迄未解决，其原因仍属诸理性势之尚未充分。盖资本家之专横，虽为一般劳动者所疾视，然一方面以支持生活故，仍承认此制，以期博得工资。彼理性中所希冀者，仅以增加俸给减少劳力为宗旨，未尝主张绝端之变革，其他人民，更不愿遽行破坏，陷社会于恐慌。经济革命均富主义之不能实现者，亦以未得多数理性赞同故耳。若夫迷误变迁，则为别一问题，不能引为势力杀减之证据。盖仅改其势力之方向，而未尝失其理性之本能也。

虽然，其足为理性之累者，亦惟此迷误、变迁之二事，而迷误为尤。盖理性若无势力，则亦已耳。今势力之伟大既若此，是凡人类祸福，国家安危，均惟理性之马首是瞻。而其倾向之于彼于此，或左或右，实有不容或误者。若一旦失其常轨而陷于迷惘，则一切事理，亦必随而入于瞑眩之中，贻害实非浅鲜。故无论其惑于暗示，中于感情，当夫群情汹涌，众意愤激之时，常有一种无上之权威，淆是非而乱真伪，此即理性势力之显露，其横暴且有出诸武力上者。非至事过情迁，祸患昭著，虽有明哲心知其故，亦慑于此迷误之势力，钳口结舌而莫可如何。凡世界泯纷之秋，鲜有不呈此态者。且迷误之本因，不限于暗示感情已也，即觉世牖民之学说，有时亦足以致误。何则？群众理性，多属凡庸，学说过于艰深，必难尽人而领解，于是得粗忘精遗神袭迹之事，往往不免。近世所传弱肉强食之竞争主义，即其一也。而持论之故作新奇，立说之好为颖异者，更无论已。若夫理性变迁，虽不能与迷误等视，然时期先后之间，利害权衡之际，苟或不当，流弊亦复相同。甚矣！理性之难得中正也。

然则纠正之法当奈何？第一，吾人当各澄清其意虑，疏浚其灵明，养成判别事理审察物情之能力。又复闲邪窒欲，释躁平矜，使一切虚憍之客气，谬幻之感觉，不易淆吾之观听。其次则凡操维持世道化民成俗之权者，当知人民理性之不可抑挠，而又不容任其迷误，一方面迎机善导，顺其发展之本能；一方面救弊扶偏，匡厥趋向之歧误。盖理性之迷惑，半由见事之不明，半亦遏制之反动。善为政者，所以消息盈虚，潜移默化，利用其势力，以收赞助之功，而不使轶出范围，形成种种之障害也。尤有望者，儒者著书，哲人觉世，敷陈学理，启迪颛蒙，为理性之前驱，作人民之先导，务宜力求平正，切中事情，察人民程度以立言，揆世运迁流而立教，毋骛高远，毋尚精深，毋见弹求炙而涉及张皇，毋惩羹吹薤而流于激烈，庶理性得和平中正之指导，而不致偏倚矫切，贻世界以无穷之纷扰也。孔子言理性，丁宁反复于中庸之为德。呜呼！此其所以范围天下而不过欤。

个人之改革

吾侪自与西洋社会接触以来，虽不敢谓西洋社会事事物物，悉胜于吾侪，为吾侪所当效法。然比较衡量之余，终觉吾侪之社会间，积五千余年沉淀之渣滓，蒙二十余朝风化之尘埃，症结之所在，迷谬之所丛，不可不有以扩清而扫除之。故近二三十年以内，社会变动之状况，虽左旋右转，方向不同，而其以改革为动机则一也。社会间稍有智能之人士，其对于社会之运动，虽温和急进，手段不同，而其以改革为目的则一也。改革云者，实吾侪社会新陈代谢之机能，而亦吾侪社会生死存亡之关键矣。

吾侪社会之必须改革，固已无待赘言。乃就二三十年以来改革之效果观之，在表面上虽有种种改革之事迹，而实际上之所改革者，则甚微渺。且即此微渺之改革而言，亦觉如水益深，如火益热，不如不改革之为愈。然则吾侪平日所抱持改革社会之希望，竟无由得达，改革社会之志愿，将终不能副欤？吾谓吾侪今日，所以不能达其改革社会之希望，不能副其改革社会之志愿者，即由此改革社会之希望与志愿误之。未有己不正而能正人者，亦未有分子腐败而团体能良好者。吾侪不改革自己之个人，而侈言改革社会，是实吾侪之大误也。

吾侪抱改革社会之希望与志愿者，或谓吾侪当运动政治，或谓吾侪宜投身教育，或则谓吾侪将从事于实业。政治也，教育也，实业也，固皆足以发挥吾侪改革社会之希望与志愿者，然一回顾吾侪之自身，则所持以改革社会者，亦仅此茫无实际之希望与志愿而已。吾侪之身体，则孱弱而不能自强也。吾侪之精神，则萎顿而勿能自振也。吾侪之思想，则剽窃而浮泛。吾侪之经验，则凌杂而暧昧。世人不学，而吾侪之不学，乃无异于世人。世人多欲，而吾侪之多欲，乃更甚于世人。是以言政治而政治益紊乱，讲教育而教育益坠落，求实业而实业上之诈伪乃益甚。今日吾侪社会间杌陧不安之现象，皆吾侪抱改革社会之希望与志愿者所演成，而不能不尸其咎者矣。

今日为改革社会之障害者，或借口于官僚之腐败，或归咎于党人之暴乱。虽然，官僚也，党人也，亦孰不以改革社会为其标帜乎？官僚以刷新政治相期许，于是帝政末叶之官僚，一变为共和开幕之官僚；臣服一姓之官僚，一变而为国民公仆之官僚。究之人犹是人，官犹是官，即政治亦犹是政治，其所改革者，位阶职务之名称，簿书文告之程式，而其所不可改革者，即为官吏之个人。旧人行新政，彼官僚派之万能，诚足为吾侪所惊异。然吾侪试返躬自问，果将以何者表异于旧人而得自命为新人物乎？新也旧也，亦五十步百步之间耳。而吾侪乃放言肆志，一若改革社会之事业，非吾侪莫任者，不亦赧然自愧欤？至党人之以改革相号召也，亦既失社会之信用矣。彼等之失其信用，非以其个人之关系乎？落拓不检之书生，庸懦无能之官吏，以至乡里豪强，江湖枭贩，一投入于革命党旗帜之下，悉为共和缔造之伟人。虽豪杰之生平，不能限之以绳墨，然鸦被彩羽而群鸟大哗，驴蒙狮皮而鸣声不改，既其服之不称，自不信而勿从，今则云散风流，依然故我矣。政争之成败不足论，其个人之价值，要不可掩。吾侪借镜返观，觉改革社会之事业，不必由吾侪而告厥成功，惟勿使因吾侪而失其信用可耳。若以吾侪个人无信用之故，而使社会改革之前途受其障害，则吾侪之负疚社会，不已甚欤？

大抵人之常情，恒欲强人以就己，而不肯舍己以从人；恒欲以自己改革他人，而不喜自己为他人所改革。静观十余年来吾社会间改革之历史，不论为政治，为教育，为实业，其间冲突竞争，不知凡几，而常有一不可逃之规范存于其间，即其初由一部分之人发生改革思想，遂以改革之中心人物自命。其于改革之能力既无暇准备，改革之条理亦不屑研究，惟亟亟焉以改革为标帜，欲持之以改革他人，而其一部分之人，不愿为他人而改革者，遂起而与之反对，是为改革者与不改革者之争。既而反对改革之人，渐知改革之大势不可挽回，又窥破改革者之手段，亦无他谬巧，乃幡然变计，以为改革之事业，予等亦优为之，于是易改革之面目，据改革之地位，而与改革者相反对，是为改革者与改革者之争。此二部分之人，或合或离，或胜或负，是非成败，殆非吾侪所得而推量。总而言之，则此二部分之人，皆徇改革之名，不能举改革之实。在侈言改革者，其所谓改革，本等于橘之变枳。在貌为改革者，其所谓改革，亦无非莠之乱苗。吾侪而具改革之真意，持改革之热心焉，则无须改革他人，亦无须为他人而改革，其惟一改革之方法，即以自己改革自己之个人而已。

是故吾侪今日，不必讨论吾侪之社会当如何改革，但研究吾侪之个人，当如何改革而已；不必悬想吾侪之社会当改革之使成如何之社会，惟考念吾侪之个人，当改革之使成如何之个人而已；不必叹社会之病弱，但当求个人之强健；不必痛社会之荼疲，但当期个人之振作；不必悲社会之沉沦，但个人当自求其救济；不必忧社会之堕落，但个人当自高其品格；不必斥社会之不道德无法律，但个人不可不有道德以自养，有法律以自治。吾侪非个人主义者，但吾侪之社会主义，当以个人主义发明之。孔子所谓学者为己，孟子所谓独善其身，亦此义也。

社会改革之事项千万，个人改革之事项亦千万，况各个人之间，性质不同，习惯互异，将持何者以为改革之标准乎？吾谓个人改革之标准，不待外求，但于自己之个人中求之可矣。耳目官骸，生理上之机能，为个人所同具，而吾侪或目短而齿龋，或脊弯而胸陷，肢体衰弱，形神枯槁，此生理上之缺陷，不能完成其为个人者也。知情意者，心理上之作用，亦个人所同具，而吾侪或鲁钝而少智力，或冷酷而乏感情，或退屈而无意志，或智力偏胜而心计过多，或感情易动而喜怒无定，或意志不能自制而轻躁卞急，此心理上之缺陷，不能完成其为个人者也。依动物学之公例，一切动物，皆有求食与防御之本能。而吾侪则多为社会中之高等游民，营寄生生活于社会，以实际言，已失其求食之本能。况力不胜雏，胆小如鼠，强暴之加，不能为正当之防卫，所谓防御本能者，亦既消失。是以饿莩盈野，盗贼满地，社会中之苦痛与罪恶，大半为吾侪失其求食与防御之本能者所酿成。《洪范》以贫与弱列六极之中。无求食之本能，贫之至也；无防御之本能，弱之甚也。夫动物中失求食与防御之本能者，已为退化之种类，况岿然自立为人类社会中之个人乎？又依经济学之公例，则劳力为社会生产之要素。而吾侪个人，或袭祖父之余资，或托权贵之庇荫，终日晏息，无所事事，时则以博奕征逐，消耗其日力，慵惰之极，甚至自己之服食起居，亦赖仆役之给奉。从社会之经济上观之，如此个人，实不如无之之为愈。经济家常谓一国之人口，不当计其数而当计其量，如此个人，乃增加人口之数而减杀人口之量者，称之为个人，殊无当焉。故吾侪所谓个人之改革者，非改革之使别成新造之个人，亦改革之使完成固有之个人而已。

然则吾侪之个人，当如何改革乎？吾侪之个人，当改革之使成如何之个人乎？知病而后可医，知过而后能改，吾侪欲解答此问题，诚莫如自审其病与过之所在。兹姑酌列大纲，以备此问题一种之答案。其一曰卫生。使身体全健，机官发达，于体格上得成为个人。然养小失大，孟子之所讥，吾侪所谓个人，岂仅负昂藏七尺之躯而已哉？故其二曰养心。使知情意各方面调和圆满，于精神上得成为个人，身心无缺陷矣。然欲立身社会，表现个人之能力，则不可不具相当之学艺。故其三曰储能。大之如文事武备，小之如应对洒扫，凡属普通应用者，皆当习之。于学理上之研究以外，尤当为实地之试验。但学艺虽备，而欲效用于世，尤不可不持之以黾勉，出之以忍耐。故其四曰耐劳。人生斯世，一日不食则饥，一日不衣则寒，每日得衣得食，则每日必出若干之劳力以为酬。故除老幼以外，无论何人，当随其年龄职业，日治事以六时至八时为率，方为不虚生于世。虽生计充裕，无须以力谋衣食者，及现无职业，不能得劳力之酬报者，亦不可不以此自课。盖劳力为个人皆当自尽之义务，非仅以谋衣食得酬报而为之也。以上四者，为个人对于自己之个人上所立之标准。至其对于家庭对于国家对于社会之标准，则非本论范围所及，不复赘述。

吾侪平日抱改革社会之思想，大都由接触西洋社会而发生。凡游历西洋诸国，及觇览西洋人在东亚各地所建设之市场者，未有不喟然兴叹，谓吾侪社会，苟不从事于改革，则将无以自立。然更进而与西洋社会中之个人相接触，则其身体之强健，精神之活泼，技能之熟练，服务之精勤，无在不足使吾侪相形而见绌，于此而不发生改革个人之思想者，非狂人即愚者矣。社会者，个人之集合体，个人完成，而后社会乃能进步。吾侪欲改革社会，而不从个人着手，不从自己之个人着手，不揣其本而齐其末，则其改革之结果，亦惟有增官僚之腐败，纵党人之暴乱已耳，于社会何益之有哉？

大战争与中国

天道十年一小变，百年一大变。未来之变局不可知，就已往之变局推之，则吾人今日，不可不以兢兢业业之心，临此未来之变局。盖今日欧洲各国之大战争，实为百年以来之大变。而其影响于吾中国者，亦将为十年中之小变焉。欧洲在百年以前，为法帝那破仑全盛时代，自莫司科退兵以后，俄、普、奥、瑞之同盟军，来因同盟之日耳曼军，与惠灵吞侯所将之英吉利军合攻巴黎，那破仑辞帝位，仅为地中海中爱尔拔孤岛之王。欧洲诸国，开维也纳会议，议战后之处分，此一八一四年事也。更同忆二百年以前，则为法之路易十四世称霸时代，前后战争凡四起。西班牙、荷兰、日耳曼、意大利诸国皆被其侵略，英吉利、葡萄牙、普鲁士、瑞典之兵皆被其挠败。然勃伦哈姆之战，卒为英将马尔伯罗、奥将欧热尼所破，割地以和。各国开拉士达会议，而路易十四世之霸局，于是终结，此一七一四年事也。拉士达会议以后，西班牙就衰，而英吉利之海权乃盛。维也纳会议以后，法兰西受挫，而日耳曼之势力乃张，其直接关系于欧洲之国际，间接影响于世界之大势者，久为历史家所注目。此次战争，其结果之重大，将不减于勃伦哈姆与滑铁卢之两役，当为世人所深信。世事之进行为螺线，历史之开展成圆周，吾人曩日抱怀和平之理想，以为世界文明日进，则战争将从此绝迹。此理想殆不能实现矣。日本攻青岛，与德宣战，战祸既蔓延于亚东，其情事适与十年以前之日俄战役相类。吾人更回忆二十年前，则中日有甲午之战；三十年以前，则中法有甲申之役。何天时与人事之偶合如此也。甲申之役，我国弃安南之宗主权，于是英占缅甸，日灭琉球，朝鲜之争端继起。至甲午一战，而我国之藩篱尽撤。甲午战后，国势一变，引起变法自强之议，酿成新旧两党之争，遂有戊戌垂帘之变，遂有庚子拳匪之祸。迨日俄一战，而国势又一变，立宪法改政体之论深中人心，认为救时良策。清廷之预备宪政，民党之鼓吹革命，互相激荡，遂有共和民国之创立。今也立宪革命，已知春梦一场，遽然醒觉矣，国民之精神，正陷于懊丧沉滞疲软颓唐之状态，而欧西之炮火，黄海之波涛，忽焉相逼而来，震吾耳而炫吾目。盖世事已成急转直下之趋势，不能复许吾人以停滞之机会也。生物之精神，皆由感受外界之刺戟而起奋兴。国民亦然，吾闭关自守之国民，以无外界刺戟之故，停滞至数千年之久。近数十年中之动机，常以外界之刺戟为主因，故今日之大战争，殆将为吾国未来之十年中开一变局，而特以此峻烈之奋兴剂，况与吾人耳。

此次大战争之印象，其激射于吾国民之眼帘，深刻于吾国民之脑底者，则欧洲国民爱国心之实见是也。战耗传来，交战国人民之侨寓东亚，营商业，任教育，及受吾政府之佣雇者，皆弃其职业，托其妻子，联袂归国，以效命于疆场，曾无观望徘徊之意。青岛一隅，以五千余之德人，抗日本全国之海陆军，众寡悬殊，应援全绝，而犹效死勿去，寄五千余通之遗言，以示必死。呜呼！帐悬佩刀，手书遗嘱，吾国古来专阃之将帅，临危授命，犹为历史所艳称。青岛五千余德人，果能视死如归，同殉祖国，则遗此军国民之模范，亦足使吾人景仰流连而闻风兴起矣。塞尔维亚一小国，人口二百九十万，兵额二十三万，十三人中从军者一人。德国全国，十八岁至四十五岁之壮丁，凡千二百万有奇，此次加入战役者，在三百万以上，则壮丁之从战者已四人而一。法国人口仅德国之十分之六，此次加入战役者，约二百四五十万，以德国为比例，则壮丁之从战者且三人而一矣。如此奋勇之国民，直使吾侪闻之，舌拐不得下。吾侪国民，欲于此四郊多垒之秋，争存立于亚东大地之上，则非激发其真挚之爱国心，忍受剧烈之痛苦。准备重大之牺牲不可。二十世纪之国家，苟不建筑于国民爱国心之基础上者，即幸不灭亡，亦奴隶国而已。虽然，国民之爱国心，非可以力征经营得也，非可以智驱术驭求也。曩者帝制未改，视国家为一姓一人之私产，蚩蚩之氓，仅有乡土之感情，无国家之观念。故历朝军役之兴，人民无不逡巡畏避，怨叹愁苦，读唐代诗人从征遣戍之作，亦几疑吾国民无军人资格矣。平心论之，则承平之世，拥大权享厚利者，非天潢之胄，即禄仕之家，普通人民，日惧刑威之压迫，躬受官吏之腹削，绝无权利之可言。一旦有事，而驱此耕凿之民，捐其血肉之躯，以拥若辈之权利。其逡巡畏避，怨叹愁苦，亦情理之当然也。近十年以来，我国上下，所以亟亟谋立宪者，亦外觇世变，内察国情，欲谋国家之生存，则对于普通人民，不可不高其智德，优其待遇，与以公权，试以自治，变一姓一人私有之国家，为全体国民公有之国家，而后能合全国之心思才力，以捍国家之患难，谋国家之发达。乃民国成立，于今三年，徒拥共和之名，未举立宪之实。国家岁计，虽欲稽考而无从。地方自治，未知规复之何日。处此特别政体之下，吾侪小民，亦惟有自谋其个人之生活，安其消极之状态而已。民气之消沉，从政府现时之政策言之，或亦可认为乐观；从国家根本之大计言之，终不能不认为悲观耳。此次大战争开始后，俄帝许波兰人以自治，允犹太人以同等之待遇。英政府对威尔斯人反抗爱兰自治法案之事，亦不复置议。可知国家欲对外而维持国势，则必对内而固结民心。我政府若不乘此列强多事之秋，整理内治，力促宪政之成功，以顺舆情而固国本，而徒倚赖此少数奔走之官僚与佣雇之军队，以为国家之保障。吾不知此少数人之爱国心，其程度若何，其与欧洲国民之比较若何，吾恐真实之爱国心，决非俸给饷糈与夫勋章荣典所能引起者，此记者对于我政府而不敢不正告者也。

　　欲维持吾国之国势，就政府一方面，固不可不整饬内治，力行宪政，以引起国民之爱国心；而就国民一方面言，则记者尤不敢不有所警告。今日吾国国民性之消失，实有一落千丈之势。上层社会，无论为政治家，为实业家，其胸臆中怀抱之隐愿，无非欲乘此国权尚未尽失之时，凭借势力，攫取权利，幸得达其目的，则将流寓他邦，托身租界，借外人之庇护，作犹太之富民。祖国存亡，同胞休戚，从此不复过问。中下层社会，见欧人资本之丰富，事业之发达，制品之精美，生活之奢华，咸思依附其末光，以沾溉余沥，仿效其风习，以自诩文明。欧洲各国，利用吾国民之离心力，广布其语言，销行其商品，以施其同化之政策，英、德两国，近年来在东亚之竞争冲突，其争点即在于此。然吾侪国民，苟就此次大战争之关系而研究之，则知亲昵外人以求援系，托庇外人以丐生活者，其计实大左。欧洲各国之民族间，互相猜忌，互相嫉恶，积不能返，实在吾侪豫想以外。今日东欧之战争，斯拉夫民族与日耳曼民族之战争也。西欧之战争，日耳曼民族与拉丁民族之战争也。比利时守中立而受攻，意大利脱同盟而中立，门的内哥罗助塞以拒奥，无非民族异同之关系。至英联日以攻德，德嗾土以拒俄，间亦利用他民族以资臂助。要不过出于一时利害共同之观念而已。世界主义，博爱主义，虽为基督教之标帜，而其国民之里面，则褊狭之民族主义，桀傲之帝国主义，固结而不可解。以民族之夸负心，酿成民族战争，同一白色人种之间，犹演出如此之惨剧。吾侪黄人，能勿悚然惧而憬然悟欤？现今世界各民族，无不以民族为基础，构成政治的单位，以实现国民生活，显示同类意识。读近世欧洲历史，如希腊之独立，比利时之分离，意大利之统一，德意志之强盛，巴尔干诸邦之分裂，爱尔兰对英、芬兰对俄之自治运动，匈牙利对奥地利之独立运动，皆不外民族主义之发现。其他各洲，如土耳其青年党之进行，埃及国民党之活动，以及印度之呼号自治，皆为近世民族自觉之证候。我中华民国，尚未沦于异族之手，将来之兴衰存亡，一以我民族之自觉心如何以为断。今不自谋，一旦陷于印度、埃及之境遇，则虽哀痛迫切，欲脱离他人之羁绊，盖亦难矣。日耳曼、斯拉夫两民族决斗之结果，近东问题，渐就解决，将依次以及于远东问题，吾国民对于此问题之准备如何。德皇曾唱黄祸论，绘黄白战争图以警告白人。此悲惨之黄白战争，岂真为未来世界中不可逃之劫运乎？今日德意志国民，为其向上之生活而战。（亦德皇之言）吾国民而欲为向上之生活，其毋忘此未来之劫运可也。

故此次大战争之关系于吾中国者，一为戟刺吾国民之爱国心，二为唤起吾民族之自觉心。此虽为间接之影响，而关系于吾中国十年内之变局者，当以此为最巨。至直接之影响，则自列强开战以后，外资供给之缺乏，而财政益窘迫也；土货输出之停滞，而商业益衰落也；划龙口、莱州及接连胶州湾附近之领土为战地，而外交愈陷于困难也。此皆现时所已发现者，至将来发见之事变，尤纷纠而难于悬揣，当视战争之结果而定。吾人无军事上之智识，战争之结果，将为德、奥之胜利乎，抑为英、俄、法所屈服乎，战事之终结将在何时，战争之损失至如何地位，吾人皆未敢臆断。以吾侪之希望言之，则交战之两国际团体，苟有一方面完全胜利，一方面完全屈服者，则均非吾中国之福。德、奥而完全胜利者，则奥地利、比利时、荷兰皆将为德意志之联邦。（荷兰君主之夫，为德国王子，其对于并入德意志一节，亦无十分反对之意。详见本志八卷二号《最近欧洲各国之外交政策》。）巴尔干诸国及土耳其波斯等，凡伯达路线之所经者，皆将折而入于德意志势力之下。中世纪之神圣罗马帝国，将复现于欧洲。俄人于东欧南下之志既为所阻，不得不经营亚洲以图东进。英人亦必汲汲注意于印度之防护，且现时南洋荷属之殖民地，如婆罗洲、苏门答腊、爪哇、西里伯等，其面积之广，数倍于日本，荷并于德，则与青岛及德属之太平洋群岛，联合一气，其在亚东之势力，将凌驾于日、英、俄、法诸国以上。诸国为保持东亚之势力平衡，势必互相协商，攫取种种权利以相抵制，而我国乃陷于四面楚歌之中。然苟德、奥而完全屈服也，则英、俄、法三协商国，苟不自相离畔。则在欧洲无对抗之力，无内顾之忧，得长驱远驭以扩其势力于东亚。东亚诸国所受之迫压，必较甚于今日。日本虽崛强，恐亦将左支而右绌矣。吾侪所希望者，则战争之结果，于现状仍无甚改变，同盟诸国与协商诸国之对抗，依然存在，则在东亚方面，亦必维持现状，无敢发难。吾国近十年中外交状态，固赖列强均势之局得以维持，无容讳饰，欧洲均势之破坏，其必非吾国之福，不待智者而知。故严正之中立，实我政府及我国民共同之意思也。

夫以百年来未有之大战争，而谓战争之结果，与现状仍无甚改变。夫谁信之？然从事实上考量，则交战国之一方面，欲使他方面全然屈服，殊非易易。德国之战略，在利用其动员之迅速，于英法联军未集中以前，直达巴黎，使法迫而求和，乃转马首而东，与俄决战。然今日之法国，已非一八七〇年之比。巴黎附近之要塞，设备甚为严密，包围之策，非集极大之军队，经长久之时日，不能有成。况近时法国骑兵之优胜，大炮之精良，有驾德国而上之之势，已为世界所注目。加以英、俄之援助，岂易遽为城下之盟？俄则自日俄战役以后，锐意改良陆军，其战时之兵额，足以与欧洲二大强国相当。德、奥之同盟军，即尽加于俄，亦足以颉颃上下。况北地早寒，十月之交，霜雪洊至，行军甚难，德、奥虽叩关以攻，岂易得志乎？至就德、奥方面言，德为新兴之民族，其勇猛精锐之气与拉丁诸国民之享受自由，营和平丰富之市民生活者迥异。世人或以德帝维廉二世拟法帝那破仑，一朝失败，则声威全坠。不知当时之法国，以帝皇个人之野心为动机，率国民而使战。今日之德国，以一国民族之生活为主义，怂帝皇而使战。其情形迥不相同，屈个人易，屈民族难。普法之战，巴黎受围，路易既遁，普卒与共和政府议和者，亦以法兰西国民强悍未易屈服故也。当时俾斯麦公谓法人已受不能恢复之打击，乃不数年而法兰西复为强国。以此推之，则欲屈服德意志民族，亦殆不可能之事矣。奥国之患，在奥匈联合基础之未固，然观此次战争，匈政府之热心赞助，则奥匈国势，未

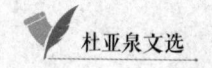

必如世人所豫料之危险。虽交战国现时之状态，似非待胜负大定以后，决不肯遽尔休止。然如此实力上之解决，恐非一时所能达到，势非延长战事之期日不可。而战事之延长，又非时势之所许。盖现代战争，决非往昔时代之比。那破仑时代，战争亘二十三年之久，然当时全欧洲之陆军，总数不过二百二十万，战费亦较少，决不能与今日之战费同年而语。其时英为对抗那破仑之主力军，欧洲大陆诸国之抗那破仑者，其战费亦仰英供给，而二十三年战费之总额，不过十二亿（万万）五千万镑，则一年间之战费，平均为五千四百万镑。今日全欧战费，据美国某军事家之约算，每日须用五千五百十二万五千元。又据德国大学某教授之言，谓战争开始之六星期内，战费最巨，每日平均须五千八百万马克，此数约合银二千九百万元。俄、法两国，于开战时之用费，亦大略相等，加以英、比、奥、塞诸国，则自开战至今，每日至少须一亿圆以上。故当时一年间之战费，在现时不足支十日之用。若经若干时期，而胜负尚不能遽决，则工商业之受害，自不待言。欧洲之国家，战争一起，举国一致，其国家观念之强，诚为吾侪所惊叹，而其社会中之一部，即劳动阶级之观念，全与权力阶级异趣。彼等深知战胜之利益，多为权力阶级所获得，分配于劳动阶级者极少。故常以限制军备反对战争为主义，常与他国之同阶级者亲昵，而与同国之权力阶级相抗争。彼等之观念，以阶级为境域，不以国家为境域。其国家观念决不及阶级观念之强，战争永续，决非此自觉之劳动阶级所能堪，而彼等之势力，实足以牵制欧洲之国势，使其息鼓偃旗，无力再战。此劳动阶级之态度，在今日已可考其一二。据俄京传来之消息，德国之非战党，已于柏林之温特台大道上，德皇及皇太子之马车经过时，为示意运动。（见八月十三日日本各新闻。）又据纽约传来之消息，则德国社会民主党首领博克耐希氏，因主张拒兵役被枪毙。博氏即前年以不敬事件入狱，数万之劳动者呼万岁而送入狱中者也。法国社会党首领乔雷氏，欲于大战争未开始以前，行国际总同盟罢业,与德国社会党呼应。业于七月十六日开社会党临时大会,乔雷议案,以千六百九十票对千零四十票可决。现乔雷氏虽已被野心家所暗杀,乔雷议案,终未实行,但社会党员之在法国议院为代议士者,在百名以上,其势力决不可侮。英国议会,自由党、统一党、国民党一律赞成开战,而四十名之劳动党议员终反对之,商务总长乔彭氏以与同僚之主战论者意见不合而辞职。乔彭氏久为劳动界之领袖,彼之辞职,实足代表劳动界之意见者也。将来战事延长,致社会全体沦于疲乏,则此横断国境之社会党,决不能再安沉默。当此之时,一般之政治家、军事家、资本家,皆将收视返听,亟亟对内,国际之战争,将不息而自息矣。故此次战争,其作始虽巨,将来之结果,或不至改变现状,亦非无理由。欧洲各国,或渐悟穷兵黩武之非计,知武装和平之难保,一变为无武装的和平。各国国民,互以好意相结合。国民之爱国心,民族之竞争心,不表见于炮火,而表见于工商事业文化事业之中,则此次大战争之血,或将一洗前世纪之秽恶,而培养新纪世之和平,未可知也。果尔,则世界历史,将于此战争以后起显著之大变化,何百年大变十年小变之足云乎?

论思想战

大战争开始以来，几及半年，尚无恢复平和之希望。吾人于此，胸中常有一疑而未决之问题，即吾人向所怀抱平和之思想，将来果能见之于事实否乎？战争论者曰：战争者，由事实上之不得已而发生，非思想所能制止，盖思想不可以动事实也。平和论者，则谓战争之发生，不重在事实，而在对于事实上各人之思想。然则此问题之所当先决者，即人类社会之战争，果发生于事实乎？抑发生于思想乎？如其发生于事实，非吾人思想之所能左右焉，则亦已耳。如其发生于思想焉，则此等悲惨残酷之境遇，乃人之所自为，心之所自造者。猛虎项下金铃，系者解得。既出于人为，由于心造，则不为不造，当亦易易，安见战争之不能永绝，而平和之不能长保也乎？

间尝研究人类战争之起因，则知人类由野蛮而进于文明，其战争之起因，亦由事实而移于思想。野蛮人类，部落各殊，凡生活所资，嗜欲所寄者，此欲得之，彼恐失之。战争之起，常属于事实上之得失问题，其关系于思想上之分量极少，不过一简单之动机而已。此时期中之战争，与动物社会食物之争、配偶之争，及儿童时代饼饵之争、玩具之争，所差无几，不过战争之规模较大耳。

社会渐进，战争之起因，乃由得失问题，移于利害问题。利害问题者，即得失问题之较为繁复者也，其为利为害，虽仍不离乎事实，而常有多少之思考想像存于其间，故于思想上已有重要之关系。历史上最多之战争，如争政权争霸权之政治战争，争殖民地争通商场之经济战争，皆属于此。盖此种战争，常不系于单纯之得失问题，而由思想上豫期如何之利益，或假定如何之危害而起焉。文明既启，战争之起因，更由利害问题移于是非问题。其为是为非，虽亦从多数上之利害比较定之，非全离乎事实。然是非之构成，自属心理上之作用，其重要关系，固在思想而不在事实矣。求之历史，如十字军，如三十年战役等，世称之为宗教战争；又如法国之革命战争，如美国之南北战争，世称之为文化战争。是皆由主张自己之正义公道，排斥他人之不义无道而起者也。

是故战争之起因，可依人类进化之程序，分之为三级：其始争得失，进则争利害，更进则争是非。争得失者为事实战，争利害者为事实战，亦为思想战，争是非者则思想战也。

战争之起因，由事实而移于思想，一方面可证明思想之足以变改事实，而使战争之发生，因之而困难焉。夫得失之争，最易惹起，薄物细故，辄以身命殉之。人类之战争，几无时无地不可以起，然至为利害之推求，则虽有可得，或虽有所失，惕于利害之关系，不得不克制忍耐，而不敢遽事战争。古今来事物之得失无常，其为利害问题所制止者，盖不少矣。然使人类但知计利害，而不知辨是非，则利害无已时，战争亦将无宁岁。赖人类思想之发达，常有重是非而轻利害之倾向，故得道者多助，失道者寡助，遂使强暴者不敢犯不韪以称兵，弱小者亦得恃义勇以却敌。世间多少之利害冲突，其为是非问题所制限者，盖亦不少。至是非问题，其为战争之起因者，或为争利害者之所假托，或一时为利害所蒙惑而辨别不明，其真因思想上之差异、是非莫定以致酿成战争者，则数百年而不一见。盖人类之心理作用，本属相同，常受旧思想之范围，且常喜得新思想以资取舍。其间因异人种之接触，新学说之发明，致两种思想凿枘不容，积之数千年，普及亿万人，卒之无可调停，则因机会之触发，而战争勃起。此种战争，其发生之困难可知。文明社会中，战争之度数，较之原始社会，大为减少者，即由于各国间之交通发达，利害交错，而道德学术之互相传布，思想上之沟通，尤足以为战争之障害，此固社会学者之所证明，而无容疑议者矣。

更从又一方面观之，可以证明事实之不足以改变思想，而使战争之效力，因之而薄弱焉。夫得失之争，以武力为神圣之解决，战争之结果，胜者得之，败者失之，得失问题，即由是而大定矣。利害之争，虽可以武力解决之，但武力以外，常有其他之关系，故战争之结果，利害问题虽定，而仍不能遽定。战胜者得利，而亦有时乎受害；战败者受害，而亦有时乎得利。历史上多少战争，其初为利害所动，究之认为利者未必果利，认为害者亦未必果害，遂成为毫无意味之战争者，殊不鲜其例。况乎佳兵不祥，战争最终之结果，必为有害而无利，则欲以战争求利而避害者，岂非自相矛盾之举乎？至是非问题，更与武力毫无关系。战争之结果，胜负而已。然胜者未必即是，是者未必即胜；非者未必即败，败者未必即非。故人仍得于胜负之外，为是非之论定。战争之效力，对于是非问题，直毫无价值之可言。彼因是非而起战争者，与野蛮时代以决斗定曲直何异乎？吾国有"兴则为王，败者为贼"之谚，德国盘哈提氏且倡"胜即善焉"之说。人间一时之是非，容有以势力造成者，然势力不能无变迁，即是非终必有定论。最后之裁判，固非武力所能干涉者也。

战争之起因，既由事实移于思想；战争之发生，因之困难；战争之效力，因之薄弱。则思想实有遏止战争之效。将来之人类社会，使战争绝迹，殆非无望。然在今世，尚非以思想遏止战争之时代，而为以思想挑发战争之时代。现时欧洲大战争之起因，以记者之观测，则全属于思想之关系。德之大日耳曼主义、俄之大斯拉夫主义、英之大不列颠主义，此皆思想上预期之利也。协商国之防德也，曰德之黩武主义，将妨害欧洲之均势也；德、奥之诟英、俄、法也，曰俄之侵略主义、法之复仇主义、英之袭击主义，实防遏德人之发展也。是皆思想上假定之害也。此思想上之利害，固得为事实上之利害否乎？彼英人诺尔曼·安格尔（Norman Angel）之著书，曾一言以蔽之曰：大幻影（The Great Illussion）而已。盖今日欧洲之政治界，常为此误而且危之思想所占踞，安格尔氏之著书中尝痛切言之也。且此次大战争之起因，于思想上之利害问题外，固尚有思想上之是非问题横亘于其间，即盘哈提主义与非盘哈提主义是矣。盘哈提（Bernhard）将军，德国著名之军略家也，其所著《战争哲学》，以战争为万物之母，称战争为国民之更新者。英之思想界，对之大起攻击。前者以生物生存竞争之学说为信条，后者以生物协力生存之学说为根据；前者为战争是认说，后者为战争非认说。然非盘哈提主义者，仍以武力表示其主义，以与盘哈提主义对抗，则亦乌能证盘哈提主义之非，适足以成盘哈提主义之是耳。总之思想上之利害是非，本非战争所能解决，而今日之社会，犹欲以战争实现其思想，所谓以思想遏止战争之时代，盖犹未至也。

今之时代，为思想战之时代。十八世纪民权思想之普及，美利坚独立，法兰西革命，其他革命战争之蔓延于各国者，不知凡几。十九世纪民族思想之发达，意大利合并，巴尔干分裂，其他民族战争之爆发于各地者，更不知凡几。此回旋澎湃之思潮，更由太平洋、印度洋远渡亚东，波及吾国，而有辛亥之役。吾国之思想战，盖以此为著矣。

吾国思想界于战国时代，最为活动。秦汉以后，迄于近世，无甚变迁。一则以孔孟之思想，圆满而有系统，后来发生之新思想，不能逾越其范围；二则专制政体之下，往往以政治势力统一国民思想，防遏异思想之发生。其间若黄老之兴起，佛教之输入，与王莽之复古，安石之新法，稍稍以思想影响于政治，而其势力薄弱，尚不足引起战争。迨欧化东渐，吾国固有思想大受动摇，于是守旧、维新之两派，其思想如水火之不相容。前清之季，若拳匪之祸，若安庆之变，皆思想战之一局部也。辛亥一役，思想战爆发，民国由是而成立。赣宁战事，犹为革命思想之余波。而今而后，吾国民将以思想防遏战争乎，抑将以思想发生战争乎，则在吾国民之自择矣。夫西洋人之思想，本不如吾国之统一，其自由发达之结果，思想之方面甚多，若个人主义、国家主义、军国主义、社会主义、无政府主义等。苟研究一家之言，寻绎一派之论，无不有充足之理由，确凿之佐证，可以奉为师资，施之当世者。吾国青年学子，好为陈亢异闻之求，又具子路兼人之概，贸贸然信之，亟亟焉求之。而一般国民，思想本极肤浅，其或赞成之焉，无确实之见地，仅知附和而雷同；其或反对之焉，亦无适当之批评，仅为顽强之抗拒。果尔则我国将来之思想战，或且方兴未艾，未可知也。此亦吾国前途之隐患也。

然则吾国民欲发达其思想，而又避免思想战之发生，果由何道乎？

一、宜开浚其思想。不问何党派之言论，何社会之心理，皆当察其原因，考其理由，以发展自己之思想。盖思想贫乏者，易受眩惑也。

二、宜广博其思想。既知甲说，更不可不知反对之乙说，尤不可不知调和之丙说。盖近世思想发达，往往两种反对之说，各足成立，互相补救者，若专主一说，则思想易陷于谬误。

三、勿轻易排斥异己之思想。世界事理，如环无端，东行之极，则至于西；西行之极，亦至于东。吾人平日主张一种之思想，偶闻异己之论，在当时确认为毫无价值者；迨吾所主张之思想，研究更深，而此异己之论，忽然迎面相逢，为吾思想之先导。此等景象，吾人往往遇之，若入主出奴，恶闻异议，则其思想之浅率可知。

四、勿极端主张自己之思想。世界事理，无往不复，寒往则暑来，否极则泰生。辛亥之革命，即戊戌以来极端守旧思想之反动；近日之复古，亦辛亥以后极端革新思想之反响也。地球之存在，由离心力与向心力对抗调和之故；社会之成立，由利己心与利他心对抗调和之故。故不明对抗调和之理，而欲乘一时之机会，极端发表其思想者，皆所以召反对而速祸乱者也。

惜乎！吾国民之稍有思想者，其度量狭隘，性情卞急，辄与上述四者相反。今者国步初更，寰海接近，旧时束缚思想之政教既已解除，外来学说又复标新而斗异。吾国民丁此时代，务宜力惩前弊，虚怀密虑，明辨审思，以宁静之态度，精详之考察，应付此纷纭之世变、繁赜之事理。虽不能遽望战争之消弭，然或不至以新旧思想之歧异而酿生无意识之冲突，促成可悲惨之战祸也乎？

战争与文学

法人雷鸿氏（Revon）著《战争哲学》，言"战争为文学之母"。近世之战争论者，多称引之，以为战争之效果，能使文学发展，而以波斯战争后雅典美术之勃兴，那破仑战役后法国文艺之进步为历史上之著例。此等理论，在吾国人闻之，殊觉诧异。吾国历史上，每经大战争以后，则文书图画，建筑雕刻，半遭兵燹，钟簴沦落，衣冠涂炭，后世文人学士，辄凭吊欷歔，以为文学之厄运。是战争与文学，在我国常处于极端反对之地位，岂我国数千年来重文轻武之结果，遂与西洋诸国之情事不同欤？处此大战争时代，吾人将研究吾国中战争与文学之关系，使吾国操觚之士，知其责任焉。

大抵战争之事，本含有美的性质。罗马之格斗戏，以人与人相斗，惨酷无比，虽为历史所痛斥，而当时之罗马人则酷嗜之。每设公宴，辄演是戏，万人空巷，举国如狂，以为惟一行乐之法。此种乐趣，吾人几勿能领解。然吾国儿童，喜斗蟋蟀。罗马人之心理，实不过此儿童心理之发达者耳。人类之战争，苟不以人类一分子之眼光观之，不挟何种之感情，而为非人间的考察，自不失为自然界之大观。即以人类的感情参加于其间，而其愁惨惊惶之情态，与夫暴戾粗蛮之举动，亦足以震烁精神，唤起吾人之愉快。盖愁惨惊惶，为欢喜和乐之反感；暴戾粗蛮，为文秀娴雅之反感。自心理言之，凡与美为反感者亦为美。犹辛辣之适于口，冷水浴之爽于身也。戏曲中之有悲剧，有丑角，亦利用其与美反感之性质耳。吾国小说戏剧，多演古代战争之迹，则战争之美，固为吾人所认知。又叙述女性之美者，往往于肉体之美、服装之美、文艺之美（如弹琴咏诗等)、道德之美(如忠孝贞节等)以外,盛道其武勇与战绩,则亦以是为美之一种要素可知。其以美人参加战争,而摹拟其苦战恶斗之迹,或令其处困苦危险之境,遭拘捕杀戮之惨者,即混合正感的美与反感的美而成者也。

战争既含有美的性质,而其事又关系于国家之兴亡,社会之隆替,故世人对于战争,最易引起其注意及兴味。以是而一国中文学上之制作,其最易感动人心普及社会者,无不以战争为材料。而其国内文学之兴盛,即以是等制作品为基础,西洋文学,常由战争画、军事诗、战争小说产出,文学家多承认之。就我国言,则高等文学以《春秋左氏传》为基础,通俗文学,以《三国志演义》为基础,当亦为吾人所承认。是二书者,大部分为纪载战争之作,而城濮、泌、鄢陵之三大役,与夫长坂坡、赤壁等战事,尤为作者精神之所会萃,读者兴味之所集注。则战争在文学上之价值,即此已可推知。至歌咏战争之诗,载于《三百篇》者,如《车攻》《马同》《小戎》《驷铁》之类,固已不鲜。《三百篇》以下,自秦汉唐宋以迄明清之诗,纪征戍之苦,咏从军之乐者,尤难更仆数。小说戏曲,则大半以战争之材料充之。是我国文学之发达,亦与战争有多少之关系。盖战争之于文学,犹产业之于科学,文学以战争为材料,犹科学之以产业为材料焉。

近世战争与文学之关系,其范围益广,不但以战争为文学上之材料,且以文学为战争中之器具。法兰西大革命之原因,即由文人之思想所构成。其时文艺之杰作,常吐露其义愤。歌但替(Dante)之《神曲》,读密尔顿(Milton)之《失乐园》小说,虽懦夫亦将奋起。他如美国之南北战争,由于释放黑奴之运动,而史托胡(Stowe)女史之小说,为其动机。近时之大战争,由于英、德军备之竞争,而般哈提将军之著作,为其揭橥。我国辛亥之革命,亦于文学种其因,远之如宋明两代所流传孤臣遗老悲愤忧愁之著作,近之则新闻杂志所揭载党人志士激昂慷慨之文章,皆足以震撼人心,发扬民气，故革命军一起，不数月而蔓延全国焉。且革命之成功，文学上之功绩，亦多于战场上之功绩。当时一论文之发布，一电报之传播，举国震惊，较五千杆毛瑟枪为尤烈。世之论者，或称之谓新闻战略。可知辛亥之役，不但于文学上种其因，亦于文学上收其果焉，文学与战争之关系，至近世而益形重大，征之我国革命战役而益信矣。

夫战争为感情之产物，文学亦感情之产物，其起原同。战争足以激起感情，文学亦足以激起感情，其结果同。故战争与文学，有相同之性质，而能互为因果。人类对于战争之感情，积极方面，为雄壮愤激；消极方面，为忧愁惨痛。此等感情，表见之于文学，使文学上显种种之色彩。我国之战争文学中，若汉高祖之《大风歌》，岳忠武之《满江红曲》，李华之《吊古战场文》，杜工部之《车马行》等，皆以表见此感情而脍炙人口者。而此等制作品之流传，足以演为一代之风尚，积成国民之特性，于不识不知之间，使国民之精神上受其陶冶焉。大抵雄壮之著作，能引起国民之功名心，而成伟大之思想；愤激之著作，能发生国民之敌忾心，而著忠勇之功绩。皆有鼓吹战争之效。历史上之英雄，战场上之勇士，胚胎于此等文学者居多。关壮缪喜读《春秋》，那破仑喜读阿显之诗，其一生事业，实源于此。至忧愁惨痛之作，能使国民爱好平和，有镇静战争之效，然往往使国民流于文弱。我国近时尚武精神之消失，当以此种文学为重大原因焉。综而言之，则战争上之感情，能影响于文学；文学上之感情，又能影响于战争。斯固社会学一种之公例，而无可疑议者矣。

欧洲近时之战争文学，与往时之风趣颇异。往时作家，大都以战争中之大人物，如那破仑，如周安亚格（英法百年战争时之女豪杰）者为其主人公，摹写其性情，纪录其事迹，使其飒爽之英姿，光荣之战功，照耀行墨间，以博多数读者之同情与追慕。至近世战争，往往为一国家一民族之战争，而无特别之人物为战争中之主人公者，故战争文学，亦大受其影响。其精神与兴味之所集注者，惟在战争之为何物，而不问大将之为何人。其主人公，非那破仑，非周安亚格，乃战争也。此等战争文学中，虽一负伤之兵，一俘虏之卒，一尸骸，一马骨，皆足以抒写感情，与大人物有同等之价值。而欢迎崇拜之主人翁既不可得，则对于战争之观念，自然流于忧愁惨痛者居多。故近世之战争文学，大多数为镇静的文学，而非鼓吹的文学。然战争之事实，在近世尚不能避免。此等文学之影响，惟能警觉世人，使对于军队之横暴举动，痛加非难，以防遏非人道的战争，且增进世人之义侠心，使为扶弱抑强之举。我国战争文学，方面虽多，而其流传于社会者，对于战争，多属悲观之一派。读"一将功成万骨枯"之诗，实与欧洲近世文学家同其心事，惟欲防止战争，殆非嫌忌战争，所能收其效果。我国之文学，既唤起国民悲惨之同情，一方面固可以此消弭其横暴之行为，一方面仍当以此鼓励其侠烈之勇气，斯则今日文学者之责任耳。

隐 逸

入山必深，入林必密。枕漱泉石，啸傲烟霞。理乱不足动其心，富贵不能移其志者，此吾国隐君子之高风，而为历史所称道，社会所钦慕者也。由今言之，则吾人既已托身于世界，即当为世界效力，尽其一分子之义务。若自投闲散，洁己逃群，则在造物为虚生是人，在一己为虚生此世，其结果无殊于自杀。岂惟自杀而已，流弊且影响于社会。日本某氏，曾著论讥其国人，谓其国士大夫之有物望负盛名者，每鹜退隐之高名，年未衰老，即致轩冕，辞职业，选胜地，营菟裘，怡养林泉，置国事于不问。夫此类人才，年事富，阅历深，实负矜式群伦导引社会之责任，今乃远引深藏，绝人忘世，则国事泯棼，谁复为其指导者？无怪全国骚然，多数青年，意气嚣张，行动躁急，每轶出常轨之外，且鄙夷老成，谓其暮气已深，不足与于大事也。吾国古来之隐逸，以文人墨客为多，其或出或处，在国事尚无关得失，与日本现象，微有不同，然岂不能从事社会事业，为同胞谋福利者，而乃自甘废弃，肥遁为高。数千年来吾国国民性之日就退屈，爱国心之日形衰薄，未始非此隐逸之高风有以致之也。

虽然，亦视其隐逸之志趣为何如耳，不能一概论也。盖隐逸而忘情世宙，固非所宜。然精深学理之发明，伟大勋业之铸造与夫研究天人之故，推求治乱之原，决非营营扰扰，争名争利之夫所得与。必其绝情利禄，屏迹嚣尘，然后理可专攻，心无旁骛，即降格以求，卑无高论，但能有一二自好之士，伏处田园，躬自刻厉，亦足培人民敦厚之习，养群众勤朴之风。世界硕学名人，其著述之宏富，声闻之卓越，每成之隐居蛰处之中。俄国之大宗教家，尤多以槁卧山林，精研哲理，著闻于世。托尔斯泰之屏除富贵，躬耕著作，即其一也。论者谓俄国之田舍中，不特为国富之供给所，且为人材之供给所，此言良信。诸葛武侯之丰功伟烈，皆由淡泊明志宁静致远而来，则隐逸之未尝无裨于国也明矣。近十余年来，吾上中流人士，大半趋于仕宦之途，其小半亦忻慕虚荣，好为社会上名誉之事业，或则醉心文明生活，麇集于都市商埠之间。所谓隐逸者，久已鄙弃而不屑道，严复氏尝谓野无遗贤之语，幸而徒托空言，如其实焉，则天下必大乱。吾国今日，几几乎野无遗贤矣。以如此广大之国家，际此需才孔亟之时代，而人材之供给所，乃空乏若是，其为危殆，胡可胜言。吾愿爱国志士，稍杀其政治之竞争，而从事于精神之修养，暂掷其繁华之岁月，而退安于恬淡之生涯，淬厉潜修，储能效用，盖此中固大有可为之事，慎勿以投置闲散等于自杀为借口也。

谈名利

予偶与客纵谈国事，客喟然曰：三代以下，惟恐不好名。明清之时，士大夫间，尚有一二好名之人，或以清廉风世，或以骨鲠立朝。虽其人往往尊己卑人，于道德上不无可以訾议者，然求之今日仕途，则亦杳不可得。古人谓名利关头，最难看破，今之人已将"名"字看破，故其心中只有一"利"字矣。予谓古人之所以重名者，以其时印刷物太少，故姓名一登于简册，易为人所注目，流芳遗臭，荣辱判然。今则印刷物日出不穷，费银币一圆，则姓氏遍登于报纸。且朝呼之为贼者，夕或尊之为公。得意则称为伟人，失势则目为乱党。名之不得不看破也，亦时势使然。夫为名为利，同为一种迷信。名固虚也，利亦非实。将来哲学上之学说，流布日广，我同人或亦能将"利"字看破，则障碍都除，道德自现矣。客曰："名利"二字，根柢上不可不看破，表面上却看破不得。根柢上不看破，则贪财沽名，固为道德之累。表面上太看破，则不恤名誉，浪费金钱，其害道德尤甚。予以客言甚圆满，爰退而志之。

命运说

"命运"二字之意义，有相异者，即命者，有定者也，其事物由于前定，天之所命，人不能违反也；运者，无定者也，其事物发于偶然，会逢其适，人不能预定也。又有相同者，则命也运也，皆非人类知能之所可左右，超越于知能之境界以外者也。

科学主义之思想家，往往不信命运。然科学虽反对命运，非能灭除命运者。自然界之事物，纷纭繁变，其范围广漠无垠，吾人知能所及之区域，较之自然之区域，甚为狭隘。知能所不及之区域，皆命运之领土也。近世科学，进步甚著，往往侵入命运之领土内，扩张知能之区域。然知能所及之区域，无论如何扩张，常为知能不及之区域所包围，以知能为有限性，自然界为无限性也。故科学虽与命运为仇敌，然谓科学能战胜命运，则决无是理。彼持科学万能说而蔑视命运者，犹于室内燃电灯、置风扇，而谓自然界之昼夜寒暑，皆为吾人知能所管辖，亦多见其不知量矣。

大凡愚夫愚妇之见解，往往不能自举其理由，而究其终极，则虽圣哲之士，亦莫能超轶于此见解之外。命运之说，亦属于此。惟圣哲之见解，有稍异于凡愚者，即凡愚依赖命运而不能顺受命运，圣哲顺受命运而未尝依赖命运也。故不求知能而务趋避祸福者为凡愚，不矜知能亦不计较祸福者为圣哲。若夫竭知尽能，以期免祸而得福；信弱肉强食为天则，以奋起竞争；抱得陇望蜀之野心，以营求非分。若而人者，不但为圣哲之所非，亦且为凡愚之所笑矣。

至于国家之兴亡，民族之盛衰，虽与国民之知能有关系，然亦有命运存于其间。如国内之气候风土，民族之性质习惯，大都固定而不可移改。热带之民，智力常逊于温带。南方之民，体格常不及北方。版图辽阔之国，团结力多弱。永久孤立之国，战斗力必衰。若是者，命也。又如一事件之偶发，一个人之存亡，往往牵动大局。那破仑威震全欧，而丧师于滑铁卢者，败于一夜之雨。（滑铁卢战役之前一夜，大雨，道路泥泞，炮车不能前进，致豫定之计画不成而败。诗人嚣俄谓那破仑不败于人，败于运也。）哥伦布航通大西洋，不至北美大陆，而仅至圣萨瓦多岛者，误于一群之岛。（如哥不因见岛而转舵，则可直抵北美，西班牙之殖民，不在墨西哥，而在美利坚合众国矣。）德意志之统一，胜奥胜法，雄长欧洲者，由于威廉第一之长寿。（威廉第一即位时年已六十矣，其后更享国二十余年，遂成德意志统一之大业。迈尔通史，谓其若有天意。）前清之季，西力东渐，日本乘机变法，而我国因循延误，日即危亡者，由于西太后当国，握政权至五十年之久。若是者，运也。考诸史册，求诸事实，诸如此类，更仆难举。历史虽为人类之所自造，然人类之自由意识，得表见于历史之间者，其迹甚微，古往今来，此仆彼起，或颠倒错乱，绝无端绪可寻，或刻苦经营，特呈意匠之巧，宗教家谓之神意，玄学家谓之气数，吾人既不能以知能审察其理由，亦惟有付之于命运而已。

吾人今日之国家，存耶亡耶，进步耶，退化耶，前途幽渺而不可知。往者忧国之士，奔走骇汗，以求政治上之改革，而今何如耶？污浊之社会中，决不能产出善良之政治，于是向之以改革政治为惟一之希望者，今则以改革社会为最大之鹄的矣。虽然，改革社会，谈何容易耶，一齐众楚之中，群醉独醒之日，稍有经验者，知此事之无能为力矣。欲挽救将来之国势，不如造成未来之国民，改革社会，不可不自改革儿童始也，此固今日教育家之职志也。然儿童之性质，一部分关系于父母之遗传，一部分关系于家庭之教养，其根深蒂固于未生以前及有生以后者。改革之难，或更甚于成人，美国哲学家燕麦生氏《处世论》中常慨乎言之。如是则改革之实行，亦惟有乞灵于祖宗之血，邀福于上帝之灵耳。吾四万万神明之胄裔，其根器犹深厚耶，则当此存亡关键之时，或能发见新生命力，以自拔于危乱之境，否则天之所废，孰能兴之？欲改革固难，即改革亦无济。吾侪观于数十年来改革之非人，与改革事业之无效果，不能不叹命运之所以压迫吾侪者，至艰且巨。而吾人知能之力，实甚弱而微也。

命运之关系于个人与国家者，其力至为伟大。吾人于事实上不能不与以承认，虽承认命运在事实上无若何效益然精神上亦得稍有所慰藉。个人而承认命运也，可以随遇而安，减杀其自私自利之心。国民而承认命运也，可以相忍为国，销除其愤懑不平之气。当此科学主义横流时代，优胜劣败之说，深中人心。社会之苦痛与罪恶，已达极点。予以为生物中优胜劣败之理，固不可诬。而其为优与劣，实非生物所能自主。近时生物进化论之二大派，所谓偶然变异说与外围影响说，实按之，皆谓生物之生存与灭亡，进化与退化，悉决之于杳不可知之命运而已。吾愿与持科学主义者质证之。

读色纳嘉《幸福论》书后

色纳嘉（Seneca）生于西历纪元后三年，殁于六十五年。少时研究哲学。废肉食，持禁欲主义。其父不喜，乃暂废之。学法律，为辩护士，以雄辩著。仕于罗马，直言无忌，为人所谗，流于荒岛八年。后召还为帝养子陀弥却司之傅。陀弥却司登帝位，是为罗马之尼罗帝。尼罗帝者，罗马之桀纣也，尝使卫士纵火焚民屋，己则于台上观火以为乐，其行事大率类此。然其初登帝位时，色纳嘉以师傅兼为大臣，施仁政，五年而罗马大治。帝亦深信任之，赉赐甚厚。未几，帝之嬖人夺色纳嘉权。色纳嘉乃辞职，悉返其所赉赐者于帝，乞归隐而帝不许。乃称疾，闭门著书，《幸福论》即成于其时。后尼罗帝暴虐益著，民怨沸腾，思色纳嘉日甚，群起兵欲诛帝而立色纳嘉。色纳嘉再乞骸首，帝不许。一日色纳嘉在郊外别墅，帝传命赐之死。色纳嘉受命，依当时之习惯，破其腕之脉管以出血。以多年素食之故，出血少，乃复破其足之脉管。尚不死，则浴于温水中以引血。入浴室时，与朋友及弟子谈哲理，视死如归，无稍难色。色纳嘉死，其妻女亦破脉管以殉。帝命人救之，强缚其创口而愈。未几帝亦自杀。当色纳嘉之世，罗马之俗，奢侈淫佚已达极点，色纳嘉尽力提倡斯笃克主义（Stoicism）。此主义为希腊哲学之一派，后传于罗马，于当时风教大有势力，以防遏风教之颓败。其《幸福论》之主旨，以使形体服从于精神，肉身服从于灵魂，为保全幸福之道。其思想最坚实，其议论最稳健，虽去今已二千年之久，而色泽如新，照耀百世，永为欧洲社会之师资。故其著作之保存，实在社会人人之心里，不仅借名山石室以不朽也。予读《幸福论》既竣，始知欧洲在二千年以前，已有如此精到之哲学，足与我国之孔子、印度之释迦比迹矣。且其议论思想，亦与东洋哲学相符合。欧洲近世，研究东洋哲学之倾向颇盛，如本志第八卷所揭德人鐪喷哈欧之《处世哲学》多根据于色纳嘉之《幸福论》，而又参以东洋哲学之思想者也。吾国今日之人心风俗，已与罗马末造相近，岌岌焉有崩溃之忧。维系人心，在输入新知以昌明旧学。若色纳嘉之《幸福论》，其深切著明，实可为我国救时之良药。色纳嘉之著作，纵不能救罗马之灭亡，或能于二千年以后收其效果于吾国，未可知也。兹诠其要旨，参以论列，以介绍于读者。至原著篇幅颇多，且《幸福论》以外，尚有其他之著作，有志者取而译之以饷吾国，则固记者所深望焉。

呜呼！世人盲动狂奔，以求幸福，前者既仆，后者继之，迄未一审幸福之何在。此色纳嘉之所深悯者也。色纳嘉以为："人生之旅行，与平常之旅行大异。平常旅行，循他人之所共由者，未有误也。而此则不然，熟路实最危险。吾人须按理而自动，不可蠢如鹿豕，仅知随大群而趋走也。世界人生，如败北之军队，后者续续倒于前者之上。全战场中，尽为一堆颠仆之人。彼等之趋势，若欲借其滔滔群众之力，以压倒真理与正义者。故吾人而欲得真正之幸福焉，不可以群众所共由者为标准。须知幸福问题，非以投票之多数决之也。非惟不可以多数决之而已，且觉多数所赞成者，却为非之左证。盖寻常之人，轻于信而难于辨也。"细玩此言，则今日之千百成群，丐利禄于朝市者，皆仿效他人之所为。熟路最危险，吾侪不可不以此自警。又吾国民之雷同性与模仿性，在近时颇为著明，则指导之人，尤宜谨慎将事，毋谓借群众之力，可以压倒正义与真理，以致全场尽仆焉。

色纳嘉谓："真正之幸福，在脱离懊恼烦闷，知自己之天职，无希望亦无畏怖，不忧不喜，其精神常处于平等状态。故吾人之幸福，即在吾人之胸里。吾人之不得幸福者，犹之在暗中摸索之人，其所搜寻之物，触于其手而不能发见之也。哲人之胸里，快活安舒，不以富贵贫贱异其趣，是实哲人胸里所自生，决非由外而入者，故亦决不能离之而去。夫借何物之希望，以鼓舞其生活之趣味者，即使安然得之，不逢何等之失望。然提心悬念之生活，顾盼旁皇，终不得安静。虽开一时之愁眉，而非永久之满悦也。"然则色纳嘉之所谓幸福，实儒者之所谓乐道，亦释氏所谓涅槃也耳。

色纳嘉以人间之幸福，根于智慧与德行。其所谓智慧者，在判断事物之理，而识其真价。仰观宇宙，俯察万物，推究自然之人性，脱去虚妄之意见。故智慧所以训迪吾人之精神，明治国修身之道，而非教练吾人之手指，造为丝竹管弦等玩具，制为干戈甲胄等凶器，以奖励奢侈与战乱。盖智慧者，当教吾人以生活，且不但当教吾人以生活，而当教吾人以幸福之生活也。又所谓德行者，以纯洁神圣之精神为本位，别之为知与行之二大部。知由于教育，行在于实践，先学习之而后实行之。克制贪婪，不为非望之奴隶。克服淫欲，不为外诱所污染。良心无垢，较之以衣服饰其身，丹雘饰其居者，为美多矣。色纳嘉又谓世间不论何种诱惑，惟智可以祛之；不论何种悲痛，惟德可以愈之。故以智与德为幸福生活必须之基础。

色纳嘉更以哲学为求智德之手段。其论哲学也，别之为伦理的、自然的、论理的之三部。自然哲学者，讲究有形无形之事物，阐明其原因结果而默察众原因之大原因者也。论理哲学者，讲究论法及修辞，供吾人以辨别力及适当之言语、合宜之议论者也。伦理哲学者，讲处世术及生活法，如射者之求其中鹄，使精神薄弱之人间因之而强固，供给吾人以征服诸困难之武器也。吾人之生活，为天地之惠，然善良的生活，则为哲学之赐。人非生而贤知，智德之进，必需师傅，惟恶则虽无师而易学得之。哲学者，教吾人以敬天事神，爱人和众之道，冷吾人之淫欲，辨吾人之谬见，抑奢侈而戒贪婪者也。色纳嘉自言："其师阿泰拉司曾痛斥人生之过谬曰：'吾人所用之物，过于吾人所须者甚大。除其享有者以外，余皆无用之担荷。'予闻师言，觉自己之财产，过于所须，不觉面赤。师又尝攻击世人之虚荣与快乐，主张质素的膳食、清净的精神、贞洁的形体之福祉，甚详而尽。予读其书而自惭，乃减削膳食之味。吾于哲学，造诣虽不深，但修哲学之心颇热。少年时代吾师曾使吾醉心于披色俄拉司及塞克司埃司之说。披氏曾以灵魂轮回说戒杀生，其言曰：转轮之说，信耶否耶，姑可勿论，杀生流血，戒之为宜。若果信耶，幸无残害。若其否耶，亦获节俭之益。塞氏亦说戒杀之理由，以谓人类屠杀生物之行为，实由于其心之残忍。人类之营养，不必流血杀生，天已为人类豫备充足。我感此说，乃废肉食。一年之间，不但不觉其难，且心神甚为愉快。吾父以吾感染犹太人之迷信陋习为恐，我遂自改而复旧。吾引此事，欲人知少年子弟，受师友之陶冶，印象最深。哲学者为人类之师傅，彼等为人类之精神发见良药，我等不可不恭敬之。哲学强健人之精神，人当首先注意于精神之强健，其次则注意于身体之强健，以后者之强健。较为易得也。"色纳嘉之引重哲学如此，其主旨谓吾人由哲学而成知德，由知德而得幸福，故以哲学为人生之师导，以智德为人间之极功。

色纳嘉于哲学以外，又重视古人之训诫，以为："此等训诫，乃以哲学中之智慧，传之后人者。其训诫当甚单简，不外何者可行，何者不可行。由于往古醇朴之世，人之性行较今优尚也。人之学识愈进步，则德行亦愈退步。古时明白醇朴之德行，今化为暗晦复杂之学术而去。此等学术，非教吾人以生活，教吾人以议论而已。古人之恶行单纯，矫正之药剂亦单纯。今人之恶行根深蒂固，医治之药亦不可不强烈。盖人于其所当为之事，苟不知其何故而为之，则不能行之而无间。圣贤之训诫，虽教吾人以当为，而于所以然之故，或者不及。吾人若不先教以处贫富荣辱疾病放逐时，宜持如何意见，则圣贤之训诫尚不能收实效。故我等宜就此等人事，其所具真相不如世人所云之处逐次讲解，则训诫之金言，乃具千钧之力。此时座右若干条之格言，较之茫茫数大册之书籍，更为有功。

如斯有益之训诫，日置于念头，乃规正吾人言行之良法也，简洁有力之格言，其感动人心颇大，能营养吾人之悟性且开拓之，指导谨慎与正义之行为，驱吾人尽其职分。而韵文之格言，比散文之格言，其功更大。"色纳嘉论中引古人之训诰甚多，其视训诰与哲学并重。哲学言其所以然，以浚人之思想。训诫言其所当然，以督人之实行。

精神之轻率，为福德之障碍，故厚重载福，吾国人亦习言之。色纳嘉于此事，亦痛加针砭，以为："凡人心思不定，今日欲乘风航海，明日欲旅行陆地；今日悦都会，明日喜乡村；时而赏宫廷之美丽，时而爱旷野之荒寥。然始终烦闷，不去于身。然则吾人之倦者乃自己，非土地也。土地虽变，而烦闷之原因，携于自己之心中而不去。屡易其处，所得者，漂泊周流，徒示精神之不安定而已。吾人于安定其精神之前，不可不安定其形体。今日得一官而明日厌之，今日得一业而明日弃之，嫌今日而望明日，其实明日之性质与今日相同，只反复不止已耳，明日云者，不可妄乐之，亦不必妄惧之。明日若来，吾欢迎之，不来吾亦无憾，明日之有无，于吾无所增损也。"

色纳嘉《幸福论》中，最足以警醒世人者，在指示浮世富贵之不足慕，肉体快乐之不足恋，贪欲野心之无幸，节制谨慎之得福。其言亲切有味，使人易于省悟。色纳嘉以为："身外之事物，得失无常，不可以为幸福之基础。一时之富贵，不足信赖也。吾人常称为自己所有物者，实不过暂时借贷于吾人。欢跃而得之者，终当涕泣而还之。福神今日之所与者，明日即夺去，未可知也。彼以赍赐之物，投于吾人，吾人流汗以争之，万人仰首张臂以求获得，折胫断胠以取此赏牌，苦痛以得之，复不可不忍更大之苦痛以守之。多数之暴力与谲诈，群集于受领者之前，损害所归，终在受领者，则彼福神之所投赠者，芳饵也，黐枝也，网罗也。吾人自以为获得，实则被获而已。世人见他人之富贵，不胜艳羡。不知富贵之人，犹立于断崖绝壁之上。吾人居于平地者，其生活实较为安全而宽展。彼富贵之人，往往因不能下场，不得已而留于其地位。彼等除依直线跌下以外，不能自高地下降，拮据黾勉，以防坠落，尚不得安全之策，而苦痛烦劳，则已甚矣。世人动辄向福神求其援助，亦知福神所以与我者，即奴隶我之代价乎。抑世人所以求富与贵者，亦求肉体之快乐已耳。肉乐之生活，实最不幸之生活也。食也色也，实生苦痛与危险。百味之珍羞，百种之病因也。吾人肉体上所必要而不可缺者，非廉价之物，即无价值之物而已。吾人之天父，为吾人所设备以应吾人之需者已甚丰。饥渴之起，少量之食饵，可以满足，即少许之面包与水，其余皆赘物耳。吾人所卧，不过一室。非实际起卧之家屋，非吾人所必需也。故依道理而生活者决不贫，由意见以生活者决不富。吾人不以简捷之方法满其肉欲，却以莫大之费用刺戟肉欲。既饱足矣，则吐弃其所既食者以备更食。（按：罗马全盛时，宴飨甚丰。既饱后，服乐吐出之而更食，故色纳嘉氏有此言。）呜呼！吾人何为入海以捕鱼，吾人何为操戈以猎兽，吾人何为而求千仓万箱之累积，吾人之身体不能扩大，吾人取得许多不能容受之物。无论何者，皆溢吐以去耳。吾人所需之住宅与食物，费用本寡，今劳费甚多，是则受奢侈之指导，而为肉欲之奴隶耳。往时养一国之民而已足之财产，今则聚之于一人而犹觉其缺乏。湖海森林，无不经吾人之搜索。一条之河，一邱之山，无或免吾人之穿凿者。吾人之一小躯，其所需何如是之伙耶？实则吾人非为应其需要而营衣食住，乃为满足其功名心与虚荣心而营此衣食住。其所衣所食所住者，非食物，非布帛，非居宅，乃奢侈耳。真欲富者，不必滥殖其财产，而先要减削自己之情欲。富财非吾身所必须物，吾人之有之也，不可不善为管理之。吾人之获之也，费多大之流血与危险，破信义，乖友情，而赢得之事物，无非祸福之神命吾暂时保管者，决非吾人之所真有。彼贪欲与野心者，其目的果何在乎？贪欲者之苦痛，乃其对于自己之刑罚也。彼于营求富贵之时，既受若干之苦痛，而其日夜惟恐丧失之者，亦一极大之苦痛也，而其终不能不丧失。丧失之时，又一极大之苦痛也。且彼之苦痛，更以彼之意见扩大之。彼不必直接有所丧失，凡其所希求而不获者，彼皆视为丧失而苦痛随之也。一般人民，以富人为幸福者，求自立于其人之境地。退而考之，虽如何境地，其所含懊丧与羡妒，无有更恶于此者。且吾人之贪欲，无所底止，如患水肿病者，愈饮而愈渴。故彼即有所获得，亦不能使之满足。注水于无底之器，绝无影响之存留。故如此之人，除苦痛以外，更无可以代偿其苦痛之物。其终生陷于苦痛，亦自作之孽也。夫使吾人富而且幸福者，精神是也。金银对之，无复威力。贫之所以苦吾人者，非贫也，乃奢侈与贪欲耳。吾人实际所用者甚有限，防寒暑及饥渴以外，其余皆虚荣之赘物。蔑视此等赘物之人，虽贫亦何患？吾宁以不能购求是等赘物为幸。慎嗜欲，节饮食，修养精神，以成智德。节制的生活，即幸福之生活矣。

畏死贪生之念，其障害幸福也，亦与好货疾贫同。色纳嘉曰：世人夜中依妄想而畏鬼，且觉类于鬼者甚伙。乃晨光既见，则悉化为可笑之物。人之于死，其所怖者果何物乎？斯可怖之物，在实际上比想像者甚为微弱，吾人可以度外置之。而常不能者，则死之为物，非以可怖故怖之，乃因怖之故可怖也。又曰：死者人或以为可怖，然亦有人以谓此实天地间最平等无私之大道，乃若干人之希望，多数人之救济，而万人之终极也。死使奴隶为自由，使放逐者还故国，富贵贫贱至此时而平等，死之德实最广大。遇暴君、苛政、强暴、压制时，以死为一大慰藉，亦人生防御毁害时惟一之武器也。色纳嘉对于人之畏死，常反复说明其理由，而以为死之畏怖，容易克服，但亦不必轻死而厌生，于其时之未来而速之，不如于其时之既来而甘受之为愈也。

色纳嘉之《幸福论》，以不忧贫不畏死为脱离烦恼之要事，故于此二者言之特详。其生平所抱主义，在顺天命，法自然，重躬行，粹然儒者也。我国今日之社会，深沉溺于物质之渊中。肉欲愈纵而愈盛，有才智者抱其野心，几欲囊括一国之财货以为己有，甚则为寡廉鲜耻之行。贪墨之风，不可遏抑。而一般民众但知贪龌龊之生活，乏高尚之思想。芸芸众生，苦海沉沦。陈旧之道德，不足以警其心。迷信之宗教，不足以畏其志。救济之道，当在哲学。色纳嘉谓哲学为人类之师傅，此言也，尤记者所深信而不能忘者焉。

吾人今后之自觉

　　吾国今日，几于无人不抱悲观主义矣。委心任运，颓废因循，无贤不肖，殆同一辙。夫人生如逆旅，以藐然数十寒暑之身，而寄生于此亘埃年代之地球上，即勤敏趋事，其裨益于世界者几何？然社会所以进化，国家所以生存，全赖人类不以梦幻视此世，不以泡影视此生，汲汲皇皇，孜孜屹屹，以效用于现世而贻谋于将来，而后生计日以遂昌，智力日以增进，以成今日之世宙。苟放任一切，人人存一得过且过之心，则人类灭绝久矣。印度民族，拥庞大之土地，据富厚之物产，乃不克自振而受人羁勒者，由其人生观太薄弱故。然则立足于地舆之上，断无可以自甘放弃之余地，亦无可以稍事逸豫之时期，自昔已然，而当此寰海交通争存激烈之际，则尤一息尚存，此志不容少懈者也。

　　然而吾国现情，则正相反。从前闭关时代，无侵夺者蹑乎吾后，无强梁者眈乎吾旁，种族之界限未生，生事之艰难未甚。而当日之人心，则颇能奋勉图功，勤劳将事，虽其所企画，多域于家庭之小范围、一己之私生活，然在此范围生活之中，则固维日乾乾，终身淬厉，有坚苦忍耐之气，无苟且偷惰之风。今则不然，外围之逼压愈深，人心之颓丧愈甚，微特对于世界社会漠不相关，即其家庭小己之间，亦且有我躬不阅遑恤我后之慨。又微特素性恬退、淡于名利之人，即力争上游，在政治社会上有所作为者，亦多存五日京兆之心，而不作谋及百年之计。凡所规画，但求及身或其任事之时期内，得以敷衍粉饰而止，永久之利害、他日之安危，非所虑也。大局之阢陧若彼，人心之泄沓若此，国事宁有豸耶？

则尝进求所以致此之故，其因缘盖不一端。普通之无意识及陷于物质潮流，因而迷误人生之趋向者，无论已。有以经遇丧乱，财产不无损失，地位不无变更，抑郁穷愁，日暮途远，遂不觉蠲弃其向时之志愿，而以且以喜乐且以永日，偿其失望之痛苦者，此其一也。其稍上者，虽不以财产地位之关系改其志趣，然以大势变迁，外围之环象，今昔迥异，彼所惯循之轨道，多被破坏，其家庭范围、小己生活，亦复根本动摇，而现时之新思想新势力，又与其旧习惯旧理性格格不相入，不愿屈己以周旋，凿枘之余，因而抛弃一切，作视息偷安之想焉，此又其一也。更进，则未尝感外围环象之殊异，亦未尝有习惯理性之差违，且极欲于此新思想新势力之中有所效力，然而一经从事，则政治之纷乱、社会之泯棼，均足生其愤懑之心，而沮其向往之志，于是嗒然若丧，而不复事事焉，此又其一也。更进，则怀抱宏愿，以为人类终有和亲之日，国家必有郅治之时，日悬此美满之理想以蕲实现于斯世，然而征诸历史，揆诸现状，则无一不与此理想相冲突而成绝对之矛盾。其在国内，既一再改革，而政象愈即于混淆；其在国外，则又相争相鬩而不相能，以酿成莫大之战祸。因而悟澈平和之虚幻，安全幸福之终不可期，遂陷于消极厌世之一流，而委弃人生之责务，甚且有欲以一死为解脱者，此又其一也。若此者，虽其主因不尽皆同，意志之纯驳、感想之深浅，亦复不甚相类，顾其所抱之宗旨、所执之态度，则初无少异焉，其诸遭际衰乱，不得已而出此者欤？

虽然，吾人既已生活于世界，即当不问世界之何若，随其趋势，奋斗以图存，不能因情事转移，志望断绝，而有所推诿。财产损失，生命固未尝损失也；地位变更，责任固未尝变更也；习惯理性虽或扞格，然既无挽回世运之才力，自不得不与世运相委蛇。况世运无时不有变迁，前此之理性习惯，乃前此之世运所造成，非与生俱来而不可改易者。譬彼富人，一旦而家道中衰，即不能不营贫寒之生计，初时勉焉，久则安矣。若以政治社会之阻力不能展其所为，则吾人处事，要当排除困难以求成功，不宜慑于困难而为所战胜。矧所谓阻力者，不过多所牵掣，多所挫折而已，未必一步不可行，一事不能举也。吾人宜从可以着手之事，孟晋不息，得尺得寸，终必收若干之效果。至谓理想事实常相违背，世事决无美满之时，吾人终无致力之处，是则神经过于敏锐，志力失之薄弱之流弊。夫世界进步，恒有几许之障碍相与为缘；人事进行，必有意外之波澜起而相厄。乌托邦之梦想，诚不能实现于当前。然吾人当知矛盾乃天演所必不可逃，冲突为人世所必不能免，要贵有尽力乎其间者，斡旋补救，以减杀其祸患，遏止其潮流，则冲突之余，未尝无调和之希望；矛盾之后，或可有融洽之时期。彼全欧战乱，炮火相寻，杀人以逞，违反和平之信约，破坏人道之正义，亦可谓矛盾冲突之甚者矣。而彼都人士，乃亟亟焉讲求消弭之方，讨论善后之策，以为休战后恢复和平、遏绝扰乱之准备，曾不因遭此巨变而稍堕厥志焉，吾人亦可闻之而兴起矣。

　　上文所述，均属奋斗主义，而为吾人所宜自觉者。吾国今日，非奋斗不足自存，已无疑义。然谓一经奋斗，即可拨乱而致治，是又不然。盖颓废因循，固足以取侮，而卤莽凌躐，亦不足以救亡，则奋斗之中，固自有其中正之道而不容或忽者。撮举其要，有数事焉。

　　一曰奋斗之目的。无目的之奋斗，非奋斗也，盲行而已。然有目的而不衷诸正，则一举一动，均足以增长罪恶而召致危亡。奋斗愈烈，则危险愈甚，如汽车之轶出轨途，机轮之失其调节，未有不贻事贻祸者也。罗马共和之末期，人民对于政治非常活泼，顾其目的，乃在争政权、植党势，共和基础，因而颠覆。吾国辛壬之际，民气至为发扬，而卒无裨于国是者，实亦根本谬误之故。即比年国内，固未尝无一二积极奋斗之人，其见机之灵警、处事之敏捷，亦可惊叹。然而崇拜金钱，歆慕利禄，故其结果，为标榜，为夤缘，为党派之喧争，为权力之倾轧，是非反覆，弹劾频仍，而国事愈形纷扰焉，则亦非奋斗之正鹄也。

一曰奋斗之径途。夫既以救国为揭橥矣，则其致力之途，当无逾于密接国事之政治。然而林林总总，岂能尽纳诸政治生活之中？况政治乃事务执行之机关，而非质力发生之产地，必民力充牣，百务振兴，而后政治乃有所凭借。犹之商贾之市场，非工艺优良，物产丰阜，则空拳赤掌，决无竞胜之机会也。是则奋斗之途，不特不宜专求诸政治，且决不能求诸政治也明矣。吾国人习惯之心理，每谓政治具有万能，凡百施为，舍此无可假手。殊不知农工商贾、社会家庭，在在具奋斗之机能，亦人人有奋斗之义务。吾人但各就现有职业、现有地位，随时随事，勉力焉可矣。即云置散投闲，无功可见，然时间空间之足容吾自励者，亦复何限？但能煅炼精神，储备智识，未始不可留为后日之用。为途至宽，为力至易，人尽可能，决不宜囿于一隅，亦不容以机缘未遇为借口也。

一曰奋斗之手段。奋斗与争斗不同，争斗含有与人争夺之意义，奋斗则为自己之努力。自竞立争存之学说输入吾国以来，国民颇承其弊，以为人类之生，不外攫他人所有以为己有，弱肉强食乃天演之公例，优胜劣败为进化之大原，奋斗云者，不过致自己于优胜，陷他人于劣败而已。于是不道德不名誉之举动，公然行之而不为怪。不知人类社会，必以共同生活为前提，而共同生活，要以不相侵夺为原则。彼唱导争存之学者，固未尝不于此三致意焉。吾人今后奋斗，不可不笃守此旨，一切排挤倾陷之术，均宜屏斥。虽奋斗之归束，时或不能两利，顾亦宜以公平正直之手段出之，其可以相剂相成者，则必当协力维持，交相辅助。又奋斗之事，虽有时不能不以个人为本位，然亦必权衡轻重，倘我有一利而人有百损，则宁弃其一利而不为，而尤以刻苦黾勉为唯一之要义。世人但知奋斗为对外之行动，其功用在排除外界之障害，发挥内部之智能，殊不知一身之间，凡私欲之情，怠惰之气，其足为吾障害者，较外界为尤甚。则惩忿窒欲，忍性动心，亦为奋斗之要务。故守正义，重人道，维持协力之主义，振刷内部之精神，皆奋斗中所宜注意者也。

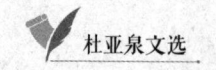

一曰奋斗之界限。前云奋斗属于自己之努力，乃就主体言之耳。若其作用，则不能不与他人他社会相接触。而比絜长短，比絜之后，优拙判焉。虽未尝设成心而使之短拙，然一方面既努力以求优长，则一方面之不能不处于退屈，处于失败，实事理上所必不能免。西洋各国地狭人稠，以数百年奋斗之结果，一切事业，阐发无遗，非战败他人，即无自己立脚之地，因而一言奋斗，即含有抑人扬己之意。我国土地广漠，百废待举，事业之需人经营，需人整理者，至繁且伙，尽有自由回旋之余地，利害冲激，决不至如西洋之烈，故奋斗之意味，与西洋微有不同。在西洋不能不采侵略主义者，在吾国则必当避免之，而以不相妨碍为界限。虽此界限决难持久，事业发展而后，终不能不为激烈之竞争，但今后数十年间，则不妨暂守此旨。盖智德未进，人民行动，易走极端，若但倡言奋斗，不加裁制，则变本加厉，转以启自相残杀之风，而陷于悲惨无情之境地也。吾国人素乏独立之精神，举一事，营一业，每喜于众人共趋之途，分取余润，于是同类相轧，同业相争，昧者且误为生计困迫，非此不能存立。不知资生之事，为术尚多，不自求蹊径，而出诸雷同附和之行为，已失奋斗之本旨。况此伸彼绌，必有伤痍，伸者所获无多，绌者所失实巨，徒耗国民之元气，且灰进取之热心，则何如各致其功，不相侵越之为愈乎？不宁惟是，欧陆诸国数十年来，以国力膨胀故，励行国际之竞争，扩张殖民地，攫取制海权，各占先机，互为虞诈，遂构成近今之惨祸，虽原于争攫实利，势不相容，然亦有实利之关系甚微，因彼此怀挟机心，相猜相忌，而形成事实上之嫌隙者。盖我存一陵人之成见，则人之所以报我者，必将增加其分量而靡有已时。中日交涉以还，日人责其政府，谓为交涉失态，徒召友邦之误会，惹列国之嫌疑。夫以日本国势盛强，犹不敢轻启国际上之猜忌，则我国之不能为国际奋斗，当然无疑。但吾民弱点，一方面为委靡不振，一方面为好大喜功，苟徒鼓吹奋斗，不丁宁于此限制之间，则兴高采烈之余，或创巨痛深而后，难保无不负责任之言辞，逾越范围之表示，乘虚懦客气，而发为排外之主张者，虽言者逞一时之意气，未必见诸实行，然足以启外人之疑惑，为实际之妨害者。固已不浅矣。即如排货问题，固出于爱国之诚意，惟不从振兴国货以求制胜，而徒挟此狭隘主义，空言抵制，幸能稳健，不过拒甲而受乙，或使他人待吾力竭而再来，不幸而嚣张，则转授人以隙而重蒙耻辱，殊未见其得也。故吾人苟从事于奋斗，必当守持界限，对内则以不相侵害为依归，对外则以毋召恶感为要旨。德人之主战者，谓不论社会内部及社会外部，非排斥他人无以发达自己。又曰：灭人，不然，则被灭于人。此其言论果当于正理与否，姑不具论，然要非吾人所宜取法者也。

家庭与国家

《大学》言：欲治其国者，先齐其家。此非仅为握政权者言也，一般民众欲建设良好之国家，亦必自构造良好之家庭始。

我国为大家庭制，欧美诸国为小家庭制，二者之差别，不在形式而在精神。就形式言，我国非无一夫一妇构成之小家庭。但就精神言，则概为大家庭而非小家庭。小家庭之父母对于子女，仅负教养之责任。子女成人后，即离父母而自构新家庭，大家庭之父母对于子女，负无限之责任。子女成人后，由父母为之成家，仍附属于旧家庭中。故小家庭制度，独立的制度也。大家庭制度，互助的制度也。

互助的大家庭制度裨益于国家者，殊不鲜。盖社会之不易动摇，个人之不易濒于饥饿，实赖此家庭制度以维系也。我国现时国家社会政策既不讲求，慈善事业亦未发达，遇有贫病灾丧等事故，全赖父母子女兄弟姊妹之互相辅助。他国对于养老、救贫、保险以及医药、埋葬等事，均费莫大之国帑，而我国无之。且我国社会上经济之分配甚不平均，高等官吏及投机商人一攫巨万，而多数之有同等智识能力者，欲求一糊口之职业而不可得。不平之声，虽已遍布于社会，而危险状态，尚不若欧洲之甚者，哀多益寡，亦由家庭制度以默为调剂。（记者曾稔知一家族现男女共二百人，均享有中等生活。此家族自清初至今，以官商获利者仅七人，有职业可自给者仅二十余人，余皆以家庭关系直接间接分享此七人所得也。）故记者对于我国之家庭制度，固主张保存而不敢轻言破坏者也。

然互助的家庭制度为害于国家者，亦复甚大。吾人知其利，亦不可不究其害。害之所在，不可缕述。综而论之，则我国之人少年者多浮浪，老年者多贪鄙，二者皆家庭制度所养成也。欧美国民于成人以后，以欲构成新家庭之故，勤勉于职业，专意于贮蓄，以为成家之豫备；及其晚年，则子女成立，担负既轻，得捐其余资公诸社会，出其余力图谋公益。我国则不然，少年时家室之事，既有父母为之担负，其在社会也无责任可言，惟为依赖的生活而已，故常蔑视职业，恶其拘束，嗜玩好之物，喜狎昵之友。为父母者，既不问其子有无自立之艺能，有无相当之贮蓄，辄为之娶妻育子。迨中年而后，责任始加，儿女成行，家累已重，对外无奋斗之实力，对内无天伦之乐趣，既陷一生于困苦颠连之境，则不能不嗜利若命，凡寡廉鲜耻之事，刻薄无情之举，不得不忍而为之，继遂积为习惯，而酿为风俗矣。且其责任既为无限，子复生子，家口益繁，年齿愈衰，责任愈重，其贪其鄙永无知足而得已之时。即使富贵利达悉如所求，亦既足以裕后昆而贻孙子，而充其无限责任之精神直非立子孙万世之业，不足以餍其欲望，忧伤憔悴迄无已时。凡此种种，实皆大家庭制度之结果使然也。

今我国之中，纷纷扰扰，或为守旧党，或为维新党，或为激烈派，或为官僚派，有始则维新而继复守旧者，有初甚激烈而忽作官僚者，往往前后判若两人，一身犹如隔世，几令人莫可理解。质而言之，则此种党派，不外青年与老年之二大别，即不出浮浪与贪鄙之二大类而已。浮浪之徒一切不负责，任好自由而恶束缚，骛理想而昧事实，喜则放恣以为乐，怒则破坏以泄忿。贪鄙之徒心目中无复有社会之观念，与夫道德之防维，惟汲汲焉图一己之权利。苟有可以达其目的者，虽遭举国之唾骂，受良心之责备，亦悍然不复顾忌。二类之人其行事相违，其心理相反，然有时则出此入彼，虽其原因之复杂殊甚，而其枢纽所在实与家庭制度相关。记者横览世态，往往少年时之浮浪愈甚者，则老年时之贪鄙亦愈剧。则二者实为同类之行事，同一之心理，惟发之方面不同而已。

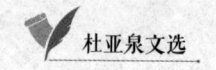

大家庭制度之为害于国家，于今日实为最烈。补救之道，不可不于互助之制度中采用独立之精神，为父母者宜移其子女婚嫁之资作教育子女之费，宜与以艺能，为子女谋自立，勿挚挚为利，为子孙谋遗产。家室之事，令子女自负责任，毋使早婚以重子女之担负。是则所以宜尔室家者，亦可以教尔国人矣。

再论新旧思想之冲突

　　远生论文谓："新旧之冲突，莫甚于今日，犹两军相攻，渐逼本垒，最后胜负，旦夕昭布，识者方忧恐悲危，以为国之大厉，实乃吾群进化之效。"又谓："新旧异同，其要不在枪炮工艺以及政法制度等等。若是者，犹滴滴之水，青青之叶，非其本源。本源所在，在其思想。"予以远生兹言颇足诠释现时吾国之状况，因复就此论题，抒予之意见。惜远生已死，不能以予之意见与之质证矣。二月十七日伧父志。

　　大凡人类社会间起有战争或扰乱，其关系不外二事：其一为物质上之关系，即经济之冲突是也；其二为精神上之关系，即思想之冲突是也。（野蛮时代之种族战争及部落战争，容有起于无意识之嫉恶，无关于经济及思想者。）孔子谓有国有家者，不患寡而患不均，不患贫而患不安。不均即指物质的关系而言，不安即指精神的关系而言。吾国历史上内部之战乱，虽往往为暴君污吏所酿成，为奸雄枭桀所搅起，然究其最重之原因，则关系于经济者居多。盖生齿日繁，物力之开发不进，全国资产又被吸于少数高官巨贾之手，多数贫民生事不给，培根所谓"口腹之谋叛最可怖"者是已。至我国民之思想，数千年来无甚进步，新旧递嬗，辄自同化，间有异致，亦势力微弱，不能与固有之思想抗衡，故冲突绝少。惟有时发见之事实，与其固有之思想不相容者，如权奸窃国，女主专政，阉寺弄权，外族入据等，则亦常激起吾国民思想上之反抗而形成战乱。大都战乱之发生于下等社会者，其关系多在经济上；而发生于中等以上之社会者，其关系多在思想上。则以经济之缺乏，在下等社会所感受者为甚；而思想之主张，在中等以上之社会较为明了也。

现时吾国民思想之冲突，概由与西洋思想相接触而起。以亘古不相交通之东西洋两种思想，忽相接触，异点之多，自不待言。况两种思想，各有悠久之历史、庞大之社会以为根据，其势自不能相下。然谓吾国民思想之冲突，即东洋思想与西洋思想之冲突，则殊未是。东西思想之冲突，如欧人所臆想黄祸图之类，决非吾国新旧二派思想可以代表。吾国民之所谓新思想者，岂能脱离其固有之东洋思想？惟吸收几分之西洋思想而已。而所谓旧思想者，又岂能全然墨守其固有之东洋思想，以排斥西洋思想？然则新也、旧也，不过一程度问题。其程度之所由差别，虽复杂多端，综其大要，则或由知识之差违，或由情感之殊异。盖知识明敏者，不易为旧习惯所缚束，而务致其研究，知识蒙昧者反之。又情感热烈者，每易为新事物所诱引，而深感其兴趣，情感冷淡者反之。职是之故，而知识明敏感情热烈者，常为革新之魁。知识蒙昧情感冷淡者，常为守旧之侣。至知识蒙昧感情热烈者，表面上为革新之先锋，而浅尝浮慕，宗旨恒不坚定，或转为守旧者之傀儡，今之所谓暴乱派是已。知识明敏情感冷淡者，实际上为革新之中坚，而徘徊审慎，不肯轻弃旧惯，反似为笃于守旧者，今之所谓稳健派是已。以上四者，于新旧派别略具雏形，而推其由来，实各本于其个人性质。就心理学言之，则胆液质、粘液质、多血质、神经质四类之分别也。四类人性质之异，本为先天之素因，非由接触西洋思想而发生者，特于接触西洋思想以后，随时世之迁移，各各表现其特性已耳。

然谓新旧派别全属于先天之素因，则又未尽是，其为后天加入之势力所影响者亦复甚多，势力之最大者，莫如利欲与意气。盖人之思想，程度虽不能同，若仅为是非问题，其冲突尚不至剧烈。至利欲乘之，则不论是非而计利害，虽以为非而有利则是之，虽以为是而有害则非之，是非遂无定论矣。此等利害关系，常因其人之地位而殊。以现在之地位为满足者，则以维持现状为利，而主张守旧；以现在之地位为不满足者，则以改变现状为利，而倾向维新。其甚者，则以新为利时即托于新，以旧为利时又遁于旧，而所谓新思想旧思想者，不过为其利欲所驱遣之资料。况利欲之外，又杂以意气，意气所加，不但是非有所不问，并利害亦有所勿顾矣。企无谋之暴动，招必至之反抗，有害无利，人谁不知，则谓其徇利欲，毋宁谓其任意气耳！夫利欲与意气，乃吾国民性质中之弱点，亦非与西洋思想相接触而后发生者。试审阅吾国历史，朋党之祸，何代蔑有？其无利欲与意气参加于间者，盖未之闻也。

思想之冲突，以知识与情感为先天的原因，以利欲与意气为后天的原因，而新与旧则为其冲突之地点。此如两军相战，争城夺寨，其城寨乃争夺之地点，而非战斗之原因也。然则就地点言，固孰胜乎孰败乎？即冲突之后，将日趋于新乎，抑复返于旧乎？又就原因言，将永远存在乎，抑逐渐湮灭乎？即国民之知识与情感，能使之齐一否乎？利欲与意气，能使之消除否乎？此等问题，关于吾国之前途者至重，吾人既研究冲突之原因，尤不可不揣测其冲突之结果焉。

第一问题，则记者敢断言之，以为其势必日趋于新焉。前既言新旧为一程度问题，程度虽殊，然皆沿同一之方向以进，但有过不及之差，非若正与负之异。试就事实论之，则今日之所谓新者，较之曩时讲求西艺倡言新法者，固有进步；即所谓旧者，亦非曩时视欧美为夷狄斥新学为异端者所可同日语矣。此非仅为世界之大势所趋而然也，亦事理之不得不如是耳。新之与旧，非必新者固善而旧者固恶也。一切事物，经若干时日之后，必有若干之腐败与颓废积于其中。如衣之旧者必垢，屋之旧者必倾。故旧之与恶，常相为缘。培根有言："恶者，于人事继续之途中，常逞其堕落力；善者反之，如强发之运动，于初发时其力最强。"人之舍旧而谋新，非恶其旧，乃去其恶耳。但旧者虽为恶之所积，而常为习之所安。故著新衣者踧踖不宁，常不如敝缊之适体；入华屋者手足无措，转不如蓬荜之安身。习之难移，不但笃于守旧者如是，即勇于革新者，亦每于不知不觉之间，流露其向来之习惯。可知新之为物，于理论上赞美者极多，于实际上爱顾者颇少，革新之难，职由于此。然新之所以不习，旧之所以相安，无非时日上之关系。岁月进行，新者亦相习而安矣。西人谓岁月为最大之革新家，谓革新事业，经过岁月，则自然成功。予谓岁月非能使旧者变新，不过能使新者变旧。新者既旧，则其习自成，惟其习既成，则其恶亦积，不可不以更新者代之。而社会之日趋于新，乃亦如岁月之进行，未常停滞。设此机能而偶有停滞焉，则其社会必至于沉衰而覆灭。风不行则空气浊，水不流则积潦腐，人身代谢之机能不畅，则老废物充积而疾病生，其理一也。

至个人之知识与情感，固根本于先天之禀赋，然社会之交际与学校之教育，亦能改变其气质。过者进之，不及者退之，虽不能全然消灭其特性，使斠若画一，如铸于一型之中，然使其程度相去不至甚远，固无不可。吾国民于社会交际素不讲求，致互相观摩之机会极少。学校教育既未普及，程度又复幼稚，训练人格，陶铸品性，仅为教育家之门面语，实际则相去尚远。故一般国民，具常识及圆满之性格者甚少，阴阳偏呲，悉成人性上之畸形，欲望其知识情感，渐渐齐一，殊为至难之事。惟人类在同一社会中，与水之同在一器中无异，器底加热，其已受热之分子与未受热之分子起对流作用，使器内之水热度相同，至全体得同等之高热度而后沸。人类之知识情感互相传播，亦复如是。记者纵览二十年之世变，觉今日之官吏商人军士，与戊戌以前者相比较，则其所得世界之知识与对于国家之情感，相去已不可道里计，是皆由少数维新之士所传播者。惟地广民众，欲使全体得同等之高热，尚须俟之岁月耳。且即使全体进步以后，国民之知识与情感，终不无所差池。故世界各国，虽于国民性之陶铸极为尽力，而常有急进与保守之二派互相对峙，各保平衡。吾国将来新旧两党，各各进步，则其结果亦必为急进与保守之二派。惟此二派之知识情感，当较之今日之新旧两派，大为接近耳。

若夫利欲与意气，则为人类恶劣之根性。将来社会日益进步，即未能将此等根性全行铲除，然必能大加抑制，则无可疑义。何则？徇利欲者，求利而适得害；任意气者，求胜而适得败。世界历史先例昭著，东西前哲已无不垂为训诫。吾国政治运动，至近年始臻剧烈。国民对于政治竞争之阅历未久，经验未深，故利欲与意气一遇可以暴发之机位，即乘间而入。视历史之先例，前哲之训诫，不肯轻于置信，必经若干人之实验，受若干次之惩罚而后，乃知具此劣根性者，决不能立于政治之舞台，则不得不勉自抑制矣。夫社会虽如何进步，思想之冲突，终不能免。有冲突而后有调和，进步之机括，实在于此。苟其国民有抑制利欲与意气之能力，则虽有冲突，亦不至为害于社会。惜吾今日之国民，尚未足以语此。果吾国民欲保其政治的独立于将来，则于抑制此劣性之道，不可不加以注意。记者以为吾国他日而果至于灭亡焉，则其灭亡之原因，决不在于维新，亦决不在于守旧，而在此利欲与意气之二弱点而已。

爱与争

爱与争，相对之名也。以普通之意义言之，则爱之性质，常属于善；争之性质，多属于恶。故世人喜言爱而讳言争，且以为爱则无争，争则不爱，惟爱可以息争，世间一切之争斗，皆当用爱以消弭之。故对于人类，则提倡博爱主义，以蕲世界之和平；对于国民，则提倡爱国主义，以固国家之统一。乃征之事实，则甚与其所期求者相反。远之若欧洲基督教诸国，昕夕孜孜，以宣布其博爱之福音，而大战经年，杀人盈野，曾不知其所底止。近之若吾中华民国，无上无下，咸曰爱国，甲既爱国，乙亦爱国，而互相冰炭，实不能容。牺牲以为国家者，几将以国家为牺牲。是皆至可骇怪之现状也，则吾人对于爱与争之关系，不能不加以研究而为之诠释矣。

考之哲学家之学说，则人类进化之要素有二：一为利己，一为利他。利己者，竞立争存，为己之生命而努力，争之因也。利他者，协力互助，为他之生命而努力，爱之本也。竞争之说，达尔文实唱道之；协助之说，达氏已开其端，后之学者，益光大其说。于是协助与竞争两说并峙，所谓"人类生活之网，以两种之丝结成之"者也。我国哲学，杨墨二氏各据一说，并峙数千年，两不相下，亦由于此。说者谓爱之与争虽相矛盾，而均为进化之要素。自然界之进化，成于矛盾之理法者居多。如求心力与离心力之对抗，实为宇宙进化之大法，固不必以矛盾而病之。但吾人研究爱与争之关系，则其因缘至为切密。其相为矛盾者，乃仅就现象而言，若其本体，实为同一：争即是爱，爱即是争；有爱即有争，无争即无爱。固不必讳争以为爱，亦不能援爱以息争。诠释斯旨，则其调剂平衡之道，亦可以知矣。

夫利己为争，固无待言。人苟惟一己之福利是鹜，则于他人之福利，自不复顾及。岂惟不顾，且侵夺之。于是他人亦以为自己福利之故，防止其侵夺。不但防止而已，且亦进而侵夺其福利。斯则争矣。然以斯为争，亦可以斯为爱。盖爱之最真最挚而为一切爱情之起始者，即为爱其自身。利己者，亦爱其自身而已。以爱自身之故，不能不与他人争。其爱愈真挚，其争亦愈剧烈。生物界中，以爱自己生命之故，于是乎有饮食之争；以爱自己继续的生命之故，于是乎有配偶之争。以自他之关系言为争，以各自之关系言即为爱。吾得就此而诠释之曰：利己为争，亦为爱也。

或曰：利己为争，利他则无争。牺牲自己以利他人，则吾自无与他人争，他人亦何为而与吾争？虽然，利己利他，特范围广狭之殊耳，其用爱犹是也，其为争亦犹是。爱他之范围，无论广至如何，必有其所及之界限，或爱其宗族，或爱其乡里，或爱其国家，或爱其民族。范围虽异，其有界限则同。界限一生，争端即启。野蛮酋长时代，以爱其宗族及乡里而起战争；近世文明时代，则以爱其国家及民族而起战争。爱之范围愈广，争之规模亦愈大。就令宗族、乡里、国家、民族之界限尽行撤除，而曰吾爱世界之和平，吾爱人类之自由，吾爱道德与信义，是则有形之界限固除，而无形之界限仍在。即不和平不自由不道德不信义者，仍在爱之范围以外也。历史上之宗教战争、文明战争以及近日欧洲之大战争，与吾国之革命战争，皆标揭和平自由道德信义之名，以与危害和平压迫自由破坏道德背弃信义者争，其争之范围，且较之有有形之界限者为广矣。总之，爱他云者，其所谓他，有界限耶？则有所爱亦有所不爱，以有所不爱而争，亦即以有所爱而争也。他而无界限也耶？则无所不爱，亦即无所为爱，以无所不爱而勿争，亦即以无所爱而勿争也。吾更得就此而诠释之曰：利他为爱，利他亦为争，与自利同也。

大凡人之生也，莫不有爱。甲之所爱，亦乙之所爱也。一丙也，甲既爱之，乙复爱之，甲乙二者，乃共争丙。争之起也，莫不由是。故争者何？争所爱也。爱名则争名，爱利则争利，爱好色则争好色。爱在是，争亦在是，爱之目的物即争之目的物也。推之而爱国家爱民族者，以国家民族为争之目的物；爱道德爱信义者，以道德信义为争之目的物。其争其爱，亦犹之名利与好色而已。夫以国家与民族为争之目的物，则其国家与民族必敝；以道德与信义为争之目的物，则其道德与信义亦危。呜呼！争果恶耶？亦既爱矣，乌得不争？爱果善耶？亦既争矣，何如勿爱？此吾人之所滋惑者也。

由前所述，则人苟有所爱，必有所争，此欧人所以有生存竞争之说也。如欲勿争，惟有勿爱，此释氏所以传爱根清净之旨也。然弱肉强食，既非人性所安；舍身饲虎，又非凡夫所愿。争既不可常，爱亦不能割，则奈之何？曰：欲弛其争，宜平其爱。例如名与利，人之所爱也，则有权利义务之制限焉；好色，人之所爱也，则有一夫一妇之规定焉。是皆所以裁制其爱，使不得充分以逾其量。爱不逾其量，虽不能持此以息天下之争，然争亦可稍辑矣。推斯道而行之，则爱国家爱民族爱道德爱信义，其当适如其量焉亦然。所谓量者，即使人人各得用其爱之谓也。我之爱固不可以不如人，而人之爱亦不可谓其不如我。是故他人之意见，不可不许其表白而容纳之；他人之罪过，不可不许其忏悔而原宥之。处事勿专，与他人以行爱之机会；疾恶勿甚，留他人以用爱之余地。勿充己之爱，以拒人之爱；勿张己之爱，以绝人之爱。平爱之道，如斯而已。《柳子厚传》郭橐驼曰：爱之太殷，则本性日离，虽曰爱之，其实害之。此言可反复思也。

罗兰夫人之言曰："自由自由，世间多少罪恶，皆假汝之名以行。"呜呼！今之人假爱之名以行其恶者多矣。多数之人，对于国家民族道德信义，曾漠然而不知爱也。惩于其爱之不及量者，乃思有以矫正之。若谓人之用爱于此，惟不及量之忧，而无逾量之虑，苟能用爱于此，则愈逾其量亦愈善。其说既昌，人乃得于爱之名义之下，极端发挥其意志，迫压他人之爱，以充足自己之爱。论其事实，则争而已矣。然彼不名为争而名为爱，以名为争，则非难者或来；名为爱，则可以肆行无忌也。彼欧洲各国之政治家，既以爱国家爱民族爱道德信义之美名驱全国之生灵，操至凶之战具，以实行其争殖民地争工商事业之野心。而我国政治家，亦日日揭此等之爱以示吾国人，一若彼既被此美名，则虽武断专制、巧伪谲诈，国人亦当忍受之；虽暴戾恣睢、扰乱秩序，国人亦当原谅之。夫彼等之爱，果出于真诚与否，吾不敢知。吾固不能谓彼等之争，实由爱之逾量而起。惜乎举国之人，犹迷信于爱之美名，使彼等得标爱以行其恶，假爱以障其恶。而其尤可惜者，如欧洲诸国之人民及吾国革命时代之志士，皆以爱情过热之故，牺牲生命，破坏资产，前仆后继，从事于战争，以殉其所爱。若而人者，人多钦之敬之，若不忍以爱逾其量为垢病。虽然，是岂人生之常轨，处世之正则也乎？

顾宁人曰："天下兴亡，匹夫匹妇与有责焉。"吾人为国家民族中之一个人，为以道德信义构成之社会中之一分子，则吾之对于国家民族与道德信义，宁有不爱之理？然吾所以致吾之爱者，亦只以一个人一分子之爱为止。吾负吾匹夫匹妇之责，他夫他妇之责，吾不可举而尽负之于吾之一身。吾治吾之室家，吾守吾之职业，吾不忘吾之本分，吾不负吾之良心。吾在吾国家民族上与道德信义上之功绩，不但不求胜于他人，且实无以有加于他人。功绩固不足言，吾惟望吾之罪恶不至较他人为甚。吾不愿流芳百世，吾亦不愿遗臭万年。吾之所以酬报国家民族与所以维持道德信义者，如斯而已矣。

天意与民意

《书》曰：天视自我民视，天听自我民听。《左氏传》曰：民之所欲，天必从之。天者何？非指苍苍之积气与浩浩之空间也。以宗教之信仰言之曰上帝，以科学之理解言之曰自然，天即此等观念之代表耳。天有意耶？曰有。天之有意，微特宗教家信之，即科学家亦无异言。所谓"自然之意志"者，固今日哲学家、生物学家、物理学家所竭力以研究之者也。然则天意与民意之关系若何？有谓民意即天意者，是无异谓天无意，而以民意代表之也。既谓天有意，则天意自天意，民意自民意，不能即以民意为天意也。然则天意与民意之关系果若何？

吾人欲于国家政治上研究天意与民意之关系，可就个人生理上以得其印证之资料。以国家之欲保其生命而遂其发达，与个人之欲保其生命而遂其成长，初无二理焉。个人之生也，有加害于其生命者，如发疾病或遇危险时，其保障生命之作用有二：一为意识作用，即借知能之力，疗治其疾病，除去其危险者是也；一为无意识作用，即不借知能之力，而由本能疗治其疾病，除去其危险者是也。今试有人于此，患痈疽，发高热，毒脓充积于病灶，霉菌蔓延于血液，乃求药饵，施刀圭，欲割其痈疽而不堪痛楚，欲泻其血液而又防虚脱，狼狈周章，不知所为。忽焉其痈自溃，其脓自泄，其热乃渐退，其病机乃大转。此何以故？以生理学言之，则固其人之本能有以致此。

吾人平日借知能以保其生。然当急迫危难之时，知能不及施，则本能常骤然发现。例如飞沙触目，则眼睑忽合；瓦沙落于头上，则急伸手以障之。诸如此类,皆为本能。可知吾人之生,赖于知能者固多,而赖于本能者,亦复不少。至人类以下之动物,其知能不及吾人,而本能则较吾人为发达。蜘蛛何以能结网?蜂蚁何以能集社?试一考动物学中所记载之事实,则凡关于求食御害传种育卵者,无在非本能之作用。更推而论之,则一切生物,其机官之发达,生态之变迁,悉为本能之所发展,而非出于知能作用者。然则生物之维持生命,实依赖于本能固无可疑也。

　　本能之作用,既在知能范围以外,故庸众之人,常习而忘之。然有时忽认知此作用之存在,则又觉其奇妙不可思议。在科学未明时代固不能不惊服造化之神奇,而推其作用之本,源于天意。科学渐兴,乃以进化论说明之。然进化论之根据,仍不外乎本能。必生物自有变异之本能,而后能现适应之形质,而后能施淘汰于其不适应者。故本能之奇妙不可思议,仍非进化论所能解释,哲学家乃以自然意志解说之。夫自然意志云者,非即天意之谓乎?庸众人之解释与哲学家之解释,究竟仍归于一致,惟解释之内容,有简单与繁复之不同耳。以自然意志解释本能之由来,则生物之自然意志即为生命之意志,以生命乃自然所赋与也,此意志常向于生之方面发展。人类及高等动物之知能,亦此意志发展之一方面,而其他一方面,则发展为本能。知能为显现之生命意志,而本能为潜在之生命意志。盖吾人欲生之生命意志,平时虽显现于意识而为知能,然在睡梦中,或因他故而意识消灭时,此欲生之生命意志依然潜在,故此时仍有保障生命之本能也。知能与本能之差别,则本能为普遍的,而知能则非普遍的。即动物体内之一机官一细胞,无不具有生命之意志,此普遍之意志,即为本能。故局部受创伤,则局部之组织即增殖新细胞以愈合之;血液有毒素,则血液之成分即发生抗毒素以消灭之。若夫知能,非一机官一细胞所能具也。又知能为机械的,而本能则非机械的。故吾人之知能虽甚发展,能作为耒耜刀匕以求食,作为弧矢枪炮以御害,而于有机体之作用,则不能增损其毫末。本能不然。试征诸动物，其求食也，或具锐敏之感官，或具特异之口器；其御害也，或具锐利之爪牙，或具坚厚之鳞甲，或备毒液螫刺之类。盖其机体为生命意志之所迫，发生此奇妙之器官，决非吾人之知能所可以机械制作者也。是以本能虽为生命意志发展之一方面，而生命意志之奇妙不可思议，实可于本能中认知之。

个人有个人之生命意志，国家亦有国家之生命意志，此意志之显现者曰民意。政治宜如何改革，法律宜如何制定，国利民福如何发展，内乱外侮如何防止，凡经国民之思考议论，定其主旨，而见诸施行者，皆民意也。国家有此民意，即国民之知能作用，与个人之有知能作用相当。然国家固尚有潜在的生命意志，发展为本能作用，与个人之本能作用相当者。当国家危难急迫之时，此本能骤然发见。如法国在一四九二年时为英所破，领土尽失，若安达克（Jeanne d'Arc）一弱女子，忽崛起而解奥尔良之围，屡败英兵，遂抒法难。又如德意志民族、意大利民族，当分崩离析之秋，而忽有威廉一世、意曼纽二世及毕士麦、嘉富尔之徒建统一之大业。冥冥之中，若有启牖之而呵护之者。即如我国，辛亥革命运动之成功，与夫此次帝政运动之消灭，虽曰民意，而事态之变迁与时机之辐辏，均有人力不至于此之感。是皆国家之本能作用，有以致此也。国家本能之性质，亦与个人之本能无殊。一为普遍的，即发于国民内各个人心理上之直觉；一为非机械的，即其作用奇妙不可思议，而非武力智巧及其他之机械力所能及。大都普通之意义所谓国命、国运、国脉者，即指此本能而言。

然则天意与民意之关系果若何？曰：广义之天意，包含民意在内；狭义之天意，则与民意为对待。何谓广义？即天意者，自然之意志也。知能作用及本能作用，均为自然的生命意志所发展。或者以知能作用主于吾人，非如本能作用之不由自主。故本能为自然的，而知能非自然的。不知知能之发展，亦由迫于欲生之一念而来，且决非可以自主（哲学家有反驳意志自由之说），其为自然的与本能无异。以此推之，可知国家之知能作用及本能作用，无非天意，而民意即在天意之包涵中，此广义之说也。何谓狭义？即天意者，不显现于人类意识中之自然意志也。其显现于人类意识中者为民意，然尚有不显现于人类意识中而为人类所认知者，更足为天意存在之证明，此狭义之说也。以广义言，则民意亦天意，反背民意者即为违逆天意。以狭义言，则民意之外，尚有天意。故凡运动选举以制多数于议院者，及威迫利诱以制造民意者，虽能使一时之民意陷于迷乱，而天意终不能假托也。

静的文明与动的文明

近年以来，吾国人之羡慕西洋文明无所不至，自军国大事以至日用细微，无不效法西洋，而于自国固有之文明，几不复置意。然自欧战发生以来，西洋诸国日以其科学所发明之利器戕杀其同类，悲惨剧烈之状态，不但为吾国历史之所无，亦且为世界从来所未有。吾人对于向所羡慕之西洋文明，已不胜其怀疑之意见，而吾国人之效法西洋文明者，亦不能于道德上或功业上表示其信用于吾人。则吾人今后不可不变其盲从之态度，而一审文明真价之所在。盖吾人意见，以为西洋文明与吾国固有之文明，乃性质之异，而非程度之差。而吾国固有之文明，正足以救西洋文明之弊，济西洋文明之穷者。西洋文明酽郁如酒，吾国文明淡泊如水；西洋文明腴美如肉，吾国文明粗粝如蔬。而中酒与肉之毒者，则当以水及蔬疗之也。

文明者，社会之生产物也。社会之发生文明，犹土地之发生草木，其草木之种类，常随土地之性质而别。西洋文明与吾国文明之差异，即由于西洋社会与吾国社会之差异。至两社会差异之由来，则由于社会成立之历史不同。就其重要者言之，约有二事：

一、西洋社会，由多数异民族混合而成。如希腊、腊丁、日尔曼、斯拉夫、犹太、马其顿、匈奴、波斯、土耳其诸民族，先后移居欧洲，叠起战斗，有两民族对抗纷争至数百年之久者，至于今日仍以民族的国家互相角逐，至有今日之大战。吾国民族，虽非纯一，满、蒙、回、藏及苗族，与汉族之言语风俗亦不相同，然发肤状貌大都相类，不至如欧洲民族间歧异之甚，故相习之久，亦复同化。南北五代及辽金之割据与元清两朝之创立，虽不无对抗纷争之迹，但综揽大局，仍为一姓一家兴亡之战，不能视为民族之争。

二、西洋社会，发达于地中海岸之河口及半岛间，交通便利，宜于商业，贸迁远服，操奇计赢，竞争自烈。吾国社会，发达于大陆内地之黄河沿岸，土地沃衍，宜于农业，人各自给，安于里井，竞争较少。

社会成立之历史不同，则其对于社会存在之观念亦全然殊异。西洋人之观念，以为社会之存在，乃互相竞争之结果，依对抗力而维持。若对抗力失调，则弱者败者即失其存在之资格。吾国人之观念，则以为社会之存在，乃各自相安之结果，凡社会中之各个人皆为自然存在者，非扰乱社会，决不失其存在之资格。盖吾国人以为一切人类，皆为天之所生，天即赋以相当之聪明才力以得相当之衣食，谚所谓"各人头上有青天"及"天无绝人之路"，皆表明人类各得自然存在之意义者也。两社会间之观念既有如此之差异，则影响于社会之文明者，差异自必更多，约举数端如下：

一、西洋社会，一切皆注重于人为。我国则反之，而一切皆注重于自然。西洋人以自然为恶，一切以人力营治之。我国人则以自然为善，一切皆以体天意，遵天命，循天理为主。故西洋人之文明为反自然的，而我国人之文明为顺自然的。（关于此义，日本杂志中曾有论著甚详，惜匆匆不及检出以资佐证。）

二、西洋人之生活为向外的，社会内之各个人皆向自己以外求生活，常对于他人为不绝的活动，而社会上一切文明皆由人与人之关系而发生。我国人之生活为向内的，社会内之各个人皆向自己求生活，常对于自己求其勤俭克己、安心守分，而社会上一切文明皆由此发生。

三、西洋社会内有种种之团体，若地方，若阶级，若国家，若民族，皆为一团体而成一种之人格，对于他团体为权利义务之主体，此种团体亦为竞争之结果，以共同竞争较之单独竞争易获胜利也。我国社会内无所谓团体。城镇乡者，地理上之名称；省道县者，行政上之区划。本无人格的观念存于其间。国家之名称，则为封建时代之遗物，系指公侯之封域而言。自国家以上，则谓之天下，无近世所谓国家之意义。王者无外，无复有相对之关系，其不认为人格可知。至民族观念，亦为我国所未有。所谓蛮夷戎狄者，皆天生之蒸民，且多为古代帝王之后裔，以其地处避远，俗殊文野，故加以区别。夏用夷礼则夷之，夷用夏礼则夏之，其区别本非固定，故与现时民族之区别不同。盖我国除自然的个人以外，别无假定的人格，故一切以个人为中心，而家族，而亲友，而乡党，而国家，而人类，而庶物，皆由近及远，由亲及疏，以为之差等，无相冲突。西洋社会中，既有个人主义，又有国家主义、阶级主义、民族主义，时相龃龉，而个人为中心与国家为中心之二主义，尤为现世之争点。

四、西洋社会既以竞争胜利为生存必要之条件，故视胜利为最重，而道德次之。且其道德之作用，在巩固团体内之各分子以对抗他团体，仍持为竞争之具。而所谓道德者，乃从人与人之关系间规定其行为之标准，故多注意于公德。而于个人之行为，则放任自由。凡图谋自己之利益，主张自己之权利，享用自己之财产，皆视为正当，而不能加以非难。资本家之跋扈于社会，盖由于此。我国社会则往往视胜利为道德之障害，故道德上不但不崇拜胜利，而且有蔑视胜利之倾向。道德之作用在于消灭竞争，而以与世无争与物无竞为道德之最高尚者。所谓道德，即在拘束身心，清心寡欲，戒谨于不睹不闻之地，为己而不为人，故于个人私德上兢兢注意。凡孜孜于图谋自己利益，汲汲于主张自己权利，及享用过于奢侈者，皆为道德所不许。

五、西洋社会无时不在战争之中，其间之和平时期乃为战争后之休养时期，或为第二次战争之豫备时期。战争为常态，和平其变态也。我国社会时时以避去战争为务，惟自然界中竞争淘汰之公理不能废止，故至地狭人稠生计逼促之日，为天演之所迫，避无可避，突然起社会间之扰乱，乃不得不以战争恢复和平。和平其常态，战争其变态也。西洋社会之和平，用以构造战争；我国社会之战争，用以购求和平。故自历史上观察之，西洋社会为此起彼仆之社会，我国社会为一治一乱之社会，盖由于此。

以上所述，不过就所见者杂举之，而皆为竞争存在与自然存在两观念差异之结果。综而言之，则西洋社会为动的社会，我国社会为静的社会。由动的社会，发生动的文明；由静的社会，发生静的文明。两种文明各现特殊之景趣与色彩，即动的文明具都市的景趣，带繁复的色彩；而静的文明具田野的景趣，带恬淡的色彩。吾人之羡慕西洋文明者，犹之农夫牧子偶历都市，见车马之喧阗，货物之充积，士女之都丽，服御之豪侈，目眩神迷，欲置身其中以为乐，而不知彼都人士方疾首蹙额，焦心苦虑于子矛我盾之中，作出死入生之计乎？彼西洋人于吾国文明，固未尝加以注意，然观丁格尔步行游记所言，亦时怀怅触，彼于滇蜀万山之中与吾国最旧式之社会相接，乃谓欧美文明使人心中终日扰扰不能休息，而欲以中国人真质朴素之风引为针石，是亦都市之人览田野之风景而有所领略者也。

至就两文明发生之效果而论，则动的社会，其个人富于冒险进取之性质，常向各方面吸收生产，故其生活日益丰裕。静的社会，专注意于自己内部之节约，而不向外部发展，故其生活日益贫啬。盖身心忙碌者，以生活之丰裕酬之；而生活贫啬者，以身心之安闲偿之。以个人幸福论，丰裕与安闲孰优孰劣，殊未易定，惟二者不可得兼，而其中常具一平衡调剂之理。

又人生之耗费常与其活动为比例，活动多者耗费亦多，活动少者耗费亦少，故丰啬之殊仅由比较而出。其实则各人之生活悉与其境遇相应，倍入者倍出，寡得者寡失，丰啬初无二致，此亦平衡调剂之理也。

现时西洋人之富力，十余倍于吾人，易言之，即在吾国可以赡养十余人之富力，在西洋仅以之赡养一人。故西洋之富力，乃由限制其人口之增殖而成，今日英、美、法、德，其生殖之进步皆甚迟缓，且又互相杀戮以减少其人口，于是以其财产与人口相比较，乃与吾国相去甚远。若使吾国处西洋之境况，则不出百年即增十倍之人口，而人口与财产之比较，仍与吾国现时相等矣。社会学家言人口有数与量之别，以量言则彼石而我斗，以数言则彼什而我百，数量相准。吾国堪舆家有"丁多财薄，财旺丁衰"之言，亦犹此义，此又一平衡调剂之理也。

西洋之富由其力征经营而得，恃人为之力以与自然抗争，凡人类所受自然界之苦痛，悉欲战胜之或避免之。吾国社会受自然界之苦痛最甚，饥馑疫病之至，死亡枕藉，即在平日，大多数之人民亦无时不以其身与饥寒疾疠相战。西洋社会所受自然界之苦痛，较之吾侪固大为减少，然其所减少者，仍以人为的苦痛增益之。试一翻西洋历史，若宗教战争，若政治战争，及近年之民族战争，其死亡之多，较之饥馑疫疠之灾，亦复无异。彼等无饥饿疾病之患，乃以其身与炮火刀兵相抗，此等苦痛固非自然界所赋与，乃为人之所自造者；非天作之孽，而自作之孽也。吾国历史，虽亦时有战乱发生，然推其原因，大都为人口过繁，生事不给，又值水旱灾祲之荐至，遂酝酿而起兵灾，仍为自然关系，而非宗教、政治、民族等人为之关系也。近年来，三起革命固属政治战争，然较西洋之政治战争，牺牲特少。论者谓吾国民性质和平之结果，实则吾国民穷财尽，日与自然界之苦痛搏战不遑，政治问题可已则已，不欲更事吹求，亦所以减轻其苦痛之法耳。闻某县乡人言，其乡每遇丰年，赌博甚盛，典妻鬻子，破家者不知凡几；若值歉收，则博资无所出，诱引者弃而他去，则家室相安。故丰不如歉之乐。可知人类之性质，于自然之苦痛减少时，辄代之以人为之苦痛；若自然之苦痛剧烈，则人为之苦痛自少。此亦平衡调剂之理也。

总之，由吾人观察之结果，则社会之生理确与个人生理无异。

凡喜运动之人，血气充足而易于偏胜，故每患充血症；喜沉静之人，血气平和而易于衰弱，故每患贫血症。患贫血症者，由于营养分之不给，细胞之代谢不旺盛，血液之成分不清洁，病菌乘间侵袭之，或成痨瘵，或发瘰疬。吾国社会之症状，即贫血之症状也。患充血症者，由于营养分之过多，蕴蓄于胃肠而发酵，吸收于血管而生毒，病菌乘间侵袭之，或起炎症，或生痈疽。西洋社会之症状，即充血之症状也。两文明之结果，其不能无流弊，盖相等也。

至于今日，两社会之交通日益繁盛，两文明互相接近，故抱合调和，为势所必至。以事实证之，则西洋社会以数世纪竞争活动之结果所获得之资本，流入吾国以开发富源；吾国社会以数千年刻苦安静之结果所滋生之人口，输入他国以兴起工事。此固于两社会交有利益者。吾国现时水陆交通之逐渐便利，皆赖西洋资本之助；而西美、南非及澳洲各埠之开辟与南洋群岛各国属地之兴盛，亦赖吾国人民之移殖，皆事实之彰著者。往时吾国人以保存富源收回利权之故拒绝外资，至今绝无成效；近时以叠次政争之故，财力益觉竭蹶，政治家对于外资且欢迎之不暇矣。又美国及英属堪拿大、非洲、澳洲，皆有禁止华工入口之事，数年前吾国人有流入法国巴黎售纸花以糊口者，巴黎市会啧有烦言，至由使馆资遣回国；而大战开始以来，各国乃屡有密招华工之事，法政府至提出议案于议院，试招华工五千人在兵工厂作工。可知通工易事以盈补不足，为社会间之定理，如水之必至于平，堤障之设可以暂止而不能永绝也。以上所言，为物质上之交换，至精神上之交换，最显著者如生存竞争之学说输入吾国以后，其流行速于置邮传命，十余年来社会事物之变迁，几无一不受此学说之影响。至西洋俄、法、德诸国，在数年以前亦盛研究东方之学。俄国文豪托尔斯泰氏之著作中，推崇中国文明尤至。将来之西洋社会，亦必有若干之变化，受影响于吾国者，其朕兆盖已见焉。吾侪今日当两文明接触之时，固不必排斥欧风，侈谈国粹，以与社会之潮流相逆，第其间所宜审慎者，则凡社会之中，不可不以静为基础，必有多数之静者，乃能发生少数之动者。即如吾国社会，由大体言之，固为静的社会，然政治界、商业界、文学界中非无少数之动者，此少数之人，即受多数农工细民之给养而产出者也。西洋社会，由大体言之，固为动的社会，然其间亦有一部分之人民为静的生活。且西洋社会常向世界各社会吸收生产，故西洋之动社会亦受世界多数静社会之给养而产出者也。譬如一都会，其活动固非四周村落之所及，然其活动之由来，实在于四周村落，故四周村落愈多，其都市亦愈兴盛。可知社会之中，动者实居少数，而静者实占多数。吾国将来，其将于少数中求生活乎？抑于多数中求生活乎？设言之，如吾人为长养子孙繁殖氏族之计，将使之为官僚、为商人、为学士，生活于少数阶级中之为宜乎？抑使之为农民、为职工，生活于多数阶级中之为得乎？将使之籴米而食，赁宅而居，作都市中生活之为愈乎？抑使之耕田而食，凿井而饮，习村落间生活之为善乎？此固不待再计决者。故吾愿吾人对于此静的社会与静的文明，勿复厌弃而一加咀嚼也。

中国人果惰乎？

本志前卷十一号载钱君论文，题为《惰性之国民》，意以"惰"字为吾国民之病根，而思有以挽救之也。近日余与友论吾国民特性，友方自海外留学归，亦谓以吾国民与他国比较，优点固多，而其最大之劣点，即在于惰。予漫应之曰：吾国民诚惰。虽然，勤固不如惰也。彼等之勤，乃勤于制军械以互相杀戮耳，勤于操奇计赢以攫夺他国民之财货耳，否则勤于酒馆、咖啡馆、剧场、影戏场耳。且吾国民亦幸而惰耳。果勤如法人者，则三次革命战争，必继续至一百余年。或勤如美人者，则南北战争，亦非十余年不能已。生命财产之损失，将不可计矣！友以予为强辩，予承之。然予意，国民之努力，要不可不审其正当与否。孟子曰：鸡鸣而起，孳孳为善者，舜之徒也；鸡鸣而起，孳孳为利者，跖之徒也。同一勤也，而有舜跖之分，为舜者宜勤，若为跖而勤，吾宁其惰耳。国家社会之所谓文明进化者，即其人民善用其力之谓，而所谓堕落衰退者，即人民误用其力之谓也。吾国社会构成之元素有二：一为孔孟之学，二为老庄之学。孔孟之学，躬行实践，示人以努力之道。老庄之学，清净无为，示人以不努力之道。努力之道，固不可不知；而不努力之道，尤不可不知。盖使人为正当之努力尚易，使人不为不正当之努力为最难耳。人类当野蛮时代，其获得衣食住也，需力甚多，故不正当之努力尚少。文明既启，衣食住之获得较易。古者上农食九人，以今日言之，上农殆可食十五人，则人类但用其十五之一之努力已可得食。至衣服居住，较之得食为易，业此者其数甚少于农，即充其数与农相等，则人类但更用其十五分之一之努力已可得衣与住。况机械发明以后，利用自然力以代人工，人类生活所必须之努力，更大为减少。如是余剩之努力，更将用之于何处乎？夫人类当生存之时，欲其心力体力寂灭而勿用，实为最难之事。圣哲之士，经数十年之修练容或能之。若在常人，则直以此为莫大苦痛。故余剩之努力，未有能弃而不用者。而其用途，则不出于下述之二事。一为增高其生活程度，使生活所须之努力加多。例如蔬食者改为肉食，则所须之努力，增加十倍。（蔬食者十人之食料用以牧畜，仅足以充肉食者一人之食料也。）其他衣服居住之程度，亦可以此推之。二为激起竞争，以消费其努力。是二者固不能全然视为不正当之努力。即生活程度增高，足以减少人类之苦痛；互相竞争，足以增进人类之智能。然不正当之努力，亦缘之而起，即奢侈之生活与无益之竞争是也。烟酒为前者之代表，赌博为后者之代表，今日人类之行事，类于烟酒与赌博者何限？皆不正当之努力而已。吾人试驻足都市之街衢，见乘马而疾走者无数，御车而狂奔者无数，鞅掌终日亦不可为不勤，然果有人焉即而叩其奔走之理由，则无谓之征逐，无聊之应酬居多，其或自以为有正当之理由者，细按之，亦烟酒赌博之类非不可已者也。又试回忆吾人数十年中自身之所动作，或社会之所发生，大小事变，不下数十百起，考其前因，综其后果，则其事之无益而有害者若干，无益亦无害而等于滑稽属于消遣者若干，除此二者以外，所余之事已复无几，然则吾侪之营营逐逐，以哲眼观之，大都庸人自扰而已。或者谓世界进化，善进恶亦进，即正当之努力进，不正当之努力亦进，两方面俱进，即谓之勤，而所谓惰者，乃两方面俱不进之谓。然以予考之，则今日之农若工，其勤未能加于古之农若工也；欧美之农若工，其勤亦未能加于吾之农若工也。今之所谓为文明进化者，亦增高其生活程度与激起竞争，其大部分皆不正当之努力而已。文明乎，是胡足讴歌，直诅咒之可耳。希腊之文明何在乎，罗马之文明何在乎，吾五千余年之旧民族所以能维系而不坠者，实由孔孟之积极的精神与黄老之消极的思想互相调剂。黄老思想之有益于吾民族，犹汽机之有节汽球，所以制力之妄用也。若惩于吾民之惰而效欧美之勤，吾恐其结果使吾民误用其力，求文明者反堕落耳。吾鉴于近日吾国民奢侈生活之激增与政治竞争之劳攘，而不能不兢兢于是矣。

男女及家庭

前清筹备宪政，调查户口，当时浙江山阴、会稽两县分区调查颇详。其各区总数，均男多女少。山乡贫瘠之区，相差尤甚，男一百人中，女仅七十二人。城市富庶之区，则男一百人中，有女八十八人。又全省各县户口，除旂人女多于男外，余皆男多于女，惟省会及大城镇则男一百人中有女九十余人。予当时得此事实，颇以为奇，因研究其理由，由以为由于下列各项之关系。一、调查时之隐匿。某家男子几何，邻里戚友，均能知之，调查较易，女子几何，则人不注意，调查亦难。二、则穷乡僻壤之间，容有犯溺女之罪恶者。三、则习俗重男轻女，养育男儿，常较女儿为注意；男儿之饮食，较优于女儿；疾病之医疗看护，亦较女儿为周至。四、则缠足之风尚炽，女子之生活力，阴被其斫伤。五、女子食物粗粝，营养不丰，则依生物学之公理，其生产之子，必男多于女。六、女子既少于男子，则女子出嫁必早，乃以生育过早之过，易致夭折。七、男子既多于女子，则男子之无资产者，娶妻必难，结婚必晚，因之社会之中，以弱女配壮男，老夫偶少妇者必多，依生物学公例，则男子之年龄长于女子者，所生之子，必男多于女。余又推想男多女少之结果，则男子中必有若干人无妻者。此种无妻之男子，既无女性之调和，又无家室之依恋，其性质必流于放浪与暴戾而为盗贼痞棍之起源。当时予曾将此意见投稿于日报中。近见日本《大日本杂志》载某博士论文，论西洋各国女多于男之原因，则与予说适成反证。论文中略谓："据一九一一年末英吉利人口之调查，男二一九八一八六七人，女二三三一五二七四人，女多于男者一百三十二万有奇。然就其每年婴儿之产出数考之，男女本略相等，何以得女多男少之结果乎？则以男孩多不育之故。就其每年婴孩之死亡数考之，男孩之死亡数，实多于女孩也。然则男孩何以不育乎？则以男孩当生长时期，疾病较多于女孩，哺育较难，为母者不注意，故死亡较多也。然则为母者何以不注意？则以欧美之女子多社交，耽游乐之故。英吉利全国，一年之中，竞马、扑球、演剧、音乐会、飞机、自动车等竞技会，招引观客出资，其数达五万万圆。每周之中，活动影戏之观客，平均为八百万人。此巨大之金额，皆英人之为游乐而用者。更精考之，则皆英之男子为女子之游乐而用者。伦敦某杂志以青年何以不愿结婚为问题募人投书，应募之人，一百分中八十五分，皆以不能供应女子之欲望为言。女子之数既超越男子，而男子又惮于结婚，则独身生活之女子必众，其结果则产出卖淫妇与私生儿。而其第二之生产物，乃为暴乱之女子。盖独身生活之女子，不得不求职业。女子之职业既少于男子，其劳金亦较男子为少。英吉利之女权论者，其主张之要点，即对于劳金之差异而起不平心。彼等以要求选举权之故，乃至各处放火，以剧药注入邮政柜，毁坏国立图画馆中之名画。日本之新闻杂志，乃以彼等为女权之先觉者，表赞同之意。在英吉利本国，嫌之如蛇蝎者，日本乃尊之为志士，使彼暴乱女闻之，当不胜狂喜，以为吾侪之知已，乃在日本也。"以上为日本某博士论文中之大意，余因此感想吾国女子，与西洋女子，地位不同，彼尊女子，乃产出过胜之女子；我重男子，乃产出多余之男子。《左氏传》曰：民之所欲，天必从之。其斯之谓乎？今者欧风流行于吾国，关系女子问题，亦必有多少之变更。以彼毗阴之俗，救吾亢阳之害，东西文明之抱合，固吾人所切望者。惟社会间男女之关系，经长时日之陶铸而后成，苟有所变更，其影响于社会者至大，不可不熟思而审处之。关于此问题之最重要事项有二：一为自由结婚，二为结婚后亲子异居。此二事在向慕欧风者言之，固以为至当于理，至合于情，为构成新家庭之基础，然在拘墟旧惯者言之，则以为乖于礼制，悖于伦常，为破坏旧家庭之蟊贼。吾人讨论社会问题，自当取研究态度，不宜有所胶固。仅持礼制伦常之说，以为维持旧家庭之理由，殊不足以折服向慕欧风者之心而间执其口。吾人以为新家庭之胜于旧家庭者，确有数端：一、家庭间无压制拘束之苦。二、策励青年之独立。三、减轻为父母者晚年之责任。四、减少早婚及无能力之男子滥育子女之害。然其随之而起之弊害亦复不少。一、未婚之女子，惑于虚荣，负身分不相当之希望，则或陷于堕落。欧洲女子，往往嫌乡里之鄙陋，求职业于都市。初则怀抱奢望，好事赘泽，继则习于嗜好，迫于贫困，因此而堕落者，不知凡几。二、青年男女，结婚后自为一家，无年事较长者为之监察，则不免陷于奢侈，习于游乐，竭男子之精力，以供女子之挥霍，而蹈《大日本杂志》中所述之弊。三、为父母者于子女婚嫁以后，将陷于茕独之苦。欧洲子女于未嫁婚以前，对于父母，爱情真絷，未尝无孝道，然婚嫁以后，则情形大变，与父母相见者，不过每周一次。寡居之老母，往往寄宿于旅舍，疾病则雇看护妇以伺之。其无遗产者则入居养老院，借慈善费或国费以维持。暮景萧条，殊为可悯。较之旧家庭中含饴弄孙之乐，盖不啻霄壤矣。以上三者，殆为必至之弊害，愿提倡新家庭主义者，豫筹补救之方焉。此外尚有一事，为提倡新家庭主义之障碍者，则我国生计日绌，青年之男子能离父而独立，有相当之财产与职业，可以构造新家庭者，盖寥寥无几，彼既无构造新家庭之能力，而与之言自由结婚亲子异居，是犹羽毛未长而欲使高飞，乳齿未生而欲离母哺，固为事实上之所不可能者。新家庭之弊害，尚有补救之方，惟事实上之不可能，则非俟教育既兴殖产既丰以后，无可希望，无已，则惟有于旧家庭之中，酌采新家庭之优点而用之。一、为戒早婚。现时为父母者，往往于其子年龄未壮学业未成之前为之娶妻，使其子未及中年负家累甚重，是实为父母者之罪。二、子女成年，始为择配。择配时须慎重考察，而使子女参与其意见。三、成婚以后，父母对于子妇，须与以宽大之自由，勿以旧时服劳奉养之礼仪绳之，事非有重大之关系者，不加干与，以重子妇之人格，全亲子之爱情。四、父母子妇之间，负互相辅养之义务。父母无资产而子有相当之收入，则称有无以养父母；父母有资产而子无可恃之职业，则量丰啬以给子妇。以上四端，在持旧家庭主义者，或犹以为未然，予则以为维持旧家庭之法，决不能外是矣。

妇女职业

　　妇女职业之说，盛传于欧美，自大战争发生，男子咸执兵役，国内一切工作，多以妇女代之，且有从事于军械制造以供战用者。于是妇女职业问题，更为全世界所注视。吾国近数年来，亦竞提倡是说，以为妇女当求自立，不宜仰赖男子，作男子之附属品。苟能各有职业，则国中骤增无数生利之人，于国家前途，关系不浅。是说也，固亦言之成理，持之有故。然吾国之妇女，其果素无职业耶？提倡中国妇女职业，果当如欧美之现状，使入都会中之工商市场，与男子执同等之商业与工业耶？此亟当研究者也。

　　中国妇女，类能习劳耐苦。田家耕作，多赖妇女之补助。而执手工工业者，则尤所在皆是。北地情形，吾不详知，若南方各省，如纺棉，如拣茶，如燥丝，如绩麻，皆为妇女之专业。而织布、制履、制纸、制造锡箔，亦有一部分之工作，由妇女担任。凡从事以上诸工业者，每县恒千万人或十数万人。其或有徒手而嬉，无所事事者，必其地方乏出产物，无工可执。或其地方距离城市工场过远，艰于承揽。又或工场规模狭隘，所需之工有限，不敷分布之故也。以故此项妇女，除家事操作外，惟有从事于采薪织荐等粗陋之事，以稍补其生计。记者旅行所至，常常闻其乡人相与愁叹，谓吾侪不幸，生此荒僻之区，设能如某某等乡，妇女有业可就，则吾侪生计，亦何至若是之窘迫耶？由此观之，中国妇女，大抵皆有职业，其无职业者，殆为地域之关系，非甘于闲惰而不知缫作也。惟是工业之盛衰，每随时势以转变。海通以还，转变尤甚。自洋布充斥，而纺织之业，多被摧残。制纸事业，亦因洋纸输入而减缩。

茶业则以华茶销路被夺，渐形萎顿。于是从前妇女之大宗职业，日就衰微。故今日而欲研究此问题，则与其提倡新式之职业，无宁注意旧有之职业；与其为少数妇女启辟都市中执业之新途，无宁为多数妇女维持乡里间固有之生计。盖乡里之职业，遍于全国，人数众多，其盛其衰，于国民经济，关系至巨，非都市职业所能比拟。一也。且席旧有之基础，维持而保护之，较之新辟径途，收效自易。二也。乡里妇女之职业，所得劳银，悉以补助家计，滴滴归源，绝无外溢，都市职业，则不免有衣食赘泽之耗费。两两相比，自以旧时之职业，较为实在。三也。吾国人浮于事，男子就业，且忧人满。设令妇女皆执男子同等之职业，在妇女方面，固多一生利之途，然男子方面，必有若干被摈而失业者。与欧美状况不同，不能强相仿效。故不如就素为妇女所执之业，发展之之为便。四也。幼稚园等类之设备，尚未普及，使妇人咸就商市工场之职业，则对于子女养育，不免发生缺陷，不若仍守旧有之家庭工业为合宜。五也。有此数端，故记者以为目前之妇女职业问题，所应急为筹画者，当在此而不在彼，然则维持之道当奈何？曰：其未经衰落者，当设法以保存之；其业经衰落者，当竭力以挽救之；其无可挽救者，则当随时势之所趋，发明一二新事业，予妇女以执业之机会焉。要之，不外振兴内地使用手工之工业，使各地方原料，得因妇女之劳力以销行于世界之市场而已。是不特为妇女筹生活之途，且各地之天然品亦不至长此废弃，亦一举而两得者也。例如燥丝一业，目前固未见衰落，然舶来之丝织物，常出其新奇之式样以与我争胜，则我当改良其旧式以挽回利源。而妇女之缘此以谋生者，遂不虞淘汰。此保存之说也。又如纺织之业，虽渐衰落，然不可不谋挽救之方。完全旧式之粗布，固不能与机器纺织之洋布争竞，但未尝不可参用新式。仿机器构造之木制织机，日本使用极广，且有制造出售者。吾国亦有此项织机之发明，曩在南洋劝业会曾一见之，为湖北广济县某厂之出品。纺机织机咸备，使用尚觉便捷。又上海女工所织之本厂布，市上颇见销行。内地工食较廉，安见不可仿办？特乡里居民，见闻有限，无由知有此种方法，或力有未逮，是不能不望提倡妇女职业者，有以启导之补助之也。此挽救之说也。若其业经衰落，无可挽救，或其地素乏妇女职业者，则宜为之别开径途。无论若何地域，设非硗瘠已甚，其本区或邻近，必有一二天然产物，虽品质之美恶不齐，而其足以成物利用则一，苟有为之提倡，创造一种工业，由粗而精，由近而远，必能逐渐行销，并为之织织收买原料贩卖成品之各种机关，使不至受障碍而挫折，如竹制草织之各种器具，用途至广，其精美者且能流销外洋，麦草辫亦为世界需用之物。竹草麦秆，所在多有，特无倡导之者，遂限于一二方隅而不能普及耳。此不过举其数例。吾国地大物博，其可为手工原料之天然品，或为从前所未曾发见，或已发见而使用未广者，亦复何限？是在热心者考察之研究之，劝导而赞助之，使全国乡里妇女，皆有可执之业，裨益国富，殊匪浅鲜，较之汲汲于都会间之商市工场，使妇女执男子同等之职业，其轻重缓急，固不可同年而语也。

家庭之改革

伧父于本卷一号"谈屑"中，论男女与家庭，谓宜于旧家庭之中，酌采新家庭之优点：一为戒早婚。二为为子女择配时，须审重考察，使子女参与意见。三为成婚后，父母对于子妇，须与以宽大之自由。四为父母子妇之间，负互相辅养之责。伧父之论点，乃在家庭间男女之关系，故其所举，仅此四端。然吾国旧家庭之风习，其足以阻害家族之发达，妨碍个人之活动者，亦复不鲜。前此虽有感其不便者，以其为社会一般心理所公认，故弊害尚不显著。今者欧风东渐，社会之风习已受摇动，若家庭风习与社会不相应合，则凿枘之余，必生至大之俶扰，故不可不择其一二而稍事改革也。

予之改革论，非谓吾国家庭旧习，当根本改变也，亦非欲以欧美个人主义之小家庭，行之于吾国也。民族各有其历史与习惯，适于甲者未必宜于乙，况吾国家族制度，自有可以宝贵之精神，而欧米之小家庭，亦不免有种种之流弊乎！故吾人对于旧风习，当求减除其弊害，而不当妄事更张。对于新风习，但当酌采所长，而不宜为无意识之模仿。旧家庭之弊害，约有数事。一为慕同居共爨之虚名，而不究其事实之窒碍，此为吾国崇尚大家庭之遗习。名门望族，多沿用之，意谓共同尊属之祖若父犹在堂，则子孙不宜分产。而为之祖若父者，或虑其子孙无独立之能力，或不愿抛弃其庞大之家长权，故亦不乐及身而为其子孙析爨。夫大家族为形成国家之基础，古昔之罗马，亦尝行之，嗣因受基督之教义及其他种种之影响，乃次第嬗脱，而成为今日之小家庭。吾国既无欧西所被之各种影响，则家族制度，自不宜轻议破坏，但家族联结之精神，在乎感情气谊之相通，而不在同居共爨之形式。若不求精神上之结合，而徒为形式之连系，则因缘而生之弊害，不可胜数。顾亭林氏《日知录》尝论及之，其言曰："张公艺九世同居，高宗问之，书'忍'字百余以进。其意美矣，而未尽善也。居家御众，当令纪纲法度，截然有章，乃可行之永久。若使妇姑勃谿，奴仆放纵，而为家长者，仅含默隐忍而已，此不可一朝居，况九世乎？"史氏揖臣亦曰："分析之事，不宜太早，亦不宜太迟。太早，恐少年不知物力艰难，浮荡轻费。太迟，则变幻多端，如子孙繁衍，眷属众多，则一切食用衣服，个个取盈，人人要足，全无体贴之心，或有取而私蓄不用，谁肯足用即不取？稍不遂意，即怀不满之心。"夫二氏当时，家族制度尚极巩固，然其对于同居共爨，已表示不满意之态度，则此事之利不胜弊，已无待言。且二氏所论，乃仅就家庭中消极之弊害言之耳，若其积极之弊害，则尚不止此。盖同居共爨，因有种种连带之关系，个人行动，每不自由，其财产为全家所共有，亦不能以个人意志，自由处理。于是子姓中之优秀者，虽欲奋斗进取，常为此连带之阻力妨碍进行。其或欲以财产之一部分，经营事业，亦为共有之关系所牵制，末由自主。若其庸懦者，则又以托居于大家庭之宇下，安坐而食，消失其独立自营之能力，养成依赖阑冗之国民。故其结果，直接足以阻遏家族之繁荣，间接足以妨害国力之发达。不仅内部意见之冲突、财用多寡之争扰而已也。窃以为此种风习，亟宜改除。子姓而贤，固当令其自立门户，俾得活动发展之余地。即或凡懦，亦当为之划定财产。予以小部分之自由，使有机会可以练习，而由祖若父监督指导之。如斯处置，纵不能保不肖者之进为驯良，而可以使优秀者之不受牵累，家族声望，有一部分之堕落，仍得一部分之继承，较之连带牵掣，致有用之人才，不克自展，其得失不可同日而语。此当改革者一也。其二为经济间之关系。我国古训，常谓父母在不有私财，又社会习惯，未析产之家庭，能生利者不特负养赡全家之义务。且其所得之财产，全家均有分享之权利。此为吾国伦理上最优美之道德，固不容有所非议。然事实上之弊害，亦所不免。盖生利者之养赡全家，使被养者皆系妇稚，固属正当，如已达成年，有能力可以习业，而犹懒不自奋，待人赡养，已非情理之所宜。若复令其分享生利者储积之资财，则家庭中苟有一人生利，其余子弟之怀安好逸者，即有所恃而不求职业。生利者所获愈丰，则其逸乐亦愈甚，是不啻奖励怠惰而惩罚优良。故此经济之关系，必宜变革。析爨固可免除此弊，但或无产可分，或有其他障碍而未能分析者，则能生利之人，虽不得不供给全家之食用，然当以能力未充不克就业者为限。若已有就业之能力，即宜自营生活。生利者之补助与否，当任其为情谊上之自由，而不当视为法律上所应有。父母亲族，不能以此责备之。其所有之资财，亦同此例。生利者自有分配与否之权，不得援旧时习惯，谓先代未曾析产，当然可享此项之利益。如是则一方面既以尊重生利者之权利，一方面足以激励怠逸者奋兴。若夫父母在之私财，亦但当以不隐匿为止，所有权及处理权，仍应属之于生利者，若必归诸父母，一切不得自专，则束缚干涉之余，转启隐匿欺诈之渐。此当改革者二也。其三为祖先之崇拜。吾非敢于此旧习，妄持异议，但吾国崇拜祖先之事，亦实过于繁重。岁时忌日，家荐祠飨，固不可废。然大家富族，往往踵事增华，靡所底止。既有公共之家庙，复营近祖之分祠，祭产则务极丰盈，祭品则力求美备，此固已嫌縻费。其尤甚者，则莫如建醮礼忏以及其他迷信之举，意为非此不足以尽追远之诚。且安葬必求风水，劳民伤财，莫此为甚。迨其既葬，苟有伤其荫木，及他人建筑或与其风水有碍者，则必起而争讼。虽废时失业倾家破产，亦所不顾。为子孙者，常有因祭产茔墓之纠葛，而停滞其职业之进行。其不肖之后嗣，又或因祭产丰盈，有余润可沾，遂终身蛰处家庭，而不求自立。此皆崇拜祖先过甚之流弊也。夫继志述事，子孙之对于祖先，自有契合之精神。虽精神不能无所丽以徒存，不能不假诸事物，如岁时祭祀之类，以为纪念。然但求足以表示崇拜而止，若过乎中道，则不特与死者无裨，且于家族之活动，窒碍良多。此当改革者三也。四为家庭之风范。吾国家风之最称优美者，莫如严肃与勤俭，但严肃之中，当有慈爱雍和之气，且情谊必当相通，无令隔绝。若拘束过当，使子弟之对于家庭，视同牢狱，寂无生趣，则必有横决之一日。近世青年，每有持破坏主义，极端反对家族制度者，未始非严肃过甚之反动也。若夫俭约，虽为持家之要素，顾亦宜称量贫富，以为丰啬之权衡。若家本素封，而日用衣食，务侪寒畯，则子弟必不甘耐受。且外人亦将起而诱惑之，高明之家，鬼瞰其室，富厚家族之子弟，诱之者必多，而淡泊枯寂之余，其被诱亦更易，一旦溃决，则挥霍无艺，在所不免。故家庭之中，宜造成整齐和乐之气风，酌定奢俭适中之生活。父母之对于子弟，当令其敬爱，而不当使之严惮；对于子弟之日用，当教之节俭，而不当过于吝啬。庶子弟以家庭为可爱之乐园。而不以为羁缚身心之厄境，苟非至愚极劣，断不忍轶出范围以冒不韪者。先哲唐氏翼修曰："若父教太严，督责太过，则其子反恐惧不前，知识颠倒。"英儒倍根曰："父母对于子女，吝给金钱，实为有害之举，不特使其子女陷于鄙陋，且使之交结恶友，他日财权在握，必流于过分之奢侈。"洵哉言乎！况世变日剧，自由独立说，弥漫于青年之脑海，而社会风俗，又日就纷华，更不能不稍变旧习，以蕲与外境相调合。此当改革者四也。此四者，于旧家庭之根本，无所动摇，而可以使旧家庭与新社会，不生巨大之冲突。虽云改革，实乃维持，当亦为保守家族制度者所乐闻也乎。

文明结婚

　　西洋人婚丧典礼，概较我国为单简。此种风习，能移植于我国，实足以纠正末世文胜之弊。近时婚礼，颇有仿效西洋礼式者，所谓文明结婚是也。其号为文明者，盖有以吾国婚礼为不文明之意。虽然，吾国婚礼，有古礼，有今礼。而所谓不文明者，特俗礼耳。俗礼之不文明，就吾侪之所见者言之。一、新妇之装饰物太多，头部加种种金银珠玉之饰物，受重压殊甚，行动极不自由。二、新妇于结婚后一二日内，耳目官骸，均不许自由动作，其全体与木偶无异。三、结婚之日，新夫新妇，对于多数之神祇祖先，姻亲尊长，叩头无算，屈膝无算，因烦数而失其诚敬之意，遂成无意义之劳作。三、种种迷信拘忌，为稍有思想者所不能行。四、闹房恶习日盛，轻薄子弟对于新妇，为种种无礼之玩笑，几与发狂无异。吾人所以赞成文明结婚者，以能破除此等风习之故，近来流行日盛，亦以俗礼之不能从故也。

　　但近时文明结婚，亦无一定礼式。往往人自为意，节目不同。且结婚前后，如纳采见舅姑等礼，大都阙略，然为事实上所不能无。是宜参酌古今礼制，定一通行之礼式，以为流俗之标准。兹将《仪礼》中之士昏礼，及前清《会典》中之官员士庶婚礼摘列于下，以备参考。

　　《仪礼》士昏礼：一、纳采用雁，使媒氏通言也。二、问名用雁，问女之姓氏也。三、纳吉用雁，定婚事也。四、纳征用束帛俪皮，成婚事也。五、请期用雁，告婚期也。六、亲迎，乘墨车，从车二，执烛前马，妇车有裧（车裳帏），至于门外，女立于房中，

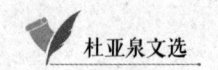

主人迎宾于门外，揖入，宾执雁从，奠雁，出，妇从婿御妇车，授绥，姆加景（景，明也，为行道御风尘，使衣鲜明也），乃驱，御者代（代婿御妇车），婿乘其车，先俟于门外。——以上为六礼，六礼备乃行婚礼。——七、同牢，陈三鼎于寝门外（婚室门外），三饭卒食。八、合卺，既食之又饮之也。九、说服于房（说，脱去之义）。十、入室说缨（女许嫁著缨，以五采为之。婿入室，亲为女脱缨）。——以上为昏礼，于取妻之日，日入后二刻五分行之。——十一、见舅姑，妇质明沐浴，以枣栗段脩进，舅姑醴妇，妇盥馈以成妇道，十二、舅姑飨妇，以一献之礼。十三、庙见，舅姑既没，则妇入三月，择日而祭。十四、请觐，若不亲迎，则妇入三月，婿执贽往见妇父母，醴婿以一献之礼。

前清《会典》官员士庶婚礼：先以媒妁通言二姓，遂诹吉行纳采礼。自公侯伯至九品以上官，各具簪珥约领衣服衾褥有差。主人吉服，命子弟为使。从者赍礼物如女氏，至门，女氏主人吉服迎入。从者陈礼纳于厅事，宾致命，主人祗受。告于庙，乃礼宾。宾退，主人送于门。使者还复命，是日设燕。燕具牲酒，自王公以下各有差。婚期前一日，女氏以衾具往陈婿家。至日，婿家具合卺燕于室，婿吉服以俟。乃设仪卫，以妇舆如女氏，女氏主人告于庙，笄而命之，醴女，以俟迎者，迎者至，姆奉女升舆，行至门，女侍导妇入室，婿妇交拜讫，行合卺礼，是日设燕，与纳采同。——庶民纳采，首饰数以四为限。——越三日，主人主妇率新妇见于庙，分不得立庙者，见祖祢于寝。——纳采及成婚礼，军民人等，绸绢不得过四，果盒不得过四，其金银财礼，官民概不许用。

就上列古礼今礼，考其异同，则结婚以前，古有六礼，今则删并而为纳采一礼。按古礼，问名本与纳采兼行，自可并合，纳吉为告卜兆之吉，属于古代之迷信，自可删除，惟纳征不宜与纳采并合。盖纳采为订婚之始，纳征则于婚期将近时行之，与请期并行。既告婚期，且以绸绢等送女家，备作嫁衣之用。俗礼亦分纳采、纳征为二期，犹有古意，至今礼禁用财礼，俗礼则多用之，虽其意等于价卖，为文明之玷，但现时下级社会，生计日艰，男子稍长，可助父作工得资，女子职业较少，得资极微，养育既难，备嫁更自不易，重男轻女，习俗难除，女少男多，偏畸已甚，故为奖励父母之育女、慎重男子之结婚计，于纳采、纳征时兼备财礼，不妨从俗。亲迎一礼，古代甚为重视，今礼无之。文明结婚，往往男子至女家迎女，同至礼堂，亦有亲迎之意，自以复古为宜。但婚期已近，男家事务必多，如女家距离较远，则多费时间与金钱，事实上不无窒碍。或行或否，宜从其便。古礼定不亲迎者行请觐之礼，可知古时亦非必行。此结婚以前之礼式，不可不斟酌规定者也。结婚之日，古有同牢、合瓷、说服、说缨四礼，今为交拜、合卺二礼，盖同牢、合卺，既食复饮，自可并合。交拜之礼，古本并行于同牢、合卺之中，今则饮食无相拜之礼，故别定之。说服、说缨，房中之礼，不必规定。现时俗礼以交拜为最重，文明结婚之礼式，亦即交拜之礼式。惟跪拜之仪既废，则以鞠躬代之而已。俗礼于交拜时有祝寿、交帕等事，文明结婚亦有证婚人致训词及交换证书等事，其间用意亦颇相同。至合卺之礼，俗礼大都行之，文明结婚，则于此无特定之礼式。此结婚之礼式，不可不斟酌规定者也。结婚以后，古有见舅姑、飨妇、庙见、请觐之礼，今礼仅规定庙见，其他则略之，然为事实上所不能无。故俗礼尚备，惟古礼庙见请觐在三月以后，婚礼过于延长，殊多窒碍，今礼定于三日行庙见，最为相宜。请觐可于庙见后行之，俗礼常于结婚日行庙见、请觐，则过于局促，不免草率。此结婚以后之礼式，不可不斟酌规定者也。兹私拟结婚礼式如后。

一、结婚以前之诸礼。订婚之始，媒介人通言于二姓。乃行纳采礼，男家备婚帖，并金（或银）饰二（或四），果盒四，或兼备财礼，遣使赍至女家。女家备婚帖及果盒报之。婚期既定，复行纳征礼。男家书婚期于帖，备绸绢四，果盒四，或兼备财礼，遣使赍

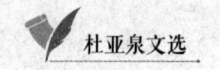

至女家。女家备允帖及果合报之。

二、结婚礼式。结婚之日，男家备彩舆至女家，婿礼服乘舆从。女家为女加笄，吉服加帔，立于堂上。主人迎婿入堂，行亲迎礼。一鞠躬，婿出。女随出，乘舆至礼堂。婿降舆，俟于门。女降舆，由女伴导入休憩室。吉时届，鸣琴歌诗，证婚人礼服立礼堂上，赞者旁立。男女入礼堂，向内并立。女左男右，婚介人及两家亲属分列两侧。男女向证婚人行三鞠躬礼，证婚人答礼。鸣琴歌诗，证婚人致训词，给证书，男女鞠躬受证书。鸣琴歌诗，男女对立，行三鞠躬礼。鸣琴歌诗，男女交换左右对立，行三鞠躬礼，向内并列，证婚人、介绍人各致颂词。新夫妇谢证婚人，行三鞠礼，证婚人答礼退。新夫妇向左右谢介绍人及两家亲属，行一鞠躬礼，各答礼。新夫妇相携出礼堂，入室，行合卺燕，介绍人及两家亲属随出。是日设燕，礼宾客。

三、结婚以后之诸礼。结婚之次日，夫引妇见舅姑，行三鞠躬礼，夫家亲属，依次相见，尊长行三鞠躬礼，余皆行一鞠躬礼，是日舅姑设燕飨妇。第三日，舅姑率新妇行庙见礼，与平时家祭同。三日后婿往谒妇父母，礼与妇见舅姑同。

以上所拟，不过于现行文明结婚礼式中，增加纳采、纳征及合卺、见舅姑、飨妇、庙见、请觐诸礼，以期完备而适用。其详细节目，自可随时损益，以求从宜。留意社会风俗者，其亦赞成此礼式而乐为之提倡乎？

说 俭

俭为克己主义中之美德，吾国经传及诸儒学说先哲格言，多称道之，析理无遗，陈义至尽，已无叙述之必要。然沿论既久，习焉不察，有视为老生常谈不屑注意者，更有谓际此竞争时代，吾人应努力于积极奋斗，此消极之道德，已失其维持风会之权，笃守之固可自淑其身家，而稍稍违反，亦未必呈巨大之弊害，盖此仅属于个人之经济问题，其及于政治之影响，国家之利害，固极微薄也。抑知不俭之为害，决非限于个人而止，迁流所及，常足以堕落社会之道德，剥丧国家之元气，且世界棣通，竞争激烈，其祸害亦因之而益甚。吾人默察国内近今现状，举凡动乱之频仍，朝局之杌陧，生计之凋敝，礼教之陵夷，与夫高等游民之繁多，政界贿案之叠出，虽原因复杂，不能据一端以论定，然诱惑于物质之奢华，不知崇俭守约，亦其要因之一，不得视为消极道德，谓其不适于今日时势而漫不加察也。

吾人今不复以旧习惯旧伦理之陈言，絮聒读者之耳，试就近世之学理讨论之。近之论者，每谓世界进化之大原，全赖人类生活欲望之向上。人惟不甘以现有之享用为止境，于是始而穴处，继而宫室，始而鲜食，继而烹饪，其他一切资生之事，亦无不由简单而变为复杂，由朴陋而即于奢华，递演递进，亦递进递演，遂形成今日灿烂庄严之世界。苟无此欲望，则人类社会，犹是犷獉之故态，决无进步之可言。由是言之，奢侈生活，虽不无几许之流弊，然欲望向上，于文明开化，有至大之助力。且文明之程度愈进，则奢侈之欲望亦随之而愈增，曩日所视为美备者，今日或嫌其不足，前此所惊为奇异者，后此或习为故常，故吾人饮食日用，决非永持旧态，常向奢侈方面次第进行。世界数千年来之历史，实无日不含有由俭入奢之趋势。虽近今十数年，吾国生活程度陡然增进，似越前代之常轨，然此乃受欧美物质文明之吸引，仍不外文明与欲望相互增进之公例，是固无可骇异，而亦无可诟病者也。虽然，欲望向上，果足为进化之大原乎？就事实考之，不过为其基因，而其最要之条件，则在乎勤俭。盖世界一切文化，无一非劳动与资本之结果，而劳动、资本，则由勤俭而来。野蛮人类之欲望向上，与文明人类，初无少异。顾野蛮无明日，日常生活但求餍足其欲望，一日所获，即以供一日之耗费，不为未来之预备。而文明人类，则有远虑，谋未来，知人生之不可一无积贮也。凡劳动所获，不敢即时耗散，必贮蓄其几许，以为将来之储备。对于一己之欲望，常存节制之心，不但求现时之享乐，且进而谋后日之享乐。于是积其劳力与资本，创造种种伟大之事功，以启发文明而嘉利后叶。凡近代一切文明之产出，皆吾先民勤勉节俭之所留遗者也。故勤俭实与文明有密切之关系，即谓勤俭生文明，亦非过论。向使吾先民无此懿德，而徒逞其欲望作用，则吾侪社会与野蛮社会、动物社会，相去几何？故论进化之大原，谓为由于欲望之向上，无宁谓为由于勤俭所积贮之较为中理也。

论者又谓奢与俭无定义，乃随外缘之境遇，社会之文化，比较而出之名词。玉杯象箸，当日目为泰侈，而今则视若寻常，今日平民所使用，有为千百载前王侯显贵所不能获得者。良由世界物产，品类日增，新事物之发明，与时俱进，则吾人生活，自然加高其程度，不能执前此之旧状，指为若者俭而若者奢。况乎外围环象，今昔不同，曩者闭关，不妨自为其风气，今则欧美社会，接触频繁，彼既竞炫其华，我亦安能独守其朴？不特此也，吾人服用之丰啬，与社会经济、人民智识常相比例。经济宽余，智识发达，则取精用宏，实乃当然之势。吾国今日经济状况，固已较前活动，人民既富于购买之能力，亟宜任其自然，若强以节约，则一方面金钱有壅滞之虞，一方面物产乏销售之路，市场凋落，亦非政治之幸。且一般青年，因欧风濡染，教育提倡，对于物质上之智识，均已增高。智识既高，则其所需求者，必蕲与其智识相适合，不甘复安于粗陋，此亦人类之天性，而不能强为遏止者也。是说也，就时势以立论，谓奢俭乃由比较而定，理固至确。然就吾人现在之享用以与吾人现在之境遇及文化较，其果相当而切合乎？吾非谓吾人今日当仍沿数十年数百年前之旧，因物产之增加，新事物之发明，而稍即于完美，吾亦不持异议。他如卫生事项，教育事项，凡所以厚民生浚民智者，以蕲合世界大势之故，略求美备，冀收良好之效果，虽较多费，吾亦表示同情。然细核吾人现在生活，其激进之度与吾人现在之地位，殊不相称。盖所谓境遇与文化者，进步无多，而生活状态，则倍蓰焉，且大半属于浪费，用于厚民生浚民智者，百仅一二而已，故即以比较而论，吾人今日之地位，亦决不应有如是之生活也。如以欧美社会接触，不能相形见绌为言，则曷观东邻之日本，彼与外人接近，较我为先，亦较我为数，乃犹不改其朴素之旧习。可知生活之丰俭，当以主观之地位为高下，不能随外界之风尚以转移。若谓因经济活动智识增高之故，则吾国今日，金融所以较形宽展者，乃外人投资及借贷外债之结果，非自然之富力。而人民对于各种学识，如理财，如工业制造，亦未尝增进，足以自辟利源，所增高者，特享用物质文明之智识而已，不能据为论证，谓吾人今日，已有可以享用奢华之资格也。

更有论者，谓奢侈与否，当以一人所费超越于普通人所费之均数若干，及有无善果为标准。酋长时代，一人所费，其超越于均数至多。今则普通生活渐高，超越之数渐少，以今较昔，奢侈之度，固已杀灭矣。窃谓据善果之有无以定奢俭，诚为至论，若取超越之多寡以为断，似不如就财力之胜否以为衡。譬有富人于此，衣轻暖，食肥甘，比之寒素，则诚奢矣，顾其财力足以致之，则亦不呈何等之弊害。又譬有贫乏阶级中甲之一人，竭其劳力所获，丰以自奉，超越于其侪辈之所为，人固目为逾分矣。然使其侪辈相率效尤，不量财力之如何，亦均增高其生活，使甲所超越之数，因而杀减，讵得因此之故，而谓为非奢耶？今中国财力，则寒素而非富人也，而生活之现状，则多数贫乏之增高其程度而已，是岂合宜之生活乎？

由上所论观之，则吾人今日对于节俭主义，仍当持守，而不当怀疑。且有一二端，较前尤形重要者，盖前此虽或浪费，其所耗散，不出中国之范围，楚弓楚得，于全国经济，所损至微。今则海禁既开，外货充斥，奢侈品物，舶来尤占多数，金钱一去，永不复还，一也。昔者以农立国，社会事业，不需巨大之赀财，今则工商路矿，亟待振兴，苟以有用之赀金，消诸无益之虚费，毫无储积，以为兴业之备，则外资即乘隙而入，财权既去，国权亦亡，二也。此二者，为曩昔所未尝发见，故昔之唱导节俭者，未尝论及，然其关系则綦重，讵得谓竞争之世，无崇俭之必要耶？

吾国今日所最堪浩叹者，则社会多数，咸趋于身分不相应之生活也。夫奢靡风习，何代蔑有？史称何曾日食万钱，何劭一日之供，需钱二万，放纵淫佚，实逾越乎寻常。然而当日之社会，不生若何之变动者，盖以穷奢极侈，仅此少数之一二人，在个人言之为已泰，在全国物力，则所耗无多。若夫今日不然，普通社会之个人，绝无恒产之足恃，一经涉足都会，或厕身政界，则居处日用，靡不踵事增华，转辗流传，互相仿效，人数既伙，所取给者虽不至超出均数如酋长时代之甚，然合千万人而统计，则暴殄之天物，浪掷之金钱，何可限量。地产之所出，既以供无谓之取求，人力之所造，又复偏重于淫巧之物品，而纯正之产业、宝贵之人工，转不克完其正当之效用以增益国富。且一度领略奢华之后，决不能复安于淡泊，苟其失之，亦必诈取豪夺，行险侥幸，以求复得焉。凡因经济而酿成扰乱者，人谓为口腹之谋叛，实则赘泽之谋叛而已。昔日之盗贼，每受迫于饥寒；今日之盗贼，多被诱于安乐。英人摆伦有言曰："吾未闻因缺乏面包之故而自杀者，然因马车缺乏之故而陷于自杀，则屡闻之。"呜呼！奢侈之惑人，足使人迷其本性，掷其生命，其魔力亦大矣哉。

尤可慨者，则国内有智阶级，亦多陷溺其间，而不思自振也。夫使此习仅中于阘茸之官僚，则转移风会之力犹浅，又使此习仅属于豪商富族，其终结不过破产毁家而止，一家之兴亡，一人之枯菀，于世道无与也。自学者政客亦沾染此风，而流毒乃不堪究诘。彼其地位本极清高，徒以生活竞尚浮华，平时所入仅敷所出，一遇事变，为保存地位之故，遂不能径行良心上之主张。人见其进退失据，出处依违，谓为失其独立之人格，而不知彼之内情，乃为经济所牵掣，而经济所以受掣，则亦不俭而已。故俭者，非独用以养廉，且可用以养节者也。国会议员之俸给，岁额五千，议员自身岂不知其过厚，顾非此不足维持其高价之生活，遂亦受之而不辞。然岁入虽丰，而人望则缘之而转替，且其代表人民监督政府之权力，亦因此而受无形之障碍焉。他如学问家、言论家，乃负指导社会、主持清议之责者也，然苟使用不节，致劳他人之欷助，受政府之分甘，则其议论，即不免有多少之顾忌，不克直抒己见，于是清议之力，亦因而减损矣。凡此种种，其贻害皆及于国家，以个人不俭之故，致国家蒙其害，则居于有智阶级者所不可不自行警惕者也。培根者，英之名儒也，因奢侈而生计不足，乃至纳贿免官，堕其名誉。比的为英国大政治家，以用度浮靡，虽每年收入六千镑，仍负巨大之债额，至为盛名之累。英儒斯默伊尔斯曰："天才易于负债。天才与节俭，常不两立。"正惟如此，则天才不可不勉。吾望吾国人加意及此，尤愿吾国抱天才负时望之政客学者之加意及此也。

全欧大战，今三年矣，其起因虽由塞、奥之发难，而军国主义、民族主义、人道主义，复各揭橥于其间，然其内容，则不外生活上之争竞。彼等生活，既异常昂进，己国所出，不敷取求，乃不得不为国外之经营，以期满足其欲望。顾国外经营，列强之利害，常相冲突，而以英、德为尤甚，此次之战，英、德争夺商权之战也。今者久战力疲，物产告匮，咸提倡节俭，限制人民之日用，以为补救。使列强早从事于此，勉为简易之生活，亦何至有此残酷之战祸乎？吾国固无向外争存之能力，然苟沉湎于物质之纷华，不知裁抑，则物产有限，欲望无穷，相夺相争，终成惨剧，恐干戈之兴，或将起于萧墙之内也。

未来之世局

大战争后之预言。

民主政治之前途。

政党必灭论。

武人必灭论。

  开国六年，政变三起（指癸丑、丙辰及本年之事）。至于今日，政党倾轧，成宋世朋党之风；武人拥兵，类唐代藩镇之局。事态至此，虽吾人操觚作纸上空谈者，亦几无策以善其后矣。虽然，此事态果何由而成耶？或尸其责于政党之偏私，或归其咎于武人之跋扈，吾殊以为不然。吾则以今日之事态，为世界时势之潮流所推荡而成。政党、武人，悉为时势之产物。其扰乱纷争，亦迫于时势之不得不然，非政党、武人所能自主。但为时势之潮流推荡而来者，行将为时势之潮流席卷而去。正如当此盛夏，苍蝇之声，哄于户内；螳螂之臂，张于阶前。其营营也何为？其逐逐也何事？要皆受自然之驱使，而非物类所能自主者。时序将更，凉飙忽来，霜露下降，当此之时，彼决不能恃其多数，逞其强力，以与造化争衡。盖支配社会之世界潮流，实与支配万物之自然势力相同也。

  夫以今日之事态责政党者，非也。十八世纪以来发生之民主主义，既深入人心，则欲此主义之实行，不得不废去旧社会中之特权制度，由选举以建设政府，由多数以操纵政权。在理论上固以民意为基础者，然征诸事实，则普通之民众，于政治本不措意，常自居于政治圈之外，不欲有所干涉。故所谓民意者，实则为朦胧无意而已。如斯民意之下，所谓选举者，不得不出于运动；所谓多数者，不得不出于诱致。于是极少数一部分之人民，即所谓政党者，利用此唯唯诺诺不解政治真相，亦不愿与闻政治之多数国民，以为自己攫取功名利禄之地，装点其政见，簧鼓其党论，组织机关以运动选举，运用策略以诱致多数，其性质与商业上之中买人、周旋人、代理业者无异。此种徒党，除奔走播弄外，无手段，除在国家机关上获得种种不当之利益外，无目的。权势之争夺，几为彼等当然之职务。凡此事实，乃近世共和国家及半共和国家（君主立宪）中所通有者，实民主主义必至之结果，非政党之责也。

抑以今日之事态咎武人者，亦非也。民主主义，以国家为民众所构成，当由民众之代表统御之。军队为防护国家之一种器械，仅能受指挥而不能表意见，此武人不得干预政治之理论也。然求之事实，以代表民众之国会统驭军队，惟于英国尝一见之，克令威尔尝率此军队以败英皇之兵，此外无一类例。而历史上之所数见者，则皆为武人压制民意，使不得伸张。现时军国主义之国家，民权概郁而不伸。其采用民主主义者，则国会与军队常互不相容。国会常贱视军队，务减削之，抑制之；军队亦常嫉视国会，每蹂躏破坏之以为报。其勉强调和之法，往往由国会推戴武人为元首，以代表民众之责，归之于统驭军队之人，此为南美诸邦所惯行。即美之华盛顿，法之拿破仑，亦不外斯例。但此种调和之法，卒非尽善，则以民主之精神与武人之性质，实相背而驰。一主平等，一尚专制。苟其偏于前者，则必因此而失其统驭军队之质格，致隶属之将卒骄纵而不可制；若其偏于后者，则武人专制必演成迭克推多之局，宪法之存在与废止，将惟武人是命。现时民主主义之国家，除英、美、瑞士等国，行临时募集义勇兵之制度，不设强大之常备军者以外，其他诸国，以武人不服从民意之故，辗转于乱动之旋涡中，而不能自拔者居多。故武人之不受统驭，亦为民主主义所必至之结果，非武人之咎也。

政党之偏私与武人之跋扈，既为民主主义必至之结果，然则民主政体果不可行，君主专制果不可废乎？德国军人派学者之著作，颇有持此说者，甚至谓民主主义，不过哲学者之一梦。但此亦因噎废食之言，不足信也。君主专制时代，政党之偏私与武人之跋扈，亦为数见之事。惟彼时之政党，不假托民意，而依附君权以行之。试翻二十一朝之历史，朝士之植党营私，何代蔑有？若权相，若权阉，即为其时政党之魁。至武人之不服君权，与其不服民权，初无少异。故开创之君御极以后，屠杀功臣，以削武人之势，必至国内之军队皆有名无实，其将帅，皆委蛇富贵无复武人性质，而后全国始现升平之象。迨内乱发生，或外患骤起，复饬将材，振军纪，武人之势力复盛，则君权屡弱，奸雄乘之，一朝遂以是沦亡，或分裂为诸小邦，或为外族所侵入。汉、唐、宋、明及清室，无一不徇此例者。是则以政党之偏私与武人之跋扈，推本于民主主义之不能实行，殊非确论。不过，君主专制政治，无发生政党之必要，故亦不明认政党之存在；民主政治，则认政党为必不可少之物。又君主专制政治，本以武力为基础，根本上与武人之存在不相抵触；民主政治以理论之势力为基础，而与武人之势力显不相容耳。

民主主义明认政党之存在，又显与武人之势力不相容，至生政党偏私与武人跋扈之结果。此可为现时民主主义不完全之证据，而有待于改良。盖民主主义之试验期间，尚不过百有余年，其有待于改良之处，固自不少也。君主专制之局，经试验数千年之久，其不可避免之弊害甚多，乃发生民主主义以改良之。然民主主义对于君主专制时之弊害，虽得有几分之改良，尚不能谓其全无弊害。十九世纪之后半期，乃发生国家主义，对于民主主义之弊害，稍有救敝补偏之效。政党之争斗，赖国家主义以消灭或和缓者甚多。此次欧战，各国皆改政党内阁为国防内阁，即其明证。且国家主义之下，民意自倾向武人，武人亦必赖民意为后盾，方足以发挥其武力。观于法人之崇拜霞飞将军，及英人之起用吉青纳及费兰巨两元帅，与德皇之容纳社会党，可知国家主义实有调和公武之效。据吾人之观察，则近世民主主义之国家，所以巩固其政体，灵敏其运用者，多赖国家主义以调剂于其间。而国家的民主主义，实近世最流行而适当之主义也。

国家的民主主义时期，政党之偏私与武人之跋扈，较之单纯的民主主义时代，表面上已大为敛迹，然实际上则势力大张。其时之政党，日以国际之危险与利害之冲突警告国民，耸动国民之视听，而以国势失坠，外交不振，及对外经济上之失策，为攻击敌党之具。武人则以军备之充实，军械之改进，要求国民之协助豫算之增加。朦胧无意之国民，对此政党与武人，方目之为爱国家，尊之为护国者，不复见其偏私跋扈之迹。实则彼等之偏私与跋扈，依然如昨，惟以国家主义为假面，激刺国民之敌忾心，挑拨国际间之嫉妒憎恶，以为维持势力、消耗金钱之计。其结果，一方面引起几次之战争，一方面又构成若干之盟约。此时全世界之政党、武人，以同一之心理，构造一纵横捭阖之世局。大势如此，苟有一国不欲入此旋涡者，则且立摈于国际之外；有一人而不欲冒此危机者，亦且立摈于政局之外。此次欧战，其人民之痛苦与社会之损失，较之我国现状，且佰什倍。按其实际，亦即为政党舆武人所造成。在彼等初意，非必欲陷国家于如此之危难，不过为维持权利与势力之计，至后乃势不得已耳。我国现时政党、武人扰乱吾国，较之欧洲，实为尚未及格。惟欧战终结以后，世界政党、武人必仍为急激之进行，而我国亦将步武其后尘矣。

欧战以后，世界之国家，经政党与武人之扰乱，渐有熔解之势。而数国家联合之大团体，将于此时出现。外国杂志中，时有种种揣测之言论。或谓将来世界，以德意志为中心，联合日耳曼民族为一团体；以俄罗斯为中心，联合斯拉夫民族为一团体；以法、意为中心，联合腊丁民族为一团体；英合其各属地为一团体；又以北美合众为中心，联合南美诸国为一团体；东亚诸国，或以日本为中心，或以中华为领袖，联合为一团体。或则谓欧洲大陆，终必联合。德、法两国，经数次战争，胜负不决，财匮民怨，遂合日耳曼、腊丁两民族，为一大共和国。斯拉夫民族，亦加入于其中。英、美两国，因此亦联合为一国家，由太平洋伸展势力于东亚。东亚亦联为一国，而依违于前说之二大国家间。凡此揣测，虽未尽能适中，而将来之国家，必渐次联合而成为大团体，则为自然之趋势。盖交通发达，世界必成一统之局，故将由春秋之列国，变而为战国之七雄，天特假政党、武人之手以促其成耳。观于近时协商诸国之订立经济同盟，与劝诱我国之加入，及日本之鼓吹大亚西亚主义，是皆对于将来之局势而导其先机者也。

　　国家的民主主义之末期，世界中为少数之国家团体并立，此固由政党之偏私与武人之跋扈酝酿而成，而政党与武人却因此而自招亡灭。盖此时期内之国家团体，对抗竞争，较今日更大为剧烈。依科学及机械学之进步，新发明之武器，其势力远在意想以外。制造者与使用者，皆非专门不办，而战术为之一变。且不但军事上如是而已，经济上之竞争，规模尤大，范围尤广。同一团体中，互相协助。未尽之地力，悉开发之；羡余之人力，悉利用之。自农业、工艺、交通、运输诸事业，土木、机械、电气诸工程，几经研究改良，无一不须精密之知识与熟练之技能。于是社会中发生一有力之新阶级，即有科学的素养而任劳动之业务者。此等科学的劳动家，以社会上之需要，日增月盛，国家社会间一切机关、职业，悉落于劳动家之手。故其时民众，已非曩时朦胧无意之状态，除少数坐食之富人及若干无业之贫民外，皆为此有学识而任业务之人。此时以运动选举、诱致多数为能事之政党，无复可施之伎俩，不得不退而听若辈之命令。即平时戴鬼面以威吓人民之武人，其所持之快枪巨炮，彼等既不为之制造，亦不为之使用，则亦嗒然若丧，无复维持之策。其形式的军队，乃不得不撤除；其演剧的战斗，乃不得不停止。于是国家的民主主义，一变而为世界的社会主义。此时情状，固非吾人所能豫料。惟知此时无所谓军队，亦无所谓政治。人类生活所须之事物，供给之，分配之，排除其障害，增进其福利，皆为社会事务，而数千年来争权争利之政党与作威作福之武人，至此时已扫地以尽矣。

吾国数年以来，所以陷于扰乱纷争之局者，以偷安于列强均势之下。国家之危险状态，渐为人心所淡忘。所谓国家主义者，仅为政党与武人口头称述之词，心中尚无痛切之感觉。然欧战终结以后，若辈必得一极大之警告，受一极良之教训，使发生国家的民主主义，自无待言。此时之政党、武人，表面上自必改良，步武世界各国之后尘，前已述及。故目前事态，不过一时之暂局，决无永续之理，自不必过于悲观。然吾人终不能因怀想未来，而漠视眼前之痛苦，则不能不望政党与武人一悛其态度。所望于政党者，勿依据其运动与诱致所得之地位，自认为真正民意之代表，而恋恋于政党内阁之迷梦，以为万世不易之常经；所望于武人者，勿以为实力所在，何施不可，民主主义，由彼等之好意使其存在，而非一定不可变之公理；吾尤望吾朦胧无意之国民，注目于未来之大势，豫备为科学的劳动家，以作二十世纪之主人焉。

交　友

　　吾国人于交友之道，概以义气为重，以有无相通，患难与共，死生不贰，为友谊之极则。故凡朋友之利益，必为之顾全；朋友之危难，必为之解救。此虽腐败之官僚，残暴之盗贼，其对于朋友亦有具如是之精神者。然其流弊所极，往往徇私而害公，笃于对朋友之私义，而忘其对社会之公义焉。予谓顾全他人之利益，救济他人之危难，其普通之责任，对于人类社会，无不有之，不宜仅限于朋友。至特别责任，惟对于父母夫妇子女而负之，即法律上所谓互相辅养之义务。以之推及朋友，虽不能不认为美德，然使以此为交友之正轨，则范围过于广泛。个人之力，能负之责任几何，必有不能全者矣。夫人类之结合朋友，其本意自在互相辅助，然当重在精神上之互助，如道德之切磋，智识之交换，乃结合朋友之正当目的，若以实利上之互相辅助为交友之目的者，则所谓小人以同利为朋，非君子之交也。故吾人取友，必择其能独立自助，权利义务，界限分明，不肯混淆者，方能获益。各人身家之存活及各人行为所获之结果，绝对的由各人自负责任，不能责望助力于朋友。曾闻有一西人向其华友告贷，华友诘之曰：子何不贷之于同国之友人？西人戚然曰：吾国习惯，若向友告贷，虽仅一圆，亦必勿与；不但不与而已，必且谓其人已失与之为友之资格而与之绝交；不但此友与之绝交而已，他友闻之，亦且均与之绝交焉。在吾国人意见，必以为彼国友谊，何凉薄如是，但西人之所以养成独立自助之风者，其原因未始不由于此。吾国中等以上之人物，往往不务生产，不具技艺，专以广结交游为一生之事业。其身家生活之根据，惟在依附朋友之

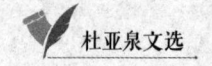

势力，托情面求栽培为之友者，亦认此为友谊上不可却之任务，不得不勉强敷衍，故社会上一事业之兴起，政治上一机关之设立，辄荐书满箧，食客盈门，几有不可驱除之势，推其原因，实由吾国习惯，对于朋友，当负实利上互助之责任，致酿成其依赖根性之故耳。吾故揭此交友之问题，愿研究伦理者，对此问题，求正当之解决焉。

国内调查

外人之侨寓吾国者，对于吾国之地理、物产、政治、实业以及社会之风俗、人情，无不留心考察，造成图表，著为论说，以报告其政府，饷遗其国人。吾友某君，曾见一外人测绘其传教地舆图一幅，道路河渠，山林村市朗若列眉，精确详明，远胜于省立舆图局所刊布者，云系积数载之精力所成，将寄回其本国政府，以供考览。吾友向其借摹副本，不许也。又吾邑中校，曾延某外人为教习，到校未一月，即央余为其介绍参观某项物产之制造厂。余辞之，后闻其辗转设法，卒至厂中考察一过。甚矣！外人之热心于侦人家国事也。日本在中国设立调查会，已十余年，由日人之侨寓各地者，分任考察，刊行杂志传布国中。不特吾国现时之行政，现有之商业，以及工矿各业之现状，随时记述，细大不捐，即法制之因仍，政治之沿革，与夫社会事业已往之历史，风俗习尚递嬗之经途，亦皆博考详搜，揭之简册。以故彼都人士，对于吾国之内容，洞若观火，国际上之交涉，既缘此而常占优势。下之如商业之投机，物品之制造，亦以知吾虚实，谙吾嗜好之故，莫不应付咸宜，于是吾人亦有唱道国外调查，以蕲知己知彼，隐为抵制者。意谓吾国近年侨寓东邻者十数万人，南洋一带且数百万，而游历欧美之人数，亦次第增多，果能组织一调查机关，各就居留地之见闻，以暨探访所得，详晰报告，汇集成书，散布全国，虽不能于政治外交上发生效力，然足以增进吾人世界之智识，国家之观念。且于技术上之改良，输出品之仿造，影响亦复不浅。是说也，吾极赞成，惟尚有待商榷者，则吾以为调查之事，当先从国内着手，然后可以推

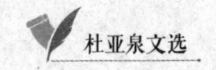

及国外也。吾国幅员辽阔，交通梗阻，故虽同在一国范围之内，而声气阂隔，微独吴越关陇，漠北滇南，马牛其风，两不相及，即距离数百里之地，其民情物产，亦皆茫无所知，又微独珍奇之品，希见之物，未悉其来源，即日常衣食之所需，亦间有不明其产地者。而典章之损益，政教之迁流，更无论已。缘是他人均有其本国之年鉴，而我独无。即有类是之撰述，亦不免取材外借，失之疏漏，夫以素无统计智识及调查经验之国人，对于本国内情，尚多隔膜，骤令研求国外之事物，在考察者既无所据以为取舍之标准，而国人之阅其报告者，亦无可比较，以为观摩攻错之资。故必先从国内入手，以养成智识与经验，庶考察之际，易于提挈纲领，辨别缓急。且既悉内国之实况，则可择其与吾关系较切者，特别注意。例如实业一项，苟已查知吾国富有某种原料，则遇他国使用此料之工业，探考必求其详。又如行销外洋以及外洋输入之各种物品，苟已灼知销运盛衰之实数，即可专求其所以衰盛之原因。其无甚关系之事业，则不妨从略。庶调查一事，即得一事之实用，而精力不至虚耗焉。虽然，国内调查，亦非易易。地大物博，难得真相，一也。人才经济，两皆缺乏，二也。前清末叶，曾励行此项政策矣，当时除各省均设统计专局外，并令各机关分任其事，颁发表式，不下数百种，名目繁冗，条款纷歧，即极琐屑之事物，亦责令填列数目，而且克期课效，凡他国经百十年而始获有之成绩，吾国乃欲于短时日间蕲得之，于是任事者不得不虚构意造，以图塞责。故清季之统计，徒縻巨款，绝鲜良效，今欲矫除此弊，不可不改变方法。调查事项，不宜百端并举，应择其最关紧要者，先事考察，然后递及其余。调查方针，宜注重于实情，有疑宁阙，毋意造以淆观听。其机关之组织，可仿日人中国调查会之成例，设一总会于京师或上海，而于各地设立分会，但订简易之条例，不设繁重之表格，令各地之任调查者，就所闻见，随事报告，如有必需之事件，特别之事项，则由总会指令调查，且由总会定期刊布报告书，俾国人随时可以购阅，不必俟调查完竣，始行公布。如是则手续较为省便，调查员既易于尽职，且任其疏阙，则其所报告，亦较足征信。况又定期公布，则虚构之弊，自可少免。即有舛误，他人亦可据以纠正。十数年之后，国中紧要之事项，必能次第查明。虽非完全之统计书，而其实用，较之但尚形式，多列表格者，当必远胜，此余个人对于国内调查之私见也。又余曩者鉴于吾国地方情愫之睽隔，虽同在一邑之中，而彼此漠视，几如秦越。往往有此乡之物产，彼乡不明其制造之法；彼乡之农作，此乡不详其培养之方者。尝私拟一计画，以谓地方自治普及后，应由各县之自治机关，调查境内各乡之情形，征集各乡人民之报告，无论天然物产，人造工艺，以及教育卫生诸事，与夫特别之风土人情，苟有足资仿行或研究者，均一一搜罗，刊布报告，通行各乡，年出一期或数期不等，俾各乡得以互通声气，交换智识。继则由各县联合公设一省立之机关，就各乡之报告，择其足资他县仿行或研究者，选录刊布，通行一省。再次复由各省公设一全国之机关，就各省之报告，择其足资他省仿行或研究者，选录刊布，通行全国。其初不过使一县之中，沟通声气，交换智识，然层递而上，效用可及于全国，果能推行，亦足为国内调查之臂助也，因并述之。

矛盾之调和

物理学之定义曰：二物不能同时并容于一地。形而下者有然，形而上者亦何独不然？准是而言，则政治上两主义之极端矛盾者，必不能调和而同时显厥功用也审矣。故凡两种主义，相并存在，甲种主义占优胜时，其相反之乙种主义，必受排斥而消灭；不然，则或蛰伏而待时，又不然，亦必立于对待之地位，出其势力，以争胜负，决无有以凿枘不相容之两主义，并道而行，一无冲突，且未尝牺牲其素抱之主义，而竟能与相反之主义，协同活动者。虽对抗力之存在，物理学亦承认之。立宪国之政治，常赖两大政党之对峙以收调节之效。顾对抗力之作用，乃两异性之互相裁制，而非两异性之协同进行。而政党之对峙，亦不过政见之不同，根本上初无大异，非极端矛盾之比也。虽然，吾人审察世事，凡凿枘不相容之两种主义，同时进行且协同活动者，其例证亦复不少，而最显著者则有两事焉。

其一为政治界之民众主义与经济界之专制主义。欧洲自十八世纪后半期以来，民权论勃兴，自由平等之说弥漫于社会，其结果遂酿成法兰西之大革命。美国独立，虽与法国情形不同，然亦为人民爱好自由不甘迫压之反动。自是而后，欧美政治界，少数专制之弊害次第扫除，多数政治之基础，于焉确定，然同时之经济界，则呈相反之现状。在政治界方幸以多数征服少数，取得人类之自由者，而经济界则转以少数支配多数，演成资本之专制。一方面向平等民权以进行，一方面向压制强权以突进，使无数之劳动阶级，均屈服于少数资本家企业者势力之下，任其苛削而莫敢如何。彼唱道自

矛盾之调和

由之欧美人士，对于政治专制则破坏之，对于经济专制则容忍之，讵非一至矛盾之事耶？不特此也，美人以奴隶制度之背戾人道，不惜牺牲财产生命，开南北之恶战，然劳动阶级受资本阶级之迫压，与奴隶受主人之迫压，所差几何？以主持正义之美人，乃任其横行而视若无睹，且极专制之托辣斯制度，即发生于此自由先进之国中，亦可谓极背驰之致者矣。然十九世纪之欧美国家，实赖民治之勃兴，与夫产业之发展，交相为用，以日就于繁盛，而产业发展，则非经济专制不为功。盖经济专制，虽或侵蚀平民之生计，剥夺多数之自由，然以资本集中财力统一之故，国际之贸易不至相形而见绌，地产之蕴蓄得以开发而无遗，用能使国富增加，国力巩固，民主政治之精神，得以发挥光大者，未始非经济专制间接之影响也。向使经济与政治，出于同一之轨道，排除强力之专断，保持弱者之利权，则资本涣散，势力薄弱，其能造成今日庄严灿烂之文明耶？此一例也。

其二为国家主义与社会主义。此两主义之格不相容，久为世人所公认。前世纪以来，欧美社会学者，惩于资本家之专横，既创为均富主义，冀以铲除贫富之阶级，又因各国之竞筹军备，增加人民之负担，促起战争之惨祸也，复联合各国社会党，创为无国界主义，以打破国家之界域。一九一四年战事未起以前，欧洲国际社会党，初拟开大会于维也纳。嗣以战祸已亟，特开临时会于比京，宣言该会主义，必当保持和平，反对战事。吾人当日，以为欧洲国际社会党之势力，素为伟大，其非国家主义，又极坚卓，欧陆战祸，或将因以缓和，即以势成骑虎，难以消弭，或实力不逮，无从反抗，亦必保持其平日之宗旨，别树一帜，脱离关系于战争，决不以非国家主义，而投入于国家主义之中，可断言也。乃未几而德、俄、英、法均参与战事。德国社会党，首先赞成政府之军费案，其首领宣言，谓："社会党将为国而赴战，社会党固反对侵略的战争，然为防卫己国之独立自由，则必携枪而起。我为社会主义者，我又为德意志人，我之行为，与国际社会党之趣意，决不相背。"同时法国之社会党，亦倾向政府，赞助国际的战争。党中之非入阁派葛特氏、柴巴氏，乃联袂入阁。葛特氏且自述其入阁之理由，为奉其本党之使命，并谓："法国之劳动者，当对于谋叛之劳动者，为自己之防卫。"其极端主张非军备主义之爱尔惠氏，复以自己之志愿而从军焉。去年九月，万国社会党拟开大会于瑞典京城。法国社会党议派代表到会，而宣言不与德国社会党往来；英、法、俄、美诸国之社会党，则因不愿与德、奥社会党共同列席，且以是会为由德政府示意而设，拒不到会，拟别组一协约国社会党大会于伦敦以抵制之。瑞典大会遂不成立。夫社会主义与国家主义，本处极端矛盾之地，乃为国际战争所刺激，两矛盾忽然接近，竟至协同以进行。观诸德社会党之宣言及法国葛特氏之自述，一方面虽疾视敌国之同党为仇仇，一方面仍尊崇其本党之志趣，则固非出此入彼抛弃其本来主义以屈伏于他主义者之比，不谓之调和，不可得也。论者或疑该党为软化，或谓慑于政府之威力，非其本心，战事解决以后，仍当再显其头角，俄国数月来之事变，即其朕兆。其言信否姑不论，但过去三年中，双方无内讧之发生，得以专力于前敌，其受矛盾调和之赐，固已不少矣。此又一例也。

吾人观于上述例证，可由之而得数种之觉悟焉。

（一）天下事理，决非一种主义所能包涵尽净。苟事实上无至大之冲突及弊害，而适合当时社会之现状，则虽极凿枘之数种主义，亦可同时并存，且于不知不觉之间，收交互提携之效。前述欧美政治现象与经济现象，乃其显著者耳。若细察现世界各方情状，类于此例者尚多。如法兰西为民治昌盛之国，其政体宜取分权制矣，而乃励行中央集权；欧美各国，咸崇尚自治，顾其政府对于人民之居处衣食，常为琐屑之干涉，然而行之者不以为悖，受之者不以为厉，则以与其社会现状，无所冲突，亦无弊害，故得以协进而不相妨害焉。抑主义之至为坚越，又极狭隘，而不许有他主义之搀入者，莫宗教若矣。尊崇自己之教义，仇视他教之信徒，若冰炭之不相容，欧洲中世纪，尝因之而肇绝大之战祸。然自世界棣通而后，此坚越狭隘之教义，已渐有融合之趋势，各国学者，咸欲沟通此暌异之各教，而求一大同之真理焉。俄国托尔斯泰，基督教之泰斗也，尝自谓："中国孔老之书，诵之弗措；至于佛典，不独欧人著述，即汉文著作，亦尝读之。"中亚细亚有所谓波海会者，欲联合各宗教，研究相同之道，以归于惟一之真宰，会员四出传播会旨，近时欧、亚、美三洲，赞成此会者，已不乏人。吾国数年来，亦有基督教某教士所发起之中外各教联合会，延各教之名人，讲演其教之教旨，相互讨论。夫以千百年各筑藩篱之宗教，乃有接近之一日，此亦足见一种主义之不能包涵万理，而矛盾之决非不可和协者矣。

（二）凡两种主义，虽极端暌隔，但其中有一部分，或宗旨相似，利害相同者，则无论其大体上若何矛盾，尝缘此一部分之吸引，使之联袂而进行。国家主义与社会主义之翕合，即属此理。德儒尼采，世人咸目之为军国主义之人，与德洛希克、般哈提同属一系，不知尼采乃反抗普鲁士主义，且非难德洛希克之道德者，徒以其主张摈斥从来之道德，竭力攻击人道主义，以求意力之伸张，与军国主义有一部分之类似，遂得以诉合，而成为德意志帝国主义之中坚人物焉。

（三）主义云者，乃人为之规定，非天然之范围。人类因事理之纷纭杂出无可辨识也，乃就理性上所认为宗旨相同统系相属者，名之为某某主义。实则人事杂糅，道理交错，决非人为所定之疆域可以强为区分，其中交互关联，彼此印合之处，自复不少。犹之动植物学之门类科属，非不划若鸿沟，有条不紊，然造化生物之本意，初无此门类科属之界限，如科学家所规定者。故甲种之物，往往有一形态一机能与乙种之物绝相类似，而不能以规定之门类科属限制之。且不特动物与动物、植物与植物为然，即动植两者之间，亦尝发生此疑问，而令人莫定其为动为植焉。抑主义既为人为所规定，而人事又常随时代以迁移，故每有一种主义，经人事时代之递嬗，次第移转，驯至与初时居于相反之方面者。美之孟禄主义，现时虽仍为彼都人士所标榜，但其实质，较之数十年前，已有几许之改变。论者或谓其自美西战事而后，至今兹之加入欧陆战争，业由军国主义而转入于帝国主义、世界主义，与本来之主义，显相违反。此虽不免见事过敏，然已非复曩日之旧，则固人所共念也。进化论谓世界进化，尝赖矛盾之两力对抗进行，此实为矛盾协进最大之显例。盖所谓对抗者，仍不外吾人理性习惯上所定之名词，若从本原上推究之，则为对抗，为调和，恐无一定之意义也。

吾国闭关时代，社会上之事理，至为单简，惟学说不同，间有分立门户，各持异议者。此外之党派，则多为利害之冲突，而非理想之差池。故因思想歧异，各树一义以相标榜之事，殊不多见。自与西洋交通，复杂事理，次第输入，社会上、政治上乃有各种主义之发生。在西洋之有此名目，初非各筑墙壁，显相敌视也，实含有分道而驰，各程其功之意。第吾人不善效法，失其本旨，于是未收分途程功之效，先开同室内哄之端。苟既知矛盾之时或协和，世界事理，非一种主义所能包涵，且知两矛盾常有类似之处，而主义又或随人事时代而转变，则狭隘褊浅主奴丹素之见，不可不力为裁抑。吾人既活动于此事理纷糅之世界，自不能不择一主义以求进行，但选择主义，当求其为心之所安性之所近者，尤必先定主义而后活动，勿因希图活动而始求庇于主义，以蕲声气之应援。且既确定为某种主义矣，则宜诚实履行，毋朝三而暮四，亦毋假其名义以为利用之资，而对于相反之主义，不特不宜排斥，更当以宁静之态度，研究其异同。夫如是，则虽极矛盾之两种主义，遇有机会，未必终无携手之一日，即令永久不能和协，亦不至相倾相轧，酿成无意识之纷扰也。

死之哲学

友人于瑾怀君定一，曾自电车坠下，晕绝，半日始苏。于君自言："当醒觉时，身卧榻上，开眼见电灯已明，知为夜中，周视室内，乃无一故物。噫！此为何地？予何为至此？甚自惊异。继闻门外有人，急呼入询之。其人告予曰，汝自电车坠下，由捕房送汝来此，汝未之知耶？此为医院，医生已为汝裹创。汝流血颇多，汝衣已易，汝未之觉耶？予乃恍然，忆及坠车事，且觉伤处隐隐作痛，因追忆坠车后觉身卧地上，欲起无力，除此一念以外，别无他念，此后意念全绝，无所痛苦，设从此竟死，则死亦大佳。"于君之言，出于实地经验，予信不误。欧洲哲学家，多言死之无痛苦，得于君言，益证实矣。予尝谓西洋一切哲学思想，求之吾国，殆无不具有端倪。惟关于死之研究，在西洋哲学家，著作颇富，而吾国无闻焉。子路问死，孔子以未知生焉知死告之。后世之人，对于死之问题，更无有措意者。西洋在罗马时代，斯笃克学派最盛，人材辈出，皆具严正之性格与高尚之精神，勇于自制，严于规律，热心道德，尊重义务，鼓吹爱国的观念，奖励献身的行为，罗马帝国所以四出征伐，无敌于天下者，皆斯笃克学派养成之国民性为之。是派中伟人，有军事家，有政治家，有哲学家，皆功施灿然，炳于史册。今日欧洲文化，虽较罗马时代进步，然以吾侪异国人之眼光观之，觉今日欧人之品性与行事，尚有十之七八为斯笃克学风之所遗留者。斯笃克学派之于西洋社会，犹儒家之于东洋社会，皆文化之源泉也。然斯笃克学派之得力处，实在于死之研究。盖彼以对于死之准备，为哲学中主要目的之一，故常费力于死之精究。是派学

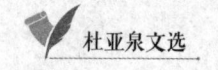

者，皆以死为自然之休息，对于死之恐怖，实由于病的想像而生。希腊柏拉图派哲学家克兰他氏所作"慰藉文学"，言："死者，使人得幸福而去苦痛，脱离奴隶于残忍主人之手，出罪人于囚狱之中，停疾患，离贫苦，是天之所与最后最大之恩惠也。"是等论旨，斯笃克派之著书多引用之。是派哲人关于死之思想，名言隽论甚多，不暇缕述，其所主张，皆不外以死为苦痛之终，而视身体之物化为灾害者，则皆斥为至愚极谬之论。故斯笃克学派盛行时，其人皆勇于奋斗，敢于冒险，毫无恐怖之念，惟其流弊，则自杀盛行，帝王将相硕学名流多有自杀者。哲学家对于自杀，虽间有非难，然大都认为正当者居多。尼罗帝之师傅色纳嘉，至以自杀为被压制者及衰病者之避难所，其著作中谓："人若生而有兴味时，生存可也。如失其兴味，则归于汝所自来之处，是亦汝之权利也。"云云。又当时有一名人患重病，招亲友商之，人皆劝其摄养，一斯笃克学者则谓："生命者，吾人与奴隶及兽类皆有之，不足为重，惟高尚之死为有价值。"因劝其自杀。病者深然其说，乃治后事，绝食三日，沐浴就死，犹以临死之愉快告人。近世欧人于患病或失意时，辄以手枪自杀，犹为此时之遗风。而后世法律严禁自杀，亦惩于此时之风气然也。基督教传入罗马以后，始以死为上帝所加于人之刑罚，由始祖亚当获罪于上帝，罚生斯世，死后沉沦于地狱，受永劫之苦痛，惟信奉基督教，实行礼拜，始得赦罪，入永生极乐之境。故基督教之目的，在使人以死为最可恐怖之事，非从宗教上之法式，无脱此恐怖之希望，与斯笃克派之思想根本不同。然宗教上之战斗杀戮，史不绝书，其视死如归，略无恐怖之念者，则以好勇轻生之风习。自希腊罗马以来，浸润既久，加之以极乐永生之信念深印脑底，与斯笃克派之学说已融而为一也。罗马以后之哲学家，其关于死之思想，仍与斯笃克派相去无几，就予所见，如英人倍根、德人叔本华之著作中，对于死之问题，皆有所论列。培根称："罗马教徒弗兰爱尔派曾言人苟思其指端被压或被刺其苦痛如何，则死后全身腐烂解体时之苦痛可知，然死之苦痛，实比一肢之疼痛为少。以器官之最重要者，非感觉之最锐敏者也。"又谓："热心奋斗而死者，不感疼痛，与血液激热时之负伤者同。故精神倾注于美善事业者，能脱离死之苦闷。"其他论旨，大致与罗马之色纳嘉，见解无甚差异。叔本华为近世哲学名家，主意志不灭之说，以意志为本体，以生命为现象，现象有生灭，本体无生灭。其学说非数言所能尽，而其关于死之见解，亦谓："死者，不过脑髓活动停止意志消灭之一刹那。有机体之破坏，实际在既死以后。故死与入眠，相去无几，较昏倒犹差。其时之感觉，无何等之不快。"又谓："虽非命之死，亦决无所苦。负重伤时通常皆不知觉，或事后始觉之，或因其表见于外面而觉之。"与斯笃克派学说，先后同揆。可知现时欧人，仍抱如此之观念。我中国社会，自古迄今，皆以死为最可恐怖之境。贤哲之士，概以好生恶死为人之常情。下等社会，更参以迷信，如地狱刀锯之惨，森罗殿讯鞫之严，益足以增其恐怖。虽政治家道德家，对于忠臣烈妇之自杀，亦常加以奖励，舍生取义杀身成仁之说，亦垂为格言。近世革命家，更输入欧洲思想，以"不自由毋宁死"一语鼓吹其流血革命之主义。然吾人之观念，终与欧人不同。吾人皆以死为受苦痛之事，故以自杀为义务，于不能避免时勉为之。欧人则以死为脱离苦痛之事，以自杀为权利，可以自由之意志处置之。死之观念不同如斯，则吾人之怖死，甚于欧人，亦无怪其然。吾国军队之怯弱，民气之委靡，官吏之贪黩，皆由怖死之一念而来。然国民之勤勉节俭，耐苦忍辱，较胜于欧人者，亦未始不由于此。盖对于死之观念既异，则对于生之观念，亦自然不同。吾人之所谓生，乃仅仅不至于死之谓，故虽为缺乏之生、烦恼之生、屈辱之生，吾人皆视为较愈于死。除生命以外，一切意志欲望，凡非生之所必须者，皆当裁抑之，镇压之，或屏绝之。故其生之观念，属于狭义，所谓消极的生活、平面的生活是也。欧人之所谓生，非仅保其生命而已，既有生

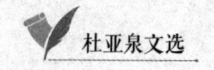

命，则凡与生命相随伴之意志欲望等，务使其发达畅遂，若意志欲望被窒塞而仅余生命，毫无意味，不如死之为愈。故其生之观念，属于广义，所谓积极的生活、直立的生活是也。若以生命譬之为火，吾人之火，仅以不至于熄灭为限度，而在限度以内，务竭力节减燃料，虽光度甚弱，热力甚微，亦所勿恤，盖恐燃料尽则火不能保也。欧人之火，光必明，热必烈，愈明愈热则愈佳，而燃料在所不计，若燃料不足，则熄灭亦不以为意。不自由毋宁死，为欧人之熟语，固足以代表欧人之思想。在吾人亦有足以代表吾人思想之熟语，所谓"好死不如恶活"是也。彼苟不死，务须自由；吾苟得活，不嫌其恶。彼我思想不同如此，故吾国不欲模仿西洋文明则已，果欲模仿西洋文明，则非从思想上根本改革不可，即非输入死之哲学不可。吾人外衡世局，内审国情，知非有多数人之死，决不能快少数人之生，而此多数人之肯死与否，则当以死之哲学能否普及为断也。

金权与兵权

现时具无上之势力，足以操纵世界、鞭策社会者，其惟金权与兵权乎？拥亿万之资财，握金融之牛耳，财政上之盈虚消息，经济界之安固动摇，悉惟其意旨所左右，一与一拒，或挹或注，每足使民生国计，生绝大之影响者，金权之势力也。将百万之强兵，统如林之劲旅，龙蟠虎踞，扼水陆要津，无事则拥貔貅以自重，有事则执欃鞭以争雄，所谓一怒而诸侯惧，安居而天下息者，兵权之势力也。而二者又常互相为用。有金权，则虽强梁之兵队，跅弛之军人，时或可以金钱驯伏之，利用之；而兵权在握，则又可以吸收社会之精华，攫取经济之枢柄。凡国家之或安或危，人民之为休为戚，皆不外二者之作用。金权与兵权，其势力诚伟大矣哉！

虽然，此二权者，果足以安定国家、庇护人民耶？就狭义言，具此二权者，果足以巩固自身之尊荣，维持一己之利益耶？夫二权之为人类所崇尚，自昔已然。上古时代，虽未有金钱，或有金钱而无现世流通之活泼，然土地及物产，即为金钱之代表，凡有广大之土地，丰富之物产者，每占胜利之优势。罗马之混一欧宇，虽赖武功之卓越，但其据地中海要津，握物产交通之总纽，亦为强大之一因。而武力之为用，在未开时代，尤为显著。盖当时未有法律，文治亦极简陋，国际间之解决冲突，主治者之统驭人民，莫不以是为惟一之器械。降及近世，金融组织次第精密，军事编制日益修明，于是二权之领域乃愈扩大，谋人国者，不必获得其土地也，但凭经济之迫压，已足使受迫者自就于沦亡；勤武略者，不必兵刃之相接也，但拥强大之军队，虚声恫吓，而已求无不遂，欲无不偿焉。然同时法律、道德，渐臻完备，对于金权、兵权，常加以几许之限制。在东洋方面，道德防止之力为多，而西洋方面，则法律之效用较著。以故二权虽声势赫奕，犹不敢显然肆其智取豪夺、弱肉强食之所为，而人类自由，虽受二者之侵削，亦尚不至直接蒙其惨毒者，皆此制裁之力也。然自十九世纪物竞天择之说兴，而利己主义、重金主义、强权主义、军国主义，相继迭起，于是金权、兵权乃借此学说，席此时机，愈益猖獗，非复法律、道德所能遏制。一方面以金融制度之完全，工商事业之发达，国际汇兑既异常敏捷，货币交易又备极灵通。虽千里外之商权，可以操持于一室；亿万人之生计，不难总揽于一人。举凡政治社会诸问题，殆无不受金权之支配，甚至军事行动，亦或被其牵掣。如摩洛哥事件，法人欲收回在德之债权，德国经此打击，遂按兵而不敢开衅，即其一例。而他方面，则以枪械船舰之坚利，飞机、潜艇之发明，兵权之跋扈，亦有一日千里之势。曩时仅在于陆上者，近且伸张于空中；从前仅限于水面者，今乃推行于海底。于是野心国及野心家，莫不汲汲焉以获得此二权为目的。然此二权者，有几许之利便，亦有几许之弊害，正用之可以福民而利国，误用之亦可以致祸而招尤，是亦至可研究之问题也。

则试从国际上观之。夫国际无正义，固不能执伦理以定其是非，顾伦理可以不言，而利害则不可不计。国际上握得金、兵二权，其利害果何若乎？以利言，则长袖善舞，国外贸易，既可垄断而取盈；国内商民，又可缘商业膨胀，以移植于海外；且得利用债权，以干涉他人内政。而具庞大之兵力，则除防守攻战外，更可借为外交殖民之后盾，公私两法，均不得而束缚之，其裨益诚非鲜小。特其背面之弊病，亦有不胜殚述者。盖握有金权之国，其国民往往因富厚而流于骄惰，因饱暖而即于奢靡。夫立国以社会质朴、人民勤勉为基础，今以资财充牣，而使风俗窳败，品性堕落，殊非得计。就令国民仍自奋励，不至怠荒，然以富于金钱之故，每弃其农本主义而偏重工商，鄙夷劳力之生涯，竞营都会之殖业，势必农作减少，田陇荒芜，食品及工业生料不能不仰给于境外，劳动苦力亦不得不募用外人，平和无事之时，自不难斥金钱以交换，一旦国交决裂，来源断绝，鲜有不演成绝大恐慌者。且正货充积，其必至之现象，为物价昂贵，为利率低落，为经营商业者之增多，此数者，均足致社会于杌陧。普鲁士受法国偿金五十万万法郎之后，其国内转呈不安之状态，即为正货有余之故。不宁惟是，国富既裕，自不能不为国外之投资。国外投资，则其国民与他国民间，必生复杂之关系。夫以资金而投诸他人领土之中，而民间复有经济之连带，则设有军事发生及外交紧急时，其政治之计画，每有所顾忌，而不克自由行动者，此固握金权者所不能免之妨碍也。若夫兵权，其堕落人民品性，亦与金权无异。盖欲以兵力雄视世界，必练雄厚之军队，然驱多数人民于营阵伍列之中，一方面夺去青年受教育求职业之光阴，致民德衰颓，实业不振，一方面复予以掠夺屠戮之训练，养成其凶悍狠鸷之性情，则他日必有承其弊者。论者竞言武装可以保持和平，但能警戒军实，即可预弭战祸，无待实行战斗，决不至造成残酷青年如上文之所虑。不知和平之福，惟和平可以召致之，苟兢兢焉搜讨军事，则日中必䁖，操刀必割，骑虎之势，有不酿成战争不止者。况乎此既作俑，彼必效尤，竞长争高，谁肯相下？则惟有悉索敝赋以为持久之计，而民力摧残，国本枯竭，亦岂国家之福？是又醉心兵权者必至之结果也。

更从国内言之。近世之政论家，每谓一国之财政及军政，不可不统一于中央，是固然矣。顾统一之意义，乃在画一其制度，不在收揽其事权。例如财政，全国出纳之概略，固当汇集于中央；监督整理，亦不能不由中央负责。但其性质各有疆域，中央所可自由处理者，仅为法律规定之各项，此外则微特民间所有非所宜问，即地方行政所有，亦不能为法外之干涉也。若误以集权为统一，悉使隶辖于中央，则利之所在，即争之所在，必至内外相持，上下交征，

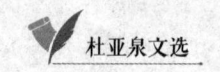

强者揩留，弱者隐匿，而财政益形紊乱。此种现状，在政府权力薄弱及财政素乏统系之国家，最易发生。而是等国家，又每易为集权所歆动，则又事理之相因者也。矧财政上之私弊，恒较他事为多，而事权统于一隅，则私弊更易于藏匿。设当事者不得其人，因财权集中之故，吸挪全国菁华，以供不正当之使用，其遗害有不堪收拾者。倘更扩其占领范围，旁及国民经济，凡规模宏大之商业，辄假国有之名义而改为官营，或置诸官厅监督之下，则更足以灰国人企业之心，开官民嫌忌之隙。后此政府即有伟大之企图，须待民间之资助者，亦不能起人民之信仰，收众擎易举之效焉。至军政之必宜统一，固无待言，然当用之于御侮诘奸，而不当用之于树威植势，且其人数，亦以足敷防战之用而止。苟以为政府非有高压之强力不足以号令一切，乃壹意经武，使异己者莫敢违抗，得以令出惟行，虽亦能偿其大欲于一时，然兵之为物，可以靖乱，亦可以致乱，不敢自焚，自古有训。且当局者既借兵权以自重，则抚循驾驭，不得不宽，因之政令每失其均衡，法纪常为之堕坏，而彼为军人者，知为政府所依赖，亦难免有鸱张骄悍不受羁勒者。纵或威望感情足以维系，不至崩离，然人存政举，人亡政息，一旦维系之人或有变易，维系之具不餍所求，则嚣然起矣。故国家而借重兵权，虽能取效于暂时，往往遗殃于后叶。唐末藩镇之祸，其始未尝不统于一尊，而卒成尾大不掉之祸者，此其弊也。然则为一国治安计，两权之为利为害，亦彰彰可见矣。

复次，更论个人。从旧时之社会制度观之，个人财产，无有如今日之雄厚者，故其财力之所及，仅限于彼所接近之社会而止，于大局无与，无所谓金权也。自经济革命资本集中以来，欧美富豪之产业，动以亿兆计，且巨大之公司银行，常与国家财政相关联，而行政之需赖经济，亦较前密切，凡为公司银行及国家财政之主任者，在政治上均有非常之势力。于是个人之金权，乃为世人所注目，而欲于政局占重要地位者，遂莫不冀得此权以自雄。抑知财力所集之地，即为困难所在之地，亦为咎戾所归之地。平日之调剂挹注，与夫度支竭蹶时之补救弥缝，既已艰于应付，而各方之诛求责望，又必相迭而来，应之则力有穷期，拒之则身为怨府。当夫国是纷乱，政出多门之际，其受困为更甚。比年各地苟有骚动，司财政者之横遭苛勒，比比皆是。若处强有力者威权之下，挟雷霆万钧之势，执其瑕以胁迫，使为己用，则尤无术可以趋避。斯时为保持地位以免罪戾计，虽丛愿蒙垢败身裂名之事，亦不得不挺险而为之。匹夫无罪，怀璧其罪，觊觎金权者所当引为殷鉴者也。至欲握兵权以为个人之私利，则尤为事理所不许。盖三军之众，非一手一足所能统持，则不得不分其权于偏裨将佐，而此偏裨将佐所以服从命令，不侵不叛者，赖有名义以维系之。此名义，在昔为忠君，在今为捍国。若借以图一人之功名富贵，则功名富贵，尽人所歆羡者，有隙可乘，彼思取而代之矣。乙既代甲，丙必将起而代乙，不夺不餍，宁有已时？是殆以武力为私利者所必至之境也。况乎握兵权而恣睢肆行，必遭众忌，即无内部篡夺之发现，亦终有招致覆亡之一日。古来名将，每当大难削平之后，即有解除兵柄自求闲散者，盖深知此权之不可久据也。

综上所述，则金权、兵权，在国家与国际间，其利害既已互见，而个人之操此二权者，则利常不如其害焉，乃世人犹啧啧称羡之。嗟乎！浊世滔滔，竞营势利，前车已覆，来轸仍遒。吾惑焉，故作此篇以究其得失也。

中国之新生命

今岁六月，梅雨兼旬，庭前积潦为患，所植瓜苗，当生长正盛之时，枝叶忽就枯萎，以主根腐败故也。然其时茎旁近土之处，支根怒茁，若逆知其主根之不足恃，故急急发生支根以代之者。主根之腐败愈甚，支根之发生亦愈速，未几主根全腐，支根遂代其主根，营吸收作用，全株之生活，赖以维持，枯萎者乃渐复其原状。此为生物之代偿机能，其所以适应外围，防御害患者，全赖此机能之存在。物固如此，国亦有然。

今日吾中国之生命，果能维持与否，诚非吾人所能豫言。其或为印度、朝鲜之续欤，则天之所废，孰能兴之？此盖无可奈何之境遇，吾人虽不能不用以自警，要不忍遽作是想者。吾之论文，固以中国之生存为前提。惟中国而果生存，则其新生命将从何处获得乎？此即吾人研究之问题也。

欲知中国之新生命在于何处，统括之不出两途：一、发生新势力，以排除旧势力；二、调整旧势力，以形成新势力。世界诸国，如法如美，以前者得新生命；如日如德，以后者得新生命也。夫新势力之发生甚难，必经数十百年之积贮酝酿而后成；旧势力之排除，更非易易，必经数十百次之战斗杀戮而后定。故求便利，计效益，自以调整旧势力，形成新势力为最宜，吾国自戊戌以迄今兹，皆向此方面进行。变法之倡议，立宪之要求，其目的固在于此，即辛亥之革命，亦尤非利用旧势力之甲部，以排除旧势力之乙部，冀达其调整之目的而已。夫使旧势力而果可以调整者，则便利诚无逾于此。无如几经试验，令吾人对于此方面之希望，益益断绝，中国而犹有新生命也，殆不能不易其途以求之矣。

今之论国事者，以为旧势力既无可调整，而又不易排除，则将有及汝偕亡之痛。予殊以为不然。盖今日旧势力排除之速，实有出于吾人意料之外者。旧势力之代表，一为武人，二为官僚。而武人乃互相屠戮，官僚乃互相倾陷，皆竭力自行排除，若深恐新势力之不易发生，特为廓清其地位，驱除其患难。就现状而论，所谓新势力者，曾不知其在于何方面，绝无端倪之可指。然观旧势力排除之迅速，可知新势力之发生，已不在远。盖二者之相因，若寒暑之倚伏，若昼夜之推迁，寒去则温，夜尽则旦，此固事理之无可疑者也。

不有罗马末造之腐败，则基督教不能遍布于欧洲；不有十四、五世纪之黑暗，则文艺与科学，不能有近世之隆盛。故旧势力至于无可调整，即为旧势力垂尽之时，亦即为新势力代兴之券。而当旧势力将尽未尽之际，新势力往往毫不显露，社会群众莫得而窥测之。故秦始皇疑亡秦必胡，而不知代之者乃为泗上一亭长。前清乾嘉以后，满人歌舞升平，亦决不料其势力将由湘阴之一儒臣（曾国藩）一学究（罗泽南）而潜移于汉人之手。故新旧递嬗之间，其由两方对抗竞争，一方渐绌，一方渐伸，而后取而代之者，历史上虽不无其例，而其多数则常由旧者之多行不义，至于自毙，新者乃得有自然之机会，起而承乏其间。法兰西共和之告成，固非革命党之力有以致此，乃两世拿破仑自取败亡以后，专制之力已尽，遂不得不实行共和政治耳。杜牧有言："灭六国者，六国也，非秦也；族秦者，秦也，非天下也。"吾亦仿其意而言曰：灭旧势力者，旧势力也，非新势力也。若吾国今日，即以旧势力灭旧势力之时也。

今日之彼此相争，且此复与此争，彼亦与彼争，纷扰不可究诘。综言之，则此也彼也，皆占旧势力之一部分，以排除旧势力之他部分。是非胜负，吾不得而知，吾之所得而知者，则自此以往，旧势力必自灭。吾人平日，固希望此势力之善自保存，以为中国福，如其不能为福而至于为祸，则吾人亦惟有求其速速自灭而已。

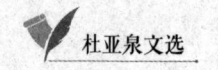

其相争愈甚，其自灭亦愈速。其所以祸中国者，或即其所以福中国也。夫旧势力之在中国，根深蒂固。自同治中兴以后，递嬗至今，已六七十年之久，设非自灭，孰能灭之？果中国之新生命，不能不求之于旧势力以外者，则旧势力之自灭，正所以促进中国之生机。吾人不能不为未来之新中国，额手以称庆焉。

吾人今日，不必更患旧势力排除之难，且甚虑旧势力排除之太速。盖新势力之发生，积之不厚，则其基不固；蓄之不久，则其效不宏也。此新势力将从何处发生，在现时已有萌蘖与否，虽智巧者不得而知。其可得而知者，则此新势力决非与旧势力为对抗竞争之形式，而与戊戌时代之倡言变法者，宣统年间之要求立宪者，及辛亥以来之奔走革命者，取径必殊。盖从前之种种运动，其初亦欲造成一新势力，以与旧势力对抗，其结果则依附旧势力，而欲利用之，卒至旧势力愈炽，新势力毫无所成就者。其误点所在：一、不于社会生活上求势力之根据地，而但欲于政治上行使其势力；二、不于个人修养上求势力发生之根本，而但以权谋术数为扩张势力之具。是二者有一于此，则其势力必不能成。故新势力之发生，必不取径于此。此非吾人之好为预言，特以定理所在不能违反耳。世未有己不立而可以立人者，故于社会生活上无根据者，不能有势力；亦未有己不正而可以正人者，故于个人修养上无工候者，亦不能有势力。吾人之所谓定理，如斯而已。

然则吾国新势力之所在，吾人亦可以约略推测之，即其人决非生活于政治上欲分得旧势力之一部而占据之者，惟储备其知识能力，从事于社会事业，以谋自力的生活。且其人亦决不欲得有势力以排除他人，惟斤斤焉守其个人的地位，保其个人的名誉与信用，标准于旧道德，斟酌于新道德，以谋个人之自治。若此之人，自戊戌以来，几如凤毛麟角，不可一觏，而最近数年中，乃渐增其数。盖青年有为之士，惩于戊戌以来诸先进之种种失败，始有所觉悟，于是去其浮气，抑其躁心，乃从社会生活上与个人修养上着手。将来此等青年，益益遍布，表面上虽无若何势力可言，而当旧势力颓然倾倒之时，其势力自然显露，各方面之势力，自然以此势力为中心，而向之集合。孟子所谓若水就下，若兽走圹，此之谓矣。现今文明诸国，莫不以中等阶级为势力之中心，我国将来，亦不能出此例外，此则吾人之所深信者也。

今日中国之生命，正在危迫万分之际。武人、官僚，倚仗旧势力，以斲伐国家生命，惟恐其勿尽，致吾人不得不将新生命获得之愿望，希冀于新势力之发生，而又以旧势力之速速自灭为新势力将兴之兆。此种乐观思想，原近于滑稽。吾人非不知循此以往，将有外来之势力加于吾国之上，以绝吾国之生命，不能更有机会容待吾国发生新势力，以营代偿作用。但当此尚未属圹下窆之时，不容吾人不作生存之想，而处方求药，舍此剂以外，又别无根本治疗之法，则吾人之乐观思想，谓为滑稽，无宁视为正当。质之国人，以为然耶否耶？

对于未来世界之准备如何？

人生斯世，劳心劳力，其目的不出二途：一为支持现在生活，二为准备未来生活。只知现在生活而不准备未来生活者，惟浪子与乞丐而已。其余之人，则皆亟亟准备未来生活，常较诸现在生活，尤为置重。近时青年男女，出洋游学，以求外国学校之高等学位，试问彼等胡为者？工商事业家，奔走都会，筹设公司，创立工厂，欲作一新式之资本家，试问彼等胡为者？官僚、武人及其他之高等游民，皆贪婪而不知饱，争夺而不知止，不恤绝全国之命脉，以作犹太富人，试问彼等又胡为者？吾得质而言之曰：彼等之目的，皆准备未来生活也。

夫彼等既以准备未来生活为目的，则吾将进而质问彼等，未来之世界固如何？吾知彼等观念中，必以为未来世界，不过继续现世界之形势，且益益进步而已。呜呼！现世界之形势，固尚可继续，且加以进步耶？吾敢大胆直言以断定之曰：彼等之观念实误，故彼等之准备亦误。

现世界之形势，自其显著于表面者言之，纵有国家战争，横有阶级战争（如俄国之劳农会与有产阶级），杀人如麻，挥金如土，长此以往，去世界末日殆已不远。虽此种战争无论如何持久，终有恢复和平之日，衡论世事者，不能以一时偶发之战争为标准。然今日之战争，实非一时偶发者，其潜伏于内面者，有深远之原因。所谓国家战争、阶级战争，其原因皆起于同一之经济关系，此固世人之所公认者。故经济关系不改良，则虽战争之现象即刻终止，而战争之原因依然存在。第二次之大爆发，其期日殆不能甚远。某君曾谓："现世界经济制度，如建倒立之塔，初建数层，其势已危，乃以绳架防护维系之（绳架譬之政治、法律及武力等），而更建数层于上，其势益危，则益益施以防维，如此层层而上，防维愈固，建筑愈高，危险亦愈甚，而其终必有倒之一日。"此为现世界形势最浅明之譬喻，而此形势之不能继续且加以进步，亦可以恍然矣。

　　社会主义者，以现世界之经济制度根本错误，致生产分配不均，贫富悬隔太甚，过激者因而欲废弃地主、资本家之特权，将一切生产匀配于劳动者之手。此等均富之说、共产之论，骇人听闻，予辈殊不欲效其口吻，第其所揭示现世界经济制度之破绽，实已确不可盖掩。自科学与机械进步以来，人类能以仅少之劳力成多额之生产，当十九世纪之初，已有人统计，"五十年前须六十万人劳力而得之生产，在其时仅以二千五百人得而成之"。今距其时更逾百年，此比例当又增若干倍，即使仍以其时之比例为准，则一人之劳力已得成五十年前二百五十倍之生产焉。使世界生产之增加可以无有限制，则人人得出其劳力以享用二百五十倍于从前之生产，其为人类幸福，诚无涯际。无如土地与资本不能随劳力而俱增，劳力增大时，土地与资本之需要自亟。于是六十万人中仅有一二地主、资本家得吸收此五十年前六十万人劳力所成之生产，其余则少数之二千五百人受地主、资本家之佣雇者，得使用其劳力以分取其生产之一部，随其劳力之巧拙以为分取之多寡，较之五十年前之所得，或增数十倍焉，或增十数倍焉，或增数倍焉，或无所增焉。其多数之五十九万七千五百人，或无土地、资本以使用其劳力，则不能从事于生产，或仅有少额之土地、资本，而为大地主、大资本家之所迫压，所得生产乃不足以酬其劳力。故在科学家、机械家，方以二千五百人能成六十万人之生产诩为莫大之功绩者，自社会主义者言之，则五十九万七千五百人之事业为二千五百人所猎夺（西人每谓科学、机械进步，则工商业兴盛，失业者自寡，此就一地方或一国家内言之，他地方他国家内之事业，为其所猎夺，则彼固未计也），二千五百人之生产又为一二地主、资本家所占领，认为莫大之罪恶也（欧美社会党不反对科学与机械，惟求匀配其生产而已，我国儒家则对于科学与机械，斥为奇伎淫巧而禁止之，黄老派尤甚）。夫少数之人既能成多额之生产，则其所生产者一部分，系供少数人奢侈浪费之用，又一部分则为市场之投机品，乃为少数人之利益而生产，非为多数人之需要而生产者。故多数人之衣食虽缺乏，而奢侈品及投机品则生产无度，充斥市场，积而不通，资本将不能周转，于是寻求新贩路，开拓殖民地，建设大帝国，遂以生产过剩为国家战争之原因。多数之人既不能用其劳力于生产，或生产不足偿其劳力，因而生活困难，老弱者以疾病苦痛陷于死亡，其不甘于即死者则为盗贼、无赖，劫夺他人之生产，较有知识学力者则流而为过激派，为无政府党，蓄意破坏社会现状，以求苏其贫困，此以劳力过剩为阶级战争之原因。（因劳力过剩发生阶级战争，此就全世界言，非就欧美一局部言也。欧美事业兴盛，人口增殖不繁，劳力过剩不如吾国之甚，故劳动者能与地主、资本家维持对抗之形势，阶级战争乃显著。吾国科学、机械虽不发达，而旧有事业太半为工业国所夺，故劳力过剩甚于欧美，表面上不显阶级战争，实则阶级战争甚烈，土匪流寇，皆失业之民所啸聚以破坏社会现状者。欧美之阶级战争为二千五百之劳力者与一二地主、资本家之争，吾国之阶级战争乃五十九万七千五百之失业者强夺少数有业者之生产也。）总之，现世纪中一切内乱外患及其他破坏秩序伤害道德蔑绝人道之事莫不由于经济制度不良而起，社会主义者之著作中言之其详无庸赘述。

上述社会主义者所揭示现世界经济制度之破绽，世人殆不能不承认之，然世人之意见，往往以为生存竞争优胜劣败为自然界进化之原则，人类社会中决无真实之平等，亦决无永久之和平，国家战争与阶级战争终为事实上所不能避免。故现世界经济制度之破绽，实无可弥缝，且亦无须弥缝者。此等意见，吾人未尝不赞成之，果使经济上之自由竞争可以极端贯澈其主义，则吾人亦何必以煦煦之仁为良心上之激刺？无如自由竞争达于一定限度以后，必与一极大之障碍物相遇，此障碍物为何？在吾国无固有之名词，就外国名词译其意义，则曰生存权（Right to exietence）。生存权者，即人类各有应得生存于世上之权利也。此权利思想在十九世纪初年之政治哲学中，论之者最多，其时法拿破仑与英争战，人民困穷，遂发生此思想，著名之学说谓："人之所有权利中，有因有政府而后起者，是为人为权利，如财产之不可侵权是也。虽无政府而既已为人，则当然有其权利，是为自然权。自然权中最首要者，即人可取自然界之动植物以养其生命之权利。此权利受人为权之抑制而至于除死无法时则得实行其自然权中一种生存权以继续其生存。"吾国人于此项权利，习惯上确实承认，如水旱偏灾之救济，贫困无告者之周恤，流亡失业者之收养，政府官吏及地方绅富皆有应尽之义务。此种义务，其相对之权利为何？即所谓生存权者是也。曾忆曩年某地水灾，饥民聚众抢米，地方官吏无法处置，以其地方习惯，饥民若仅仅抢米而不抢及他物，则不能以强盗罪之，此即含有生存权重于财产权之意义。盖生存权为人所有之先天的权利，非后起的法律上所规定之财产权得而夺之也。英美派之法律虽有财产权重于生存权之倾向，然习惯上亦承认此权利之存在，如伦敦面包铺，每晨必备若干面包，以应贫民之食而不能付值者；上海英租界中业包饭者，担残余之食物，行经马路，贫民攫食，习惯上不加抗拒。凡此琐事，皆足以证明生存权在世界之社会习惯中实具有若干之势力，而与现世界自由竞争之原则相抵触。自由竞争既达极限以后，多数之人将不能保其生存，则此生存权必于社会中忽现伟大之势力。近时欧洲交战各国，皆厉行食料限制之政策，各人食物皆有一定之制限，虽贵族富豪，其食料不能不与齐民相等，间有限制及于衣被靴鞋及日用品者（德国服装限止令，除军服外不许用毛布，不准著皮靴，履皆木制，衣皆纸制。据美人自德逃归者之记述，柏林市中，无人不著白色纸衣，全市服装，概归一致）。此种政策，即限制个人不得凭借其经济上之势力以绝他人之衣食，即为承认生存权之显著事实。据外报之所揣测，则此种限制之政策，战后必将继续施行，最近日本米价暴腾，大阪、西京、神户、广岛各处暴徒蜂起，政府派兵弹压，一面劝诱出粜，禁止屯积，筹拨巨款以平米价，日本人中亦颇有主张仿欧美现行制度，减食禁酒，布衣服限制令，制定奢侈税者。吾人静观世态，已觉有多数文明国家受此生存权之支配，虽我国政治家方以拥兵耀武为职志，对于地方之天灾人祸曾不足以稍动其心，似我国之民独不能主张生存权以自保其生存。然自又一方面观之，则我国胡为豢养如许之军队？胡为吸全国之膏血以奉之？亦以无产失业者之多，不得不以此为安抚流亡之计，则亦隐然受生存权之支配焉。总之，自由竞争者，纵容少数人猎夺多数人之生产，以绝多数人之生计，而生存权者不许少数人占有多数人之衣食，以害多数人之生存。此两种法则若矛盾之相反，当自由竞争过于烈剧时，则生存权必崛起而与之相抗，使不得极端贯澈其主义焉。

　　均富共产之社会主义，非吾人所乐于唱导，而生存权之行使于社会，则为显著之事实，非吾人所能否认者，且将来社会益益为此权力所支配，亦为吾人所深信。（各国之战后经营，必以自给自足为主。生产方面，必不许自由竞争，随少数之意见，以产出多额之奢侈品与投机品，必先统计国内须食料品若干，须衣被靴鞋及日用品若干，以为生产之标准，其政策主旨，必在限制少数人之浪费，以供给多数人之需要，故食料限制日用品限制，战后必仍继续施行。）果使生存权之势力支配于社会，则其结果必至不均富而均富，不共产而共产，富者贵者不得不与贫者贱者同食其个人分内应得之食物，同用其个人分内应得之用品，此时之人类，将如今日之学生，著同式之制服，居于同一之宿舍，列于同一之食桌（英人威尔逊氏著《将来之发现》谓此种景象百年内必可达到，此殆专指欧美社会言，全世界人类到此地步，或尚须时日），则富者贵者或且自悟其富贵之无用，有时反足为累，转而要求均富，要求共产，未可知也。论世者每谓十八世纪为卢骚世界，十九世纪为达尔文世界，二十世纪为托尔斯泰世界，斯言即不堪尽信，不能谓其全无影响矣。

在吾人观念中之未来世界，就其近者而言（未来有远的未来、近的未来之种种差别），固不认均富共产之可以实行。惟十八、九世纪沿习而来之自由竞争主义，必因受生存权之反抗、大减其势力，社会事物必益益为生存权之势力所支配。虽自由竞争之残余势力，犹必依其惰性，与生存权之势力混杂争斗于其间，而此长彼消，则无待于筮卜。故未来世界，决非为现世界之继续期，而为其回转期；非为现世界之进步，而为其反动。准备未来生活者，对于此点不可不加以注意，若误认此世界为永久的弱肉强食之世界，为绝对的金钱万能之世界，汩其良心，耗其精力，埋没其身命于自由竞争之旋涡中而不知自拔，吾恐时机一变，悔悟已迟，正如围棋急劫时，忽猕子上局，全局散乱，不得不推枰而起，斯时虽恍然大悟，知两奁黑白本无输赢，而前此之苦思劳神，亦太觉冤枉矣。吾人借箸代筹，以为欲生活于未来世界者，不可不为下列之准备。

一、勿吸烟饮酒。以有用之土地培栽烟草，以养人之米谷酿造酒类，此为以食料品变为嗜好品之显著者。吾国近年严禁鸦片，凡嗜鸦片者，生活上受种种苦累，为吾人所目击。又英、美诸国现时禁酒甚严，吾国将来亦必随世界大势，厉行烟酒禁令，有此嗜好者，其不适于未来世界之生活，将与今日之吸鸦片者相同。

二、养成粗食之习惯。今之讲卫生学者，往往主张肉食，或谓宜选择其易于消化而富于滋养者食之，此种学说误人不浅（鄙人曩亦附和此说，今当自承其误）。盖常食精美之物者，肠胃必日益柔弱，效益渐少，仅与他人之食粗粝者相等，若偶食粗粝，则肠胃受害矣。现时肠胃病专家对于肠胃病，渐知根本治疗之法，须以粗

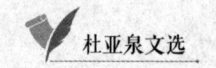

粝食物锻炼其肠胃,如锻炼筋肉者须持重物运动,使其筋肉发达。肠胃亦为筋肉组织,与手足部之筋肉无异也。东西洋卫生家有唱导蔬食主义者,吾国人赞成此主义者亦渐多,鄙人对于经济的蔬食极表赞成(见本志十四卷二号),以同一土地培栽米谷,可以养十人者,若培栽牧草,饲养畜类而食其肉,则仅可养一人也。然使名为蔬食,仍搜罗珍异之品,务极精美,则其暴殄天物且甚于肉食。为锻炼肠胃减省食料起见,不但当赞成蔬食,而以练习粗食为要。欧洲各国皆食战时面包,我国虽食料尚裕,然食米不宜过于精白(价贵而养分少),有时亦宜以杂粮充食(日本有人主张仿美国无麦日无肉日之法,于每星期中定一无米日;又有提倡每日一食,而于日本米中杂以一半之朝鲜米),须知我国穷僻之处,米麦不足,常年中食甘薯御粟等杂粮以生活者,其人固不少也。英国公园处处榜示"最富于爱国心者,宜食最少之食物"一语,吾国学校及其他公共之食堂中,亦宜悬此等箴言以警人之饕餮焉。

三、勿御华贵之衣服。世人之御华贵衣服者,不过用以表示自己之富贵,受流俗之艳羡而已。此等恶俗在未来世界中,自然消灭,如数十年前以吸鸦片者为上等人,故互相仿效,流毒遍于全国,今则未戒鸦片者,人皆视为废民,法律上且加以惩罚焉。又如吾国达官富绅,多蓄姬妾,人亦以富贵而艳羡之,今则稍知文明世界之风习者,皆斥此等人为淫乱无耻,当科以重婚之罪,盖以天之生人,男性女性数略相等,以一人而占数人之妻,使他人鳏居而绝嗣,为违背人道也。推而论之,则天之生物,只有此数,人口日繁,平均分配犹虞不给,若以一人占数人之衣食,使他人忍饥而受冻,则其违背人道实甚于蓄妾,故未来世界中,必以此等人为贪欲无义,而惩之以法律。准备未来世界之生活者,以铲除此等恶根性为最要。学校校员学生及官公机关之职员,宜定朴素之制服,国中有志者,宜组织布衣会,以为全国倡,绸缎罗绫等织物,务宜裁减。日本之乏米,大半由于蚕业兴盛,输出丝织物于外国,稻田多改为桑园之故，此等经济上之错误，实为吾国人所宜借鉴者也。

四、勿广庐墓。吾国旧式建筑占地太广，试游祠庙寺院衙署，往往大门以内一片广场，鞠为茂草，中间甬道长至里许，此皆废田而置于无用者。富贵之家广厦千间，更有花园别墅之类，大都岁月一至，废而不用，劳民伤财，既为可惜，而毁坏耕地，减少食物，更为社会之害。英国在一八三〇年以前，小麦本可自给，其后取偏重工商业之政策，变耕地为公园别墅牧场，其国之可耕地本占全面积之半，然战前之耕地，仅为可耕地之半，而谷物耕地又仅为耕地之半，即全面积之八分之一。去年议院中议增加耕地，以农民不敷，尚未能达其目的。最近美国创战时田之计画，欲使美国之可耕地悉为耕地，尽力利用，庭园花园悉种谷类或蔬菜，凡学校新闻纸讲演会等，皆竭力传播此方法以劝导国民。彼英、美，富饶之国，犹热心重农务本如此，吾人可不借鉴乎？又吾国坟墓占耕地最多，现时已达五分之一，若长此不改，则全国将成为坟墓之国，此尤宜急速改革者。营公共墓地，倡族葬聚葬之法，以保全耕地，实目今切要之举也。

五、生活宜求简易与自然。西洋人因物质文明之进步，生活日趋于繁复，且因群聚于都会之故，生活上乏自然之趣味，万事以人工代之。然此种生活使人精神因之龌龊，体质因之劣弱，故文学家、医学家多提倡简易生活，自然生活，以警告社会，挽救流弊。吾国人不审西洋生活之真价如何，竭力模仿其繁复生活，香妆品也，赘泽品也，客座之陈设物也，小儿之玩具也，形形色色，不堪缕计。吾人既无西洋人整理之精神，其初乘一时之兴，破中人之产以购之，久则任其散乱，听其污旧，弃之如遗，徒足以碍手足紊视听而已。即使什袭以珍之，谨慎以保之，时时检察之，修整之，而其精神已受役于物，非人用物，乃物用人耳。托尔斯泰氏谓："非必须之物，不可购入。"非仅以节财，实所以节啬精神也。又吾国人之模仿西洋生活者，往以都市间之人工生活为生活所不可缺。游欧美之都市者，几疑中国非人类之所居；旅津沪之商埠者，几疑内地皆病夫之所聚。如此之人，由于不知自然生活之趣味，乃误以人工生活为极则，犹之不知新鲜果蔬之风味而误以罐藏盐藏者为珍品也。自然生活之最要者，为艳丽之日光，新鲜之空气，清洁之泉水，与地理上生物上之美感，都市商埠于此数者，均多缺陷，终非人工之所能补充也。未来世界必矫正现时繁复而不自然之生活，使之即于简单而近于自然。吾国之模仿西洋生活者，勿误其模范焉。

六、勿依赖资本及资格以生活。今日吾国中等以上之社会，其生活之根据不外乎资本及资格之二者。凡依赖田租利息以生活者，皆生活于资本者也。其以祖父之门荫戚友之提携得任官公员吏，伴食曹署，月费俸钱，或奔走权要凭借党与，据要津而窃厚禄者，皆生活于资格者也。学生毕业以后不以其所学致用于社会，仅借其毕业文凭或学位得一啖饭地者，亦生活于资格者也。共和国家，本无所谓资格，今则官阀兵阀，尚大逞其威力于吾国。然此种特权，不久必将销灭，较之资本家之特权，命运更为短缩。试观日本现状，十余年前，凡退职之局长、知事，欲为会社（公司）中职员者，会社极欢迎之，既而局长、知事数见不鲜，其欢迎者为次长阶级，更进而为大臣阶级，今则退职之大臣有求为会社职员而不可得者。可知官阀兵阀，其势力终不如金阀之伟大。欧美之第一流人物，大都投身于工商业，而不愿投身于政治界，其国之官吏与军队，实皆资本家之所雇用，受其役使者也。我国现时虽如何著名之政治家，或手握重兵之军事家，以借债之关系，不能不屈伏于外国投资者之手，而受中买的财政家之播弄，债源一绝，则彼等皆为涸辙之鲋，即是以观，可知其势力之决不长久矣。与其慕虚荣，不如营实业，资本家之特权，尚不至遽行消灭。均富共产之事，吾人固不认近世中可以实行，惟现在已属于过渡时期，一方面自由竞争之势力尚炽，吾国资本家无集中之组织，自然受外国资本之迫压；一方面又为生存权所支配，庞大之官僚、军队，无数之土匪、流贼，直接间接取给于资本家；加以贫苦亲邻之觊觎，不肖子弟之破耗，其生活之艰难，亦有非局外所能道者。人生斯世，本当依赖自己之汗血以生活，若依赖身外之物而欲安坐，无为受世人之供养，在从前为于理不安，在今后为于势不可矣。

前所叙列，综言之，不外乎"勤俭"二字本。为吾国之老生常谈，惟自欧化输入以来，此等常谈几已无人置喙，以谓与新世界之文明不相容也。不知吾国数千年来之固有文明，决不能为百余年来新产之西洋文明所破坏，欧洲诸国在现时既实行社会政策。战争以后，其政府之经营与民众之思想，必益益倾向于社会主义。而所谓社会政策、社会主义者，实夙为吾国之所唱导，近世西洋学者对于东洋文明之智识渐渐深造，故社会主义之文学家如托尔斯泰氏之著作中屡屡引用孔孟之语，且极致钦崇之意。克鲁巴金氏之著作，倡颁白者不负戴于道路黎民不饥不寒等之经济论，其思想亦殆由孟子之社会主义中会得（克鲁巴金氏以下数语，系从日本《新公论》采录，其原著未详）。吾国五千年以前之旧文明将流入西洋，发生二十世纪之新文明。愿吾国人勿拾取西洋十八、九世纪中已被破坏之文明断片，掊击吾人之固有文明而蔑视老生常谈，以谓不宜置喙焉。

侨居都市者对于乡里之责任

吾人寓居都市，乃为职业所羁绊，暂时托迹，非长此住居者也。其根本基业，永久生计，仍在故乡。故吾人对于故乡，不可不负相当之责任。吾人虽与故乡暌隔，里间事务，常有鞭长莫及之叹，但吾人现住之地域，其可以间接效力于乡里者良多。盖都市者，一切文化之中心点也。都市与内地，犹根干与枝叶，枝叶养液，由根干输布之；内地文明，则由都市传播之。吾人既托迹于此文化之中心点，当然有此传播之义务。无论形上之精神，形下之物质，均宜随时灌输于故乡，俾故乡事业得以发展。此虽各个人可以自尽其责，然以组织团体，合力经营，为效尤大。西洋人之传教中国，游历内地者，无不为其国家兼任调查报告之事。日人则设立东亚同文会，其国人之在中国各地者，均为会员，各以闻见报，由该会公布于其国。凡吾国各地之风习地宜，以及物产之年额种类，与夫工商盛衰之状况，详悉备载，有为吾人所未悉者。彼等以异国之身，言语不通，情愫阂隔，犹能得明晰若此之报告。吾人寄居都市，既无是等之困难，且所在地皆设有公众集合之机关，如会馆、公所、公会之类，则就现有之机关中，附办前述之事业，固亦易易。现代新闻报馆，每于世界冲要之地设置访员。大公司、大商家，亦必于货物产销地驻有探报市情卖买货物之庄客。吾人之义务，即不外为故乡作庄客与访员，将世界文化之进程，以及工商之新智识新法则输之于故乡，而以故乡之物产介绍于都市。故乡如有特别之制品或原料，则尤当注意调查是项品料销售之情形暨夫制造改良之方法。故乡如患人满，生计凋索，则吾人处此商货云屯工业林立之都会，当为乡人辟谋生之路，开执职之途。虽一事一物之微，亦未尝不可为故乡谋福利。即如铜铁坛木各工之器械，商埠使用者，多参仿西式，较为精良，而内地所使用，则仍沿旧式，至为窳陋，苟置买数具，以教导内地工人，即不难规摹仿造，亦属轻而易举之事，而内地工业，已受惠不浅矣。又内地青年，常苦于求学之不得门径，其欲出外游学者，则又苦于介绍指导之无人，吾人亦宜为之任顾问指导介绍招待之责。此外复当为乡人担任特别之调查，并得受学界商人之委托，为之选买图书仪器，购求货色样品，以促教育、商业之发达。若更于内地设一机关，与都市之机关互相联络，则尤为便利。吾都市之寄居者，不乏热心公益、笃于乡谊之人，盍各起而图之乎？

大战终结后国人之觉悟如何？

战期亘四年三个月之久，交战国至二十八国之多，动员至四千三百万人之众，杀伤千二百万人，耗财三千万万圆，如此空前且希望其绝后之大战争，今日已告终结。其结果则德意志帝政崩坏，奥匈联合国解体，俄罗斯帝国分裂，欧洲遂增出多数之新共和国。二十世纪前期之大震动，乃如此伟烈，虽百世以下读此时期之历史，犹将惊心骇目，况吾侪并世之人乎！而今而后，新时代之真相，将揭示于吾人之眼前，若国际同盟、外交公开、民族自决、军备减缩、公海自由、弱小国拥护诸问题，既列举于美总统在国会宣布之十四条教书中，将为此次讲和条件之基础。吾人对此时局，自不能不有一种之觉悟，即世界人类经此大决斗与大牺牲以后，于物质、精神两方面，必有一种之大改革。凡立国于地球之上者，决不能不受此大改革之影响。此种觉悟，吾国人之稍稍留意世事者，殆无不同之。即如吾国之南北战争，本以参战为诱因，近以受此影响，退兵罢战，可知吾国人于时局上已有若干之觉悟。但觉悟之程度如何，与吾国将来对于世界之大改革能否适应，至有关系。故吾人亟欲以大战争影响之所及告我国人，以促国人之觉悟焉。

此次凡尔塞宫讲和会议，其主人翁果谁氏乎？美总统威尔逊氏，或国务卿蓝辛乎？英首相路德乔治乎？法总理克莱门沙乎？此固表面上有数人物，为世人所知名者也。然从其里面观察之，则讲和之主动者，实为各国之下层人民，其数甚众，其名亦无可指。去年万国社会党开和平会议，交战各国之社会党皆提出和平条件以代表下层人民之意思，其条件大同小异。美总统威尔逊氏之十四条教书，大都采取万国社会党协定之条件而成。当时各国社会党所提条件，皆以设立国际的最高机关为最置重之一事。（英国社会党声明以设立对于各国有命令权之主权为最重。美国社会党条件中有全欧为合众国及创设主宰国际关系之机关二条。德国社会党条件，声明万国平和会议之必要，且云社会之下层人民，宜尽其全力监督自己之政府维持和平，向各国政府使确定其有无加入万国和平会之决意，如拒绝或设遁辞不声明加入之政府，不得信任之，当力与之争。此运动之企图及扩张，当为万国社会党之第一目的。下层人民之团体不加入此运动者，不认之为社会党。）故此次会议，不能仅视为交战国两方之讲和会议，实为世界各国之和平会议，即含有国际的最高议事机关之意，而此议事机关之背面，实有一种原动力存在，不可忽视者也。

  交战国之讲和会议，实际上为世界各国之和平会议，固已，然此犹皮相之论也。更切实言之，则此国际战争之讲和会议，实已变为阶级战争之讲和会议。盖自俄国革命以后，过激派社会党掌握政权，虽西伯里亚地方非过激派已回复势力，而欧俄则尚为过激派及劳兵会之势力中心。德国革命出于社会党诸派之联合势力，德皇退位以后，温和派社会党即多数社会党握政权，以爱倍尔为政府首领，然急进派社会党即少数社会党之人物，革命后大赦出狱，到处欢迎，多数派将变为少数派，将来德国政权，或落于急进派之手，亦未可知。奥匈破坏以后，各建立独立自治之新政体，若民族之独立完成，亦不免与过激派同化。百年以前神圣同盟之俄、德、奥三国，今忽为过激的改革党之根据地。协约国对于俄国，既援助捷克军以当过激派，对于德、奥，亦虑其革命以后趋于极端。此外比利时、荷兰、西班牙诸国，社会民主主义之勃兴，亦有牵入旋涡之势。故以打破军国主义，拥护民主主义为鹄的之战争，因改革气运之进行过于剧烈，反不能不和缓之、限制之，以维持秩序。且各国社会党所主张，各国政府所是认之民族自决一事，其适用之范围若过于广泛，在英、法、意、日诸国政府亦不能容。况如过激派之主张，凡从前之独立国为帝国主义之牺牲者，皆欲努力救援其国民，以恢复其独立。此种主张，尤非前列诸国之所能是认。又如军备缩小一事，虽为世人之所共同赞许，而其限度果至于如何？若如社会党之所主张，欲完全废撤军备，其难于实行，亦自与前者相等。然则此次会议，不过将社会党对于现在社会改革至若何程度，现在社会对于社会党之要求容许至若何程度，为一种之协定。谓为阶级战争之讲和会议，讵不可乎？

国际战争之讲和会议，实际上为阶级战争之讲和会议，固已，然以为讲和会议则必一方面战胜，一方面战败，或两方面均无胜败，而后弃战而言和，今则两方面皆为战胜者。以国际战争言，英、美、法、意战胜，俄、德、奥战败；然以阶级战争言，则俄、德、奥社会党实战胜其国之帝王、官僚、军阀而新造其国家，战败者乃俄、德、奥三国之前皇及其党与而已。故今日喧腾众口之"自由战胜、公理战胜"云云，实为最公平之观念。由此观念推之，则英、美、法、意等二十三国固战胜，俄、德、奥、匈、保加利亚等亦战胜，虽谓之全世界战胜可也。全世界皆战胜，战败者特过去之旧世界耳。今之人或因于旧世界之思想，以为德军在西欧方面迭次退走，要求讲和，交出军械战舰，以后已无战斗之能力，不得不谓之战败。不知在社会党欲贯彻其和平之主张，以求理想上之胜利，为胜而败，为和而走，军械战舰，彼等不但视为无用之长物，且视为不祥之凶器，去之惟恐其不尽，出之惟恐其不速，此正社会党胜利之成绩，谓之战败，适相反矣。又或因于旧世界之思想，以为理想上之胜利，终不免于事实上之屈辱，则当俄、德停战时，德皇固以事实上之胜利迫压俄国，使承认屈辱之条件者，当时笃伦斯基曾言："吾人虽败于战争，当以理想征服世界。"迨德国革命骤发，德皇爽然自失曰："俄罗斯之大兵未经宣战，已越吾国境矣。"盖叹俄国过激派之社会主义已流入于德国也。社会主义无国界之可言。英、美自参战以来，其政治上已显然现社会主义之色彩，英国行将举行总选举，社会党议员必倍增于前。英、美二国之情势如斯，则今后各国政府若犹有恃其军械战舰以迫压他国，扰乱和平者，其政府必至于颠覆。俄、德、奥皇家之殷鉴，固不远也。是以此次之胜利，为全世界确实的胜利，吾人于此不禁有日月重新之感想焉。

当欧战发生时，世人已有欧洲现代文明没落之想像。欧洲劳动界之论调以为："现战争所消费者，不仅社会之安宁、人类之生命、世界之蓄财而已，为现代文明根蒂之社会组织亦将归于死灭，哺食于此组织中之政治组织亦当然死灭。"夫旧文明死灭云者，即新文明产生之意义。今大战终结，实为旧文明死灭，新文明产生之时期。旧文明者，即以权利竞争为基础之现代文明；而新文明者，即以正义公道为基础之方来文明也。但此在欧洲言之则然，若就我国言之，则当易为新文明死灭，旧文明复活之转语。盖我国今日，固以权利竞争为新文明，而以正义人道为旧文明也。我国近二十年来之纷扰，实以权利竞争为之厉阶，皆食此所谓新文明者之赐，与欧洲国际间纷扰之祸根，实为同物。欧洲所竞争者，为国家权利，故发生国际战争；吾国人所竞争者，为个人权利，故发生国内战争。范围之大小虽殊，因果之关系则一。且此种竞争，初非为事实所迫而然，乃出于一种游戏之心理。某社会主义者曾评论欧洲战争之心理为"膨胀的游戏欲"。我国之国内战争，实亦由此。政党借国会为游戏，各出其阴谋、权诈、运动、收买之手段，以比较技术之高下；武人借和战为游戏，各施其操纵、向背、诱引、劫制之手段，以比较博进之多寡。演之既久，乃驱于狂热之态度不能自已。故我国之国内战争，实欧洲国际战争之缩影也。我国贫苦之人民，无欧洲下层社会之团结能力与其组合方法，不能禁阻此武人、政客，使终止其竞争之游戏，然固有文明之固结于吾人心底者，固与欧洲多数民众之和平思想忻合无间。盖民本主义与大一统主义，乃吾国民传统思想之最著者,故对于欧洲之平民政治与其世界和平运动,不少共鸣之感。我国之政客、武人,苟不欲与国民心理背驰,向世界大势逆进者,则当知今日已为游戏终局之期。曩日所视同生命之权利竞争,今日不可不使之死灭,方来之国内和平会议,宜与世界和平会议,以同一公正之目的,成同一高贵之事业。威尔逊之所谓美国精神,今已照耀于世界,吾中国当亦有所谓中国精神,夫岂不能表见于国境以内乎?吾国之政客、武人,果有此觉悟者,则此次国内和平会议,不必为枝节之调停,不必为含糊之妥协。若法律问题,即新旧国会存废问题,事实问题,即南北政权分配问题,均可以不烦言而自解。盖今日之新旧国会,不过为双方政客阴谋权诈之演习场,无一可代表民众之意思者;南北政权,悉为武人所占据,皆以诱引劫制而得之,无一可为民众所承认者。苟各出其良心,将以诚意以求和平,则为政客者,亟宜解散其党与,退归田里,听国民以自由之意志另行选举其代表之人物;为武人者,亟宜裁汰其所拥骄悍之军队,安静守职,不干与国家政治及地方事务。此皆人人心中之所共喻,口中之所欲言者。循民意而行之,则与新世界共其光荣;返民意而行之,则与旧世界同归消灭。何去何从,宜猛省焉!

吾国人欲适应世界之新文明,固以抛弃权利竞争,保国内之和平为先务之急;其次则宜励行社会政策,以苏下层人民之苦痛。徐东海之就职宣言书有"适用民生主义,悉力扩张实业"之语,且解释民生主义,以"使人人有以资生"为说。既与扩张实业对举,则其民生主义,非丰民财厚民生之意,实社会主义之异称。政治上适用社会主义,即所谓社会政策也。此种政策,欧美诸国在战前已力行之,于战时则尤注全力于此。日本近时因米骚动之故,又鉴于俄、德诸国革命之故,亦注意于社会政策。我国古来虽无社会政策之名词,然所谓"仁政"云者,实包涵社会政策于其中。孟子所言文王治岐之仁政,在欧美人之眼光中,即视为社会政策之别开蹊径者。欧美所谓社会政策，若劳动者保险制度、工场保护法律，以及食料品由政府管理，限制日用品之最高价等，其方法未必能直接适用于吾国，然其意义则不外乎于物质及精神上救助贫者弱者，兼限制富者强者，使不能以其资力侵害贫者弱者之生活，此固至公至平之政策，凡属贤明之政府，皆当奉为矩矱者也。大战争终结以后，各国必大扩张其工商事业，以恢复战时之损失，东亚大陆将起剧烈之经济战争。欧洲之社会党，虽亦有一二派反对经济上之侵略者，然大多数则不过要求资本之公有，利益之平均分配，使劳动界生活之向上而已。其主张之世界和平，仅及于军事范围，与我国儒家之大同理想究不相同。将来之经济战争，杀伤之多，或比西欧之战场为甚。一事业之失败，受其累者辄千万人，饥寒疾病之交加，妇孺老弱当其冲，父母冻馁、妻子啼号、骨肉流离之惨痛，固不如战死沙场之为愈也。各国今后之经济战争，不外乎收求原料品及广售其工业品之二事。原料之需要急，则衣食之价必贵；工业品之供给多，则奢侈之风必长。国中少数之有产业能供给原料品者，及贩运工业品以图中买之利益者，虽得分取其一部分之胜利，而多数之无产业以产生原料品者，及固有工业新起工业之立于战线上者，必全遭失败。此少数胜利者与多数失败者之间，贫富悬绝，一方摹拟欧美之富豪，一方则为乞丐、囚徒、流氓、土匪之类。调剂于此两方面之社会政策，对于胜利者重其担负，以警其奢侈；对于失败者与以救济，以保其生存。自为当然之举。而根本上之调剂，则宜防止原料品之过度输出，如米谷棉花之类，为国民衣食所必须者，若输出过多，致国内储蓄空乏，则必骤起恐慌，发生骚乱。其次则日用必须之工业品，宜奖励之，补助之，使劳动者可以得业。奢侈之工业品，如烟酒及装饰物等，宜加以抑制。而与此政策有关系之海关税及交通机关，决不可听其操纵于外人之手。此皆政府所宜尽之责任也。然戒奢侈，恤贫难，仅仅出于政府之政策，不由国民以仁心与义气实力行之，则收效有限。故社会主义行之于国家之政治上，不如行之于国民之精神上为善。精神上之社会主义，即欧美人所称为基督教社会主义者也。

大战终结后社会主义之勃兴，其影响必及于吾国，此固吾人所窃窃欣喜者，而窃窃忧虑者亦莫甚于是。欣喜者，喜吾国之政客、武人，或鉴于世界之大势，有所觉悟，终止其权利竞争，而注意于社会政策也。至所忧虑者，非如日本之官僚派，目社会主义为危险思想，惧其侵袭以妨害其官僚政治，第以吾国急进之徒，于欧美人之思想行为，有所感触，辄不顾国情之如何，欲强移植之于吾国。即如民主主义与竞争思想，输入吾国以后，纷扰既若干年，迄今国体虽定，而真共和仍未实现。政客、武人攘夺权利，兵匪充斥，国民之颠连困苦已不可尽言。设于此时复以社会主义激起下层人民之感情，鼓吹其暴动，则大乱之发，将与汉之赤眉、唐之黄巢、明之献闯、清之发捻无异。我国下层人民，与欧美情势不同。欧美之下层人民，大多数为劳动者，且有完备之劳动组合，皆以有学识道德之人为之领袖，对于社会改革之思想，已深虑熟考，具有定见，党中行动，有一定之步骤，其实行改革之手段，惟在于政治上、经济上渐占势力，非恣意于破坏者。我国下层人民，劳动于农业工业者不过小半数，大半数为现无职业，欲劳动而不可得，或不肯劳动者。农工业所组合之团体，虽可为我国社会之中坚，而范围甚隘，并不抱有若何改革之思想。无职业者所结团体，未离秘密性质，实为我国社会中不安定之分子。其耳目所濡染，意念所积蓄者，不过小说中劫富济贫、轻财仗义之类，虽其根柢上与欧美之社会主义，非无近似之处，而学问、道德、思想、行动，与欧美社会党之程度，相差尚远，平时愤懑不平，对于现社会抱一种恶感，一有所发泄，则杀戮焚烧，奸淫掳掠，无非野蛮性之发作，物质欲之冲动而已。故我国急进之徒，若欲乘世界之潮流，率此下层人民中之无职业者，贸贸然企图改革社会之事业，则必使吾全国之社会，陷于覆亡之境遇，此实我全体国民所宜兢兢注意者。现时欧美社会党，方欲联结各国之下层人民以推广其主义，如洪水之四溢，如飞火之延烧。各国浪人或抱怀过激主义者，方以引起他国之骚乱，促其覆没为快。我国之有志者，当此时会，一方面当劝勉国人实行政治上、精神上之社会主义，以纾未来之祸；一方面当留意于世界改革之大势，明其真相，悉其主旨，详其利害，以为适应之预备。切勿盲从轻信，摘未熟之果，揠未长之苗，以贻害于无穷焉。

何谓新思想？

今日吾国言论界，有揭橥新思想之名义而鼓吹之者。其所谓新思想，究为如何之思想乎？究以何故而谓之为新乎？此种疑问，不但存在于他人之心里，即揭橥新思想而鼓吹之者，亦自觉此疑问之存在，尝提出"什么叫做新思想"一语而解答之。夫既已揭橥而鼓吹之矣，而其所揭橥而鼓吹者究为何物，尚为一问题而有待于解答，则无宁待其解答确定以后，而揭橥之，而鼓吹之，未为晚也。然则吾人今日，亦惟有对于何谓新思想之问题，求其确当之解答而已。

新思想究为何种之思想乎？有解答之者曰："新思想是一个态度。"又曰："抱这个态度的人，视吾国向来的生活是不满足的，向来的思想是不能得知识上充分的愉快的，所以他们要时时改造思想，希望得满足的生活，充分愉快的知识活动。"（梦麟君《新旧与调和》论文。）此解答吾固承认其确当。盖今日之揭橥新思想者，大率主张推倒一切旧习惯，而附之以改造思想、改造生活之门面语，其对于新思想之解答，诚不过如是也。然依此解答，则"思想"二字，实不能成立。态度非思想，思想非态度，谓思想是态度，犹之谓鹿是马耳。态度呈露于外，思想活动于内。态度为心的表示，且常属于情的表示，思想为心的作用，且专属于智的作用。二者乌能混而同之？至于以向来之生活与智识为不满足不愉快，是为一种感情，感情非思想也。因此而主张推倒旧习惯，要改造生活，要改造思想，是为一种意志，意志亦非思想也。感情与意志，固有因思想而起者，但思想之范围内，决不附有些须之感情与意志。故若以新思想为问题，则前述之解答，可谓全然谬误。而吾固承认其确当者，则以彼等所揭橥之新思想，实非思想而为态度。彼等对于向来之生活与智识既抱有不满足不愉快之感情，因而发生推倒一切旧习惯之意志，惟其意志尚未表示于行为，仅由其所怀抱之感情表示为一种之态度，故谓之为思想，实不若谓之为态度之确当也。

然则此种态度，究以何故而谓之为新乎？对于向来之生活与智识以为不满足不愉快者，人之恒情也。官僚、武人，恶民气之嚣张，愤学生之跋扈；老师宿儒，咨嗟太息于现时之抛弃国学，伤失学粹者。何莫非此不满足不愉快之感情所表示之态度乎？时无古今，地无中外，苟有人焉以现在之生活与智识为满足为愉快者，非大哲人则大愚人而已。宗教家以宗教求满足与愉快，科学家以科学求满足与愉快，其能舍其求满足与愉快之目的，而以宗教与科学为目的者，如是之真宗教家、真科学家，吾固未之或见。遍古今中外之人，咸抱如是之态度，则无所谓旧，亦何所谓新。有解答之者曰："以其适合于现代，而为现代人所应用所享受，遂名之为新。此犹时髦之物，谓之新式；时髦之人，谓之新派。"（杨贤江君《学生与新思潮》论文。）此解答吾亦承认其确当。盖不满足不愉快之态度，虽为古今人类之所共同，然以今日战乱之频仍，物资之缺乏，生活费之高贵，以及产业上之垄断，政治上之迫压，遂使人类所抱怀不满足不愉快之感情益益深切，其态度乃益益显著。故此种态度，不能不原其因于时代之关系，且除因时代关系而自然流露者以外，更有因其同时代之人，咸抱如是之态度，遂互相模仿诱引，而其态度乃益为已甚者。（例如哭为哀情之自然流露，然因多数人皆哭，而其哭乃益甚，此则因模仿诱引而然者。）故今日之所谓新，实兼含有时代的及时式的两种意义。惟时之与新，乃部分之相同，决非全体之合一，世固有新而不时者，亦有时而非新者。前述之态度，谓之时则可，谓之新则不可，故谓之为新态度，实不如谓之为时的态度之确当也。

吾今敢对于彼等所揭橥之新思想，作一确实之解答曰：此非新也，此非思想也，乃时的态度而已。吾之作此解答，非含有反对新思想之意。新思想之赞成与反对，当视其内容如何而后定，吾人决不以其名义为新思想而赞成之，亦决不以其名义为新思想而反对之。惟以张冠李戴之名称，下卖狗插羊之定义，则吾人所不能不纠正者耳。

今日所揭橥之新思想，吾既以谓非新非思想矣。然则必如何而后可谓之思想？必如何而后可谓之新思想乎？曰思想者，最高尚之智识作用，即理性作用，包含断定推理诸作用而言，外而种种事物，内而种种观念，依吾人之理性，附之以关系，是之谓思想。新思想者，依吾人之理性，于事物或观念间，附以从前未有之关系。此关系成立以后，则对于从前所附之关系，即旧思想而言，谓之新思想；例如皇权本于神授，此旧思想也；人权由于天赋，社会成于契约，主权属于人民，此民主思想也，对于君权神授之思想而言，则谓之新思想；主权在于人民，少数之阶级，不宜压制多数之阶级，此民主的经济思想，对于民主的政治思想而言，又谓之新思想。又如以生物为上帝所创造，由父母传之子孙，永远不变，此旧思想也；谓生物本出于同源，渐次变异，因生存竞争而进化，此生物进化之思想，对于生物不变之思想而言，则谓之新思想；竞争虽为进化之要素，然竞争之外，尚有互助之法则，亦为进化之要素，互助之精神愈盛，则进化之程度愈高，此互助进化之思想，对于竞争进化之思想而言，又谓之新思想。至近时风靡世界之社会主义，其思想虽发源于希腊，即马克斯之《资本论》，亦刊行于五十余年以前，然对于社会上因袭未变之个人的经济思想而言，亦谓之新思想。人类之新思想有种种，本各有其具体的专名，虽今日种种新思想，大有辐辏而集中于社会主义之趋势，故仅言新思想以为抽象的通名，亦无不可，而新思想之定义，则终不能变也。

吾国言论界中提倡民主的经济思想、互助的进化思想、公产的社会主义或国家的社会主义，以及其他种种新思想者，固不乏人。

而揭橥新思想者，其所谓新思想，并不属于前述种种，其惟一之主张，为推倒一切旧习惯，此种主张，适与新思想之定义相凿枘。新思想依据于理性，而彼则依据于感性。新思想于事物或观念间，附以从前未有之关系；而彼则于事物或观念间，破其从前所有之关系。吾以为彼之主张，决不能达其目的。盖旧习惯之破坏，乃新思想成立后自然之结果。新屋既筑，旧屋自废；新衣既制，旧衣自弃。今不务筑新屋制新衣，而惟卷人之茅茨而焚之，剥人之蓝缕而裂之，曰：是即予之所谓新屋也，是即予之所谓新衣也，则人安有不起与之反抗者？不但其茅茨决不肯为其所焚，其蓝缕决不肯为其所裂，必且并新屋新衣而深恶之而深恨之，而其茅茨且永不能除，蓝缕且永不得脱矣。故以非新非思想而揭橥为新思想者，实际上乃阻遏新思想之最有力者也。吾以为今日之主张推倒一切旧习惯者，实因其心意中并未发生新思想之故。英国当十九世纪初期，劳动者以生活困难之要求，闯入工场，摧毁机器，仅有感性的冲动，而无理性的作用者，即因其时社会主义之新思想，尚未发生于彼等心意中之故耳。

关于情与理的辩论

《一般》的十月号内，载朱孟实先生给一个中学生的一封信，是"谈情与理"的，他说："今年李石岑先生和杜亚泉先生……在《一般》上起过一番辩论，一言以蔽之，他们的争点是我们的生活应该受理智支配呢？还是应该受情意支配呢？"朱先生的主张，是情感的生活胜于理智的生活，但是朱先生所谈的，我还觉着有些不是，所以我再照我的意见辩论一番。

（一）朱先生说我"不知李先生的学说得自尼采"。这个不知，虽出于朱先生推想，但是我可以承认的。不过我的知道与否，和我们的争点实在没有关系。朱先生或者以我若知道李先生的学说得自尼采，一定不去抨击了。其实我不是抨击谁，不过看见《一般》的论说中，有和我见解不同的地方，我就把自己见解写出来，至于那论说中学理是那个人创造的，或是因袭那个人的，这和我的见解完全没有关系。

（二）朱先生说我"又不知自己所根据的心理学是久已陈死的"。这个不知，我更当然承认的。但我就是知道了，也没有什么关系。朱先生以为我若知道这学说已经陈死，一定不再去根据了。其实我只知道这学说的是不是，不知道他陈不陈死不死。无论人家说他怎么陈怎么死，只要我认为是，那学说至少就在我心中不陈不死。若我只因为人家说他陈死，我就不敢根据，那末我们自然只好专讲些新伦理新主义了。或者朱先生所谓陈死，就是已经有人证明其错误，就是不是，那末朱先生最好将错误指出，我就感激得很。

（三）朱先生说："尊理知抑感情的人，在思想上是开倒车……要开倒车的人，应该先证明现代哲学和心理学是错误的。不然，我们决难悦服。"朱先生所谓现代哲学，当然指与"主理主义"对待的"主意主义"；所谓现代心理学，当然指与"理智中心说"对待的"意志中心说"。这学说都不错的。这类学者，大概都有批评从前学者过于尊重理智的话。因为从前的哲学，全求诸理智；从前的心理学，以理智为一切行动的根原。这确是错的。但是近来附和现代哲学和现代心理学的，却变本加厉，蔑弃理智以徇情欲，这却是大错而特错了。宇宙意志、生命意志，都是盲目。理智原是后起，由生命的意志产生，但理智产生以后，他就负了支配生活和指导行为的责任。譬如最低级的生物，没有眼睛，行动不便，生命常受危险，因此由生命的意志，生了眼睛。有了眼睛以后，我们的行动，不免要受眼睛的支配和指导了。自然有许多的行动，如反射运动、自主运动等，不靠眼睛的，也有时用了眼睛，还是看错，或者没有看见，因而行动错误，危害生命，而且有时眼睛看到危险，不敢前进，行动反受阻碍，若是没了眼睛，倒可勇往直前，冲过危险。但是因为这些缘故，就说眼睛支配行动的能力是极微末极薄弱的，我们不要眼睛，我们的行动不要受眼睛的支配，你喜欢往那里去就去，水里也可以，火里也可以，等到你觉著气闷了或者烫了，你再回转换个方向。下等没有眼的动物，行动原是如此的。附和现代哲学心理学的人，都是这样不要眼睛的说法。我以为尊理智抑感情的倒车，至多开到十八世纪，尊感情抑理智的倒车，却要开到原生动物的时代了。

（四）朱先生所述墨独孤派学说，如"快感与痛感，是行为的结果，不是行为的动机。动作顺利，于是生快感；动作受阻碍，于是生痛感。在动作未发生之前，吾人心中，实未曾运用理智，预期快感如何寻求，痛感如何避免，行为的原动力，是本能与情绪，不是理智"，这个学说，我承认他是的，但这是说明原始的行为，不是人类一切的行为，都可以用这个学说来说明的。譬如婴孩初次吮乳，完全是本能的冲动，心中确未曾运用理智，预期由吮乳而得到乳味的快感。但是经过若干时期以后，孩子已得到由吮乳而得快感的经验，那时投入母怀，索乳吮吸，这种行为，其动机中实有豫期的快感存在。除了低级动物和初生儿以外，其行为的动机中，都有这种豫期的成分。理智愈发达，动机中的成分愈复杂，经过选择而后，发为行为，所谓意志的行为。又朱先生说："生命无先见……母鸡孵蛋，没有产出小鸡的先见。"这学说我也承认他是的。但这是生命的原始状态，生命进行的潮流中，不是都这样状态的。据心理学家实验，母鸡孵蛋数次以后，孵卵时就有产出小鸡的先见了。至于人类，先见更明。妇人腹大了，就知道要生产儿女；月经终止后经过二百八十日，就知道胎儿要出来了。我们一生行为的结果，可以先见可以豫期的，原不过一小部分，大部分还是不能先见不能豫期，所以有许多人还迷信命运气数以及神佛等。我希望我们人类理智日益发达，把不能先见不能豫期的部分逐渐缩小，可以先见可以豫期的部分逐渐扩大，这就是我们生命潮流中努力的倾向。若是因为现在理智支配生活的能力薄弱，而要窒聪塞明，任情纵欲，其结果不是发生听天由命不求进步的保守主义，就是发生专事破坏不顾一切的工团主义（就是朱先生所谓行会主义）了。

（五）朱先生说："如果纯任理智，则美术、宗教与爱，对于人生均无意义。"但是理智和情感，都是人生所不能没有的。我们主张以理智指导情意，正是有了情意，所以要指导。世界决无只有理智没有情意的人生。朱先生所假定纯任理智的人生，犹如假定地球上只有太阳没有雨水，那末自然没有意义了。况且意义的有没有，是理智的评价。人类惟有理智，才知道美术、宗教和爱对于人生的意义。所以艺术、宗教的发达，爱的普遍，仍然是理智的功劳。

（六）朱先生说："世间有许多事须得有几分傻气的才能去做，纯任理智的人，天天都打计算，有许多不利于己的事，决不肯去做的。历史上许多侠烈的事迹，都是情感的而不是理智的。"这个我却以为不是。"天天打算，不肯做不利于己的事"，这是低下的理智，把这样的看做理智，无怪乎要抨击理智了。其实低下的情操，也是如此的，凭着苦快的情感来做事，那不利于己的事，也当然不肯去做的。侠烈的事迹，出发于高尚的情感，而这高尚的情操，却是要有高尚的理智才能发生。肯做不利于己的事情，却是从打算而来，不是冒冒失失肯去做的。那位投河的国学家，当然经过深长的思考才去投河的。没有理智，只凭著情感，冒冒失失去死的，只有扑火的灯蛾。其他贪夫殉财，夸者死权，都是理智浅薄，依著低劣的情感去做，卒至丧失生命，朱先生以为他是侠烈吗？

（七）朱先生说："问心的道德，胜于问理的道德。"我以谓把心和理对举，是把理放在心的外面，完全踏着"仁内义外"的弊。理性原是人类精神中的一个要素，决不能把理提出在心外的。我想说问心问理，不如仍说主情主理为妥。主理的道德，诚然有勉强的（就是朱先生说的"束缚和迫于外力"）或者矫伪的。我也主张主情的道德。但主情的道德，就是从情发出的道德，情内不是完全只有道德，那不道德的情是很多的。我们就要用理智来指导他，把道德的情长养起来，不道德的情抑制下去，所谓修养工夫，就是在此。理智也不是完全道德的，但道德不道德，总靠理智来择别。情是盲目的，没有择别道德的本领，除去了理智，还有什么道德可言。所以主情的道德，不可误会为主情就是道德。不然，我要杀人便杀人，我要强奸就强奸，任情纵欲，都可以算是道德了。我们人类应该开发理智，凭借高尚的理智来指导情感，随处修养，到了工夫纯熟，才可以"从心所欲不逾矩"。从心所欲是主情，不逾矩是主理，到此时情理一致，便没有主情主理的差别了。

（八）朱先生说："真孝并不是一种报酬。"这句话很精到的，但说"孝不是一种义务"，这句话却错了。朱先生又说："问理的孝可非，问心的孝不可非。"朱先生以报酬为问理的孝，无怪以为可非了。我以为主情的孝是爱，主理的孝是义务。情理一致，是为真孝；问情不问理，是兽畜之爱；问理不问情，是虚伪之行。何谓主理的孝是义务呢？义务不是还债的意思，譬如我们对于未成年的子女，有教养的义务，这义务决不因为对子女负债而生的。又如我们有保存自己生命的义务，我们天天劳心劳力以尽这义务，但这义务也决不因为对自己负债而生的。我们教养子女的义务，和保存自己生命的义务是一样的。因为我们人类是社会生活的，社会有保存自己生命的义务，若对于未成年的人，不施教养，社会的生命即不能保存，所以教养未成年的人，是社会保存自己生命的义务。我们为社会的一分子，应该替社会负一分子的义务，因此我们有教育未成年子女的义务。若在儿童公育的制度下，这个义务就由社会全体担负了。至于父母，就是社会上担负过教育子女义务的人，也就是维持社会生命的人，这种人在衰老的时候，社会也应该辅养他。因为社会是互助的，他壮健时辅助社会，他衰老时社会也辅助他。在社会主义的制度下，养老的义务，也应由全体社会担负的，所以辅养父母的义务和教养子女的义务，也是一样的，都是伦理上的义务，就是由社会生活而发生的义务。这种义务，是由理智产生的。虽然理智没有发达的动物，也依着本能，爱养子女，子女也爱他的父母，但都是情感的冲动，他们不知道义务，所以情感变迁时，父母把子女吃掉，子女把父母吃掉，也都可以，没有丝毫的制裁。人类由理智上知道这辅养父母和教育子女是一种义务，无论你情感上有没有真实的爱，但你既要在社会上做一个人，这个义务是不容你违反的。没有真实的爱，只因为伦理上的义务去辅养父母，教养子女，原为不能称为真的孝和慈，但也不可非的，总比抛弃子女背离父母的好些。若说爱就是孝，爱就是慈，没有什么义务存在，那末孝不孝，慈不慈，可以随你的情感而定，那末必定要人类的生活需要社会与否，也可以随你的情感而定，这个学说，方才可以通过。我们只有希望个人生活和社会生活一致，若要主张个人的自由，脱离社会的义务，则不但孝可非，慈也可非，劳心劳力的保存生命也可非，而最好为自杀，为人类绝灭。

贡献给今日的青年

　　内观政象，不由的想到"鱼烂"二字，外来的压迫，又给你当背心热辣辣的一鞭。这时候，谁都觉着已与一个非常的时代对面，就此闭起眼睛躺下来是断无此理的，总得认定一条自己应走的路径。尤其是青年人，血液里充满着生命力，对于这样的期求更为热切且坚强。朋友间的商量，师长前的询问，据我们所知道，近来差不多集中在这一点上。因此我们想：征求诸家的意见，供给大家作为参考，该是有益的事。于是提出如下的问题，敬请诸家赐答：

　　"假如先生面前站着一个中学生，处此内忧外患交迫的非常时代，将对他讲怎样的话作努力的方针？"

　　深幸诸家肯成全我们的微愿，各书所见惠寄，便是批露在这里的若干篇。在这个杂志上，这是一次最盛大的谈话会，我们对于执笔的诸家铭感无极！

　　参考资料不嫌其多，何去何从，读者自能根据客观的条件来决定，那是不消说的。

　　附告者：各篇以收到先后为次。

编者

　　我们要商量怎样应付时局，当然要先把时局的真相看得清楚。这时局的真相自然各有各的看法，现在把我所看到的真相先和诸位谈谈。

　　现在的世界是社会主义和帝国主义对峙的时代，龙争虎斗，不知演到怎样的结局！社会主义中，俄国是过激的社会主义，我国的民生主义是稳健的社会主义，这是在中山先生的著作中已经说得很明白的。帝国主义也有两派：一是经济的帝国主义，一是武力的帝国主义。英、美、法等工商业的先进国都是经济的帝国主义，不消再说。工商业的新进国要想行经济的帝国主义，因为世界的市场和殖民地都被先进国占住，不得不用武力来打开这局面，所以他们总是抱武力的帝国主义的，德国就是一个例子。至于工商业比较落后的国家，因为要免除帝国主义的侵略，自然倾向社会主义。这都是环境上的关系。大家都为着生活问题来适应环境，总逃不出生物学上生存竞争的定理。

　　论到日本，本来抱武力的帝国主义的。虽近来他也仿效欧美，努力振兴工商事业，有一点经济的帝国主义色彩，但总是武力主义占大部分。他所以抱这种主义，当然因为邻接的中国地大物博，可以被他侵略的缘故。自从德国的武力主义失败以后，日本也感着这主义的危险，国内的工商业家和新派的政治家都主张经济的帝国主义，但是军阀和旧派的政治家仍然持武力的帝国主义。这两派的主张，当然为着自己党派上的利害关系，但也各有相持的理由。新派因为军阀年年绞了国民的汗血，扩张军备，内蹙国民的生计，外招世界的恶感，真不值得。这理由是很充足的。但是旧派知道日本的工商业还很幼稚，工商品的出路，全仗中国的市场。五年十年以后，中国政府的组织渐渐完密，国民的工商业略略进步，日本的工商品当然有被打倒的可能性，这市场是完全靠不住的。所以他们总要用武力来侵略中国，割取满蒙，以图发展。这是田中计划上已说得很明白。从济南撤兵以后，田中内阁费了四千万的国帑，毫无所获，徒招列强的非难。武人内阁倒了，民党内阁上台，两方积怨渐深。因为军缩会议事件，滨口内阁不顾参谋本部的反对，不循向来的惯例，突然由内阁训令币原代表签字，两派遂显然决裂。在新派方面，签字于军缩会议原不免有借世界大势来钳制军阀的意思。但是军阀方面以为民党内阁借外国势力来压制他们，愤不可遏。一直闹到滨口被刺以后，民党也气势激昂，军阀只得暂时忍耐。这一回军阀方面也是单独行动，侵略满蒙，强迫民党对外一致，原是对民党内阁的一种报复手段。这是两夫妻吵嘴，向爹娘出气。我们若是用客观的态度来评论他，实在也是一场好笑的把戏。

至于国联，就是英、法方面和美国方面对于日本的武力，当然是厌恶的。但日本的武力比德国还差得多，够不上他们嫉忌和仇恨的程度。只要日本不用武力来占据中国领土，破坏他们经济上机会均等的形势，他们不但不愿意摧毁日本的武力，而且还有利用日本武力的必要。因为他们经济的帝国主义，当面的仇敌当然是社会主义，尤其是过激的社会主义。万一苏俄的过激主义发展到中国来，他们的经济的帝国主义必受重大的打击。他们虽然有膨大的海军，但除了封锁海口以外，对于腹地，没有多大的势力。他们若不和日本合作，那是无法可施的。他们要利用日本的武力，在东亚方面，和苏俄对抗，这是抄英日同盟和日俄战争的老文章。他们要抄这一篇老文章，所以他们要和日本携手，要日本和他们同走那经济侵略的一条路，限制日本走武力侵略的一条路。日本的工商事业和经济势力，还不能和他们处于对抗的地位，所以日本若和他们同走一条路，他们还受不到十分的妨害，而对于当面的仇敌，可以得到忠实的帮助。日本军阀和民党的把戏，他们都知道的。他们向来联络民党，称日本币原外相为东亚第一个和平主义者。那一天以十三票对一票表决限期撤兵的议案，以及召回大使、经济绝交的风说，并不是替中国打抱不平，无非扶植日本民党威吓军阀的意思。日本军阀表面上虽还强硬，实际上却已软和。日本代表屡屡向国联声明撤兵，却又声称不受国联干涉，这种态度，明人不必细说。欧美人是实利主义的，只要事实上做到，面子上是不成问题。虽然日本没有接受限期撤兵的约束，却把五项的基本条件撤销，军阀的气已馁。遣派调查团的商议，以和缓的态度给军阀留点面子，俗语说："酱缸虽倒，架子勿倒。"使民党的外交家可以表示外交上斡旋的能力，以修好于军阀。这都是欧美外交家巧妙的策略。至于日本占了面子，中国却面子上和实际上都吃了大亏，当然不服。但国联原来不是为帮助中国而设，乃是经济侵略的国家为求经济侵略的安全而设。中国的吃亏，他们自然不管的。

据鄙人看来，现在东北事件虽然闹到天花乱坠，但是结果恐怕还是和济南一样，中国果吃了大亏，日本也没有多少便宜。日本军阀虽然处心积虑，想侵占中国的领土，但在目前国际状况之下，除了得到英、美两国的谅解以外，若要脱离英、美的羁绊，自由行动，恐怕日本的军阀还没有这样的胆量。鄙人虽然没有军事上知识，但知道海军和陆军不同：陆军有时还可以出奇制胜，以寡击众，海军是全讲实力的。倘若以三对一的优势海军来封锁海岸，胜利是可以操券的。若这一回日本军阀一定要走那一条和英、美反对的路，遭到外交封锁、经济封锁的地位，那时候，英、美的舰队到太平洋西岸和黄海来保护商民，日本的舰队就不能活动，万一宣战，日本舰队只有潜伏在军港里面的一法，一面用水雷和各种防御物来堵塞朝鲜海峡、对马海峡、轻津海峡等，以保护通朝鲜釜山的航路。陆军方面，大约可以出三四十万兵到东三省。虽然他有三十年贮蓄的军械，士官的教练也比中国强一点，但中国现时只要有他方面供给相当的军火，在濠堑上和日本军队相持，我以为我中国经过十几年混战中实地演习的军队，决不会有重大的挫失。这样的局势，只要经过一两年，必然和德意志一样。日本人也知道这样的形势，所以我见前半月的日本某报上还说，若果列强对日本行经济封锁，日本因食粮不足，为维持生活起见，只好和苏俄联络。这个也是必然的办法。苏俄和日本，虽然主义完全不同，但要破坏中国现状，却是同一目的。苏俄果然和日本联合来扰乱中国，那时又要牵动欧洲全局，引起世界的大战了。以日、俄两国抗全世界之兵，其胜负不难逆料。结果，苏俄不过回复到欧战以后的地位。日本地势不及苏俄，吃亏必甚。某报所说，也不过是"狗急跳墙"的话罢了。所以我相信在这十年五年中，日本的武力，在中国领土内闹几场把戏是可以的，要想实际上占据领土，还不是这个时候。为日本计，还是跟在英、美的后面到中国来沾光些油水罢。

这一回，日本军阀在东三省闹一场把戏，使我国民现出紧张的状况，这种强烈性的刺戟剂，对于麻痹的症状确有效益。其实武力侵略远不及经济侵略的可怕。武力侵略，虽暴而且骤，但实际上决不如经济侵略的深稳而长久。日本如果以武力侵略中国，其结果必蹈辽、金、元、清的覆辙。这句话十几年前美国杂志上曾经说过，他说：日本的壮丁不过五百万，如果中国被日本征服，这五百万壮丁只可分配于军警、官吏及高等的工商事业上，下层劳动者的地位，必反被中国人占领。社会上一旦发生变动，在上中层地位的必先覆没，下层的劳动者乃站在主人翁地位，这就是辽、金、元、清倾覆的原因。日本新派认武力侵略主义的危险，这也是一种理由。所以中国前途的障碍，不是日本的武力，还在列强的经济侵略主义。

这一回日本的把戏，因武力侵略主义和经济侵略主义冲突而起。但这种种冲突，决不是永久的现象。武力不能不为经济所屈服，别的不必说，只是这一回排货的结果，日本商业上的损免，大约要到二万万左右。武力上无论如何胜利，这损失决不能取偿。现代的国家要积贮武力，必须凭借于经济。而经济侵略的实施，平时必须有武力为后盾，有事时更须用武力为先锋。武力与经济狼狈相依，实无决裂的可能。我觉著这一回的把戏是偶然的变态而非常态。至将来的事变，虽不可豫测，恐防将来俄国的经济计划完成以后，必然把过激的社会主义伸张到中国来。这时候经济的帝国主义必用其武力以决斗于中国境内。所以中国前途的危险，不在武力侵略主义与经济侵略主义决裂的时代，而在经济的帝国主义与过激的社会主义冲突的时代。

在这样时局底下，要商量应付的方法，论到根本解决，当然要依着民生主义,把中国的社会稳稳当当切切实实的改造一番。若是我们依着民生主义的方向,详详细细勘定一条可以通行的路线,大家齐心协力,朝一条路线上去,不过十年五年,就可以走出现在的难关。不过现在的国民大家还没有勘定一条可以通行的路线,就是勘定了一条可以通行的路线,大家未必肯一齐向那一条路线走。而且在经济的帝国主义监视之下,也决不肯爽爽快快放你向着一条可以通行的路线上去走。有这许多关系,所以根本解决的方法,眼前可以无须提及。"急则治其标",我们应付眼前第一期的计画,先要把国家摆稳,就是把国家的动摇状态减轻一点,那末最低的限度,有几项必要的条件,列下:

一、要有一个强而不暴的统一政府。

二、对于领土,要有相当的防卫力。

三、整理杂色军队,肃清土匪,须要在政治上和工商业上开发事业,救济中下层失业的人民,以减少杂色军队和土匪的来源。

我们为要完成上列的第一期计画起见,我们应该依照下列条件,以应付时局。

一、勉力拥护现政府。对于现政府的政治有不满意处,轻小的务须容忍,关系重大的应以亲切诚恳的态度陈述意见,切不可以武力或阴谋反抗政府,或凭借群众的势力与政府为难。平时言论,不可肆行无责任的攻击。

二、修养品性,预备充分的知识技能,服务社会。不可游手徒食,以消耗社会的生产。

三、节约生活费,守朴素的习惯,专用国货。除为研究学术(书籍仪器)、开发事业(机械)及卫生(药物)的必要事项以外,不可好奇炫异,使用外国的工艺品、奢侈品,以助长外国的经济侵略。

四、服务社会,不论报酬的有无多寡,均须忠勤尽职。对于社会,只须取得自己和家属的必要用费(没有有酬报的职业时,自己研究学术，调查事物，指导农民，仍然是服务社会；衣食行住各项，虽由自己支出费用，仍然是取给于社会。此处不可用私产制度的眼光来解释），不可对社会要求过量的酬报（现在官吏俸给太大，与其欠薪扣薪，不如实行减薪），如收入有余，除提存必要的准备费外，应努力为国家社会开发事业防卫领土之用。

五、激发大众的爱国心，但须以身作则，各自尽力实行。自己尽力爱自己的国，不必勉强他人。国民的爱国心要自发自动的方有价值。对于破坏国民道德的，应用积极的方法来劝勉他，不要用消极的方法来侵害他。

以上几条，系鄙人所拟一般国民应付时局的方法，略备采择。学生诸君如不嫌陈腐，当然也可采用。至专就学生诸君的立场上说，还得再贡献几条，不过尤其陈腐，请诸君原谅。

一、勉力维持社会各方面的安定。对于学校当局及教职员有不满意处，应以亲切诚恳的态度陈述意见，不可以群众的势力攻斥当局及教职员，或要求他施行他所不愿行不敢行不能行的事情。

二、努力求学，注重自修，以实有心得为主。不可单求分数及格，按期毕业。现时教育，还没有十分上轨道。什么分科，什么专门，大部分是装饰门面，有名无实。有志求学的，不能完全信赖学校的规程和教师的指导，也不要盲从时代的倾向，一切须由自己估定价值，自己努力。如果有真实学问，不论毕业与否，终能在社会上显著相当的效益。没有学问，靠着一纸文凭，在社会上混饭吃，这就是禄蠹。况且有了文凭没得饭碗的人还多著呢！

三、知难行易，万事要先知后行。学生时代，尤以求知为要。博考深思，获得缜密的知识，为将来服务社会的预备。不可轻率发挥意志，趁著社会潮流，为无益事实的盲动。学问是祛除人类的盲性的。不可利用人类的盲性，也不可为人类的盲性所利用。